Música e civilização

A atividade musical no
Rio de Janeiro oitocentista
(1808-1863)

CONSELHO EDITORIAL
Ana Paula Torres Megiani
Eunice Ostrensky
Haroldo Ceravolo Sereza
Joana Monteleone
Maria Luiza Ferreira de Oliveira
Ruy Braga

Renato Aurélio Mainente

Música e civilização

A atividade musical no
Rio de Janeiro oitocentista
(1808-1863)

Copyright © 2014 Renato Aurélio Mainente

Grafia atualizada segundo o Acordo Ortográfico da Língua Portuguesa de 1990, que entrou em vigor no Brasil em 2009.

Publishers: Haroldo Ceravolo Sereza/ Roberto Cosso
Edição: Joana Monteleone
Editor assistente: João Paulo Putini
Projeto gráfico, capa e diagramação: Gabriel Patez Silva
Assitente acadêmica: Danuza Vallim
Revisão: Felipe Lima Bernardino
Assistente de produção: Camila Hama

Imagem de capa: José Correia de Lima. *Francisco Manuel e suas filhas*, c. 1850. In: ALENCASTRO, Luiz Felipe de (org.). *História da vida privada no Brasil*, v. 2: *Império: a corte e a modernidade nacional*. São Paulo: Companhia das Letras, 1997.

Este livro foi publicado com o apoio da FAPESP.

CIP-BRASIL. CATALOGAÇÃO NA PUBLICAÇÃO
SINDICATO NACIONAL DOS EDITORES DE LIVROS, RJ

M191m

Mainente, Renato Aurélio
MÚSICA E CIVILIZAÇÃO: A ATIVIDADE MUSICAL
NO RIO DE JANEIRO OITOCENTISTA (1808-1863)
Renato Aurélio Mainente – 1. ed.
São Paulo: Alameda, 2014
310p.; 21 cm

Inclui bibliografia
ISBN 978-85-7939-266-5

1. Música – Rio de Janeiro (RJ) – História e crítica.
2. Música – Rio de Janeiro (RJ) – Século XIX.
3. Músicos – Brasil. I. Título.

| 14-10915 | CDD: 780.981531 |
| | CDU: 78(815.31) |

ALAMEDA CASA EDITORIAL
Rua Treze de Maio, 353 – Bela Vista
CEP 01327-000 – São Paulo – SP
Tel. (11) 3012-2403
www.alamedaeditorial.com.br

Aos meus pais, Carlos e Josefina

A experiência histórica é, pois, composta de tudo que um historiador pode aprender aqui e ali em sua vida, em suas leituras e em sua convivência com outrem. Também não é de espantar que não existam dois historiadores ou dois clínicos que tenham a mesma experiência, e que discussões sem fim sejam frequentes à cabeceira do doente.

Paul Veyne

Sumário

Prefácio 11

Introdução 15

Capítulo 1. A música no Rio de Janeiro do século XIX 23

O período joanino e a difusão do teatro lírico 26

Interlúdio 45

A Imperial Academia de Música e Ópera Nacional 57

A dinamização do cenário musical 69

Capítulo 2. Um olhar sobre a atividade musical no Rio de Janeiro do século XIX 77

A imagem do teatro para os cronistas do período 81

O ideal civilizador na música 104

Os parâmetros para a produção da música nacional 111

Capítulo 3. Música e civilização: a criação de um teatro lírico nacional 123

Considerações finais 187

Referências bibliográficas 193

Anexos 201

Prefácio

Poucos países são tão identificados com a música como o Brasil. Esta associação é tão forte que a música brasileira se tornou uma marca mundialmente difundida, sendo a cidade do Rio de Janeiro o seu centro de irradiação. Este livro traz uma contribuição original para o debate, a partir da história, sobre a afirmação do Brasil como terra de musicalidade acentuada e criatividade musical.

A pesquisa deste livro vai na contramão do que predomina nas leituras da história da música no Brasil, que quase sempre insistem em valorizar sua marca popular, identificada com determinadas tradições musicais que não têm a Europa como centro. A influência dos ritmos de matrizes africanas, a influência do jazz dos EUA e até mesmo a influência da música árabe é lembrada por sua influência na Península Ibérica para a tradição musical regional. Ao insistir nestas referências se fixa uma certa concepção de música popular, evitando-se sublinhar a presença no Brasil da música clássica ou erudita da tradição ocidental e de origem europeia. Mais recentemente é enfatizado o encontro entre o erudito e o popular, o que serve antes para legitimar uma certa representação da música popular do que para reconhecer o legado ocidental.

Este livro enfrenta o desafio de navegar contra a corrente dominante ao abordar a história da música no Brasil do século XIX e explorar exatamente a presença social da música caracterizada como clássica ou erudita e ainda mais ao caracterizar a ópera como o gênero mais valorizado da época. Não é a primeira vez que se trata disso, mas certamente ainda são poucos os estudos que aprofundam esse tema e com base em pesquisa sistemática de modo atualizado com as tendências da historiografia contemporânea. É bom ver mais um resultado de pesquisa histórica descrevendo o ambiente musical brasileiro no século XIX.

A partir de um largo levantamento de fontes de época, Renato Aurélio Mainente oferece ao leitor um quadro ampliado da cena musical na cidade do Rio de Janeiro, que foi sendo constituído a partir da chegada, em 1808, da família real portuguesa e sua Corte. Ao percorrer a crônica da imprensa da época em jornais e revistas, o autor consegue traçar o panorama vivo do que acontecia nos teatros, que se multiplicavam na cidade para abrigar produções musicais, além de apresentar como as instituições de ensino e consagração musical se afirmaram. Assim, o estudo caracteriza o dinamismo da produção cultural no campo da música e do teatro lírico pela quantidade de apresentações de companhias e grupos musicais que promovem uma intensa mobilização do público com grande repercussão no universo da classe senhorial do Império do Brasil, especialmente na segunda metade do século XIX. Acompanhando de perto a crônica da imprensa da época, constata-se que, bem antes da afirmação do carnaval das escolas de samba, a cidade do Rio de Janeiro já parecia contagiada pela música: uma música clássica de origem europeia, cujo poder de atração dava à categoria musical um sentido muito mais popular do que se supõe nos dias de hoje, tendente a caracterizar o universo da música clássica como elitista ou restrito a iniciados. Nessa cena social, a ópera afirmava a popularidade do teatro lírico que ocupava intensamente a vida da cidade com seus inúmeros teatros e récitas musicais. A pesquisa se relaciona, assim, com outros trabalhos recentes que buscam caracterizar como as diversas expressões artísticas tinham grande poder de mobilização social no século XIX, atraindo uma audiência que em número e proporção surpreende na comparação com os dados dos dias atuais.

Música e civilização   13

A leitura revela uma crônica interessante da sociedade da época e transporta o leitor para o tempo da Corte imperial no Rio de Janeiro. Se o teatro lírico aos olhos de hoje parece tão vetusto e antigo, a pesquisa histórica vai evidenciando como naquele tempo a ópera era capaz de atrair grandes atenções, provocar os modismos de gosto e dividir as opiniões que mobilizavam a crítica musical e grupos de preferência por variações do gênero. Reconhecer a intensidade da vida musical da época e o poder de atração do teatro lírico, tendo a ópera como sua expressão mais importante, esclarece como, a partir do Brasil, se desenvolveu uma obra marcante como a de Carlos Gomes, cuja trajetória sempre surpreende pelo fato de ter conseguido se destacar como compositor na cena lírica europeia, mesmo sendo originário do Novo Mundo. Sua fama atravessa os tempos.

Ao percorrer as páginas deste livro, portanto, constata-se que o contexto musical local da cidade do Rio de Janeiro era intenso e variado, distinguido pela presença constante de companhias, grupos, músicos e cantores europeus que programavam suas temporadas no Brasil. O que se percebe claramente é que a sintonia entre a vida musical no Brasil e na Europa era grande. Diante disso, não é possível considerar que o oceano Atlântico fosse capaz de distanciar o gosto musical, construindo, assim, pontes de circularidade entre os mundos da Europa e do Brasil. Não há dúvida do esforço social que se produziu para promover a inserção do Brasil no universo da cultura ocidental.

De todo modo, o mais interessante do argumento do autor, neste livro, é justamente quando caracteriza os esforços e o debate para afirmar o caráter nacional da música no Brasil a partir do padrão musical típico da tradição clássica e de matriz europeia. A preocupação com o desenvolvimento de uma música nacional no século XIX conduziu a criação da Imperial Academia de Música e Ópera Nacional em 1857. A partir da leitura da crítica musical em jornais e revistas da época e, principalmente, pela análise dos libretos de óperas nacionais, a pesquisa vai revelando como o que hoje é encarado como distante do universo da chamada música brasileira era o caminho percorrido justamente para se afirmar a particularidade nacional brasileira. A ópera como o gênero preferido da época e com grande popularidade era um campo fértil para experimentar a criação de uma ópera brasileira. Esse esforço se traduziu em variantes que se dividiam entre a defesa de uma prosódia nacional e do destaque a enredos de temática nacional, no caso de O Guarani, de Carlos Gomes, que segue sendo o exemplo mais difundido até os dia de hoje. De todo modo, quando se pensa o que representa a ópera nos dias de hoje face ao que ocorria no século XIX, a leitura histórica da música no Brasil proposta por Renato Aurélio Mainente conduz a uma inversão de perspectiva que contrapõe os tempos atuais e os antigos.

Quem pode imaginar a ópera hoje como um gênero nacional brasileiro? Essa é a interrogação que provoca o leitor ao final deste livro. Ao mesmo tempo fica a certeza de que mundo musical do Brasil é muito mais plural do que é capaz de ser reunido no rótulo de música brasileira.

Paulo Knauss
*Professor do Departamento de História
da Universidade Federal Fluminense,
Diretor-geral do Arquivo Público do Estado
do Rio de Janeiro e Presidente do Instituto
Histórico e Geográfico do Rio de Janeiro*

Introdução

> "A história, genealogicamente dirigida, não tem por fim encontrar as raízes de nossa identidade, mas ao contrário, se obstinar em dissipá-la; ela não pretende demarcar o território único de onde nós viemos, essa primeira pátria à qual os metafísicos prometem que nós retornaremos; ela pretende fazer aparecer todas as descontinuidades que nos atravessam".[1]

Em setembro de 1862, uma seção do periódico "Revista Popular", intitulada "Crônica da Quinzena", publicou um texto a respeito da Imperial Academia de Música e Ópera Nacional; em determinado momento, o autor do texto faz a seguinte afirmação: "A ópera nacional é uma instituição patriótica e utilíssima: é uma instituição que abre caminho, e oferece futuro a todos os bons artistas."[2] Sob o pseudônimo "O Velho", Joaquim Manuel de Macedo — responsável pela seção — elogiava as atividades da Imperial Academia, instituição fundada em 1857, e que tinha entre seus objetivos a formação de músicos e cantores, oferecendo, assim, um futuro aos jovens artistas nacionais. O entusiasmo do escritor não era infundado: por meio dos esforços da Academia, cerca de seis óperas nacionais haviam sido encenadas, um número expressivo se considerarmos a quase inexistência de montagens desse gênero de composição nos anos anteriores. Entre os literatos que colaboraram com a Academia,

---

1 FOUCAULT, Michel. Nietzche, a genealogia e a história. In: *Microfísica do Poder*. São Paulo: Edições Graal, 2010, p. 35.

2 *Revista Popular*, tomo XI, p. 385. Julho a setembro de 1862.

destacam-se escritores como Machado de Assis e José de Alencar – autores de dois libretos levados aos palcos –, além do então jovem compositor Carlos Gomes, cujas primeiras composições líricas foram ali encenadas.

Não é exagero afirmar, portanto, que um dos gêneros musicais de maior prestígio no Rio de Janeiro oitocentista foi o teatro lírico. Ainda que a execução de óperas nacionais tenha alcançado seu auge com a Imperial Academia, a proeminência do gênero na cidade remonta à chegada corte portuguesa ao Brasil. Em comparação com os anos anteriores ao desembarque de Dom João, a diferença é significativa: em lugar de uma casa teatral "miserável, apertada e sombria", nas palavras do viajante inglês John Luccock,[3] em 1813 era inaugurado o Real Teatro São João, construído nos moldes do teatro São Carlos, de Lisboa. A partir daí, o palco do novo teatro recebeu a visita constante de companhias líricas estrangeiras, principalmente italianas, com um repertório composto de obras de Giacomo Rossini e outros importantes compositores europeus.[4]

Ainda que enfrentando um período de recesso logo após a abdicação de Dom Pedro I – recesso que se estendeu até a década de 40 do Oitocentos – diversos teatros foram fundados e temporadas líricas se sucederam no Rio de Janeiro no decorrer do século XIX. Em 1824, o Real Teatro São João, que sofrera um incêndio no ano anterior, cedeu lugar ao Teatro São Pedro de Alcântara; posteriormente, ao lado dos teatros oficiais, como o Constitucional Fluminense, surgiram espaços menores, como o São Januário, que também apresentavam peças do gênero lírico. Mas se os espaços mudaram, o repertório seguiu uma tendência observada ainda nas primeiras décadas do século XIX, com

---

3   LUCCOCK, John. *Notas sobre o Rio de Janeiro e partes Meriodinais do Brasil*. Belo Horizonte: Ed. Itatiaia; São Paulo: Ed. Da Univ. de São Paulo, 1975, p. 60.

4   O levantamento das óperas apresentadas no Rio de Janeiro nas primeiras décadas do século XIX encontra-se em: KUHL, Paulo Myrgayar. *Cronologia da Ópera no Brasil – século XIX (Rio de Janeiro)*. Campinas: Cepab/Unicamp, 2003.

predomínio de compositores italianos, como Gaetano Donizzeti, Vincenzo Bellini, Giusepe Verdi, entre outros.[5]

A presença de gêneros musicas europeus no Rio de Janeiro oitocentista, no entanto, não se restringiu ao teatro lírico. A Capela Real, por exemplo, instituição criada por Dom João em 1808, alcançou renome pela música sacra ali produzida; o integrante da missão artística francesa Jean Baptiste Debret, que permaneceu no Rio de Janeiro entre 1816 e 1831, legou-nos as seguintes impressões a respeito da música produzida por tal instituição: "o conjunto musical da Capela é constituído de excelentes artistas de todos os gêneros, virtuoses castrados e cantores italianos. A parte instrumental é magnífica, com dois maestros."[6] Confirmando a impressão causada no artista francês, logo nos primeiros anos após sua fundação, a Capela Real se consolidou como a mais importante instituição consagrada à atividade musical na cidade, devido principalmente ao forte apoio financeiro do poder público.

Paralelamente às atividades da Capela Real, a cidade assistiu à formação de outras instituições dedicadas à música, caso das Sociedades, Associações e Assembleias, cujos propósitos variavam desde a promoção de concertos ou "academias" abertas aos sócios e ao público em geral, até a prestação de auxílio mútuo entre os integrantes, passando ainda pela organização de bailes luxuosos. Nos programas dos vários concertos promovidos por tais entidades, que poderiam acontecer nos teatros ou em locais mais modestos, estavam presentes obras de compositores como Beethoven, Mozart, Strauss, Lizst, além da presença obrigatória de aberturas, árias e outros trechos de óperas consagradas. Após 1830, principalmente

---

5   Levantamento realizado a partir do rol de obras listadas por Ayres de Andrade: ANDRADE, Ayres. *Francisco Manuel da Silva e Seu tempo 1808-1865*. Rio de Janeiro: Ed. Tempo, 1967.

6   DEBRET, Jean Baptiste. *Viagem Pitoresca e Histórica ao Brasil*. São Paulo: Martins Fontes, 1954, p. 10.

devido às dificuldades administrativas decorrentes da abdicação de Dom Pedro I, tais associações e assembleias proporcionaram ao público um contato permanente com a obra de artistas europeus, uma vez que a programação teatral vivia uma crise significativa. A partir de 1844, porém, a cidade voltou a contar com a presença constante de companhias líricas estrangeiras, financiadas em grande parte por meio de subsídios do poder público. Mas a ação governamental não se restringiu a esse aspecto: enquanto a Capela Real, mesmo sem o brilho observado no período joanino, se mantinha sob a administração pública, outras instituições foram criadas, com o objetivo de promover a música nacional. Entre elas, destaca-se o Conservatório de Música, em 1848, além da já citada Imperial Academia de Ópera, em 1857. Essa breve descrição ilustra, de maneira clara, o espaço privilegiado reservado à atividade musical no Rio de Janeiro oitocentista, notadamente para o teatro lírico; mais do que um mero divertimento público, os gêneros musicais europeus adquiriram um elevado prestígio e importância, justificando-se assim o emprego de verbas públicas em teatros e companhias líricas estrangeiras. Diante desse quadro, o projeto de criação de uma música nacional encontrou nesses gêneros, e no teatro lírico italiano em particular, um modelo para seu desenvolvimento.

Porém, em contraste com dinamização observada na esfera da música no Rio de Janeiro oitocentista, a quantidade de estudos sobre atividade musical do período é bastante escassa. Segundo Cristina Magaldi, na introdução de sua obra "Music in Imperial Rio de Janeiro", essa escassez decorre, em grande medida, da tradição historiográfica inaugurada pelos modernistas, principalmente por Mário de Andrade nas obras "Ensaio sobre a Música Brasileira" e "Aspectos da Música Brasileira".[7] Sob esse prisma, a música então

---

7   A crítica à tradiçãohistoriográfica é realizadapor Cristina Magaldi, na introdução de "Music in Imperial Rio de Janeiro": "A maioria das interpretações contemporâneas

Música e civilização 19

produzida carecia de características genuinamente nacionais, ou seja, era mera reprodução de gêneros europeus, e apenas alguns raros momentos eram eleitos como um possível vislumbre de um nacionalismo musical latente no período. No caso do século XIX, o destaque ia, sobretudo, para o compositor José Mauricio Nunes Garcia, mestre de capela durante o período joanino, e, principalmente, para Carlos Gomes. Este último, segundo Mário de Andrade, seriao gênio precursor da futura música nacionalista, em um processo que alcançaria maturidade com a geração de 1920.[8] Nesse sentido, para parte considerável da historiografia, e com exceção de Carlos Gomes e do padre José Maurício, a música praticada no Rio de Janeiro oitocentista representaria apenas um epifenômeno ou mesmo uma mácula na identidade nacional.[9]

A perspectiva adotada nesse livro tem por objetivo se contrapor a essa interpretação da atividade musical no Rio de Janeiro do século XIX. Não é nosso objetivo, portanto, empreender uma busca pelas raízes ou as origens da música brasileira a partir das práticas musicais do passado, ou mesmo partir de uma interpretação que considere esse passado em termos de uma disputa entre uma visão elitista e outra popular – essa última supostamente mais "genuinamente brasileira". Em lugar da procura e da defesa de uma essência da música nacional, importa empreender uma genealogia dos

---

sobre a música no Brasil do século XIX ainda são, direta ou indiretamente, dependentes das ideias apresentadas por Mário de Andrade (1893-1945), um dos líderes do movimento modernista e nacionalista." MAGALDI, Cristina. *Music in Imperial Rio de Janeiro: European Culture in a Tropical Milieu*. Maryland: Scarecrow, 2005. p. X. (Tradução do autor).

8 ANDRADE, Mário de. *Música, Doce Música*, São Paulo: Martins Fontes, 1976.

9 MAGALDI, *Op. cit.*, p. X: "Foi com relutância similar que, nas décadas de 1920 e 1930, os intelectuais nacionalistas brasileiros enxergaram a apropriação de elementos culturais europeus no Brasil do século XIX. Esse predomínio da cultura europeia foi interpretado como uma manifestação de vergonha colonial, que precisava ser extirpado no processo de construção de uma identidade cultural nacional". (Tradução do autor).

discursos acerca dessa expressão artística, identificando as verdades construídas em torno da música do período. Tal genealogia implica, antes de tudo, reconhecer a validade de duas importantes concepções relacionadas à atividade musical de então: primeiramente, o estatuto privilegiado da arte, considerada meio para a expressão de ideais elevados, e capaz de influir positivamente na educação e moralização do público. Como decorrência dessa primeira asserção, cumpre destacar que as expectativas em torno da produção de uma música de inspiração nacionalista não estavam condicionadas pela busca das raízes musicais nacionais ou mesmo pela criação de uma linguagem musical original. O texto de Joaquim Manuel de Macedo citado no início dessa introdução, aliás, ilustra de maneira clara tais concepções, em especial na defesa da ópera como meio de expressão para a música nacional.

Formulações do mesmo gênero perpassam boa parte dos escritos publicados nos periódicos oitocentistas e constituem um dos pontos centrais da análise empreendida nesse trabalho. Todavia, antes do exame desse conjunto de textos, é necessário realizar uma breve exposição dos principais traços do cenário musical fluminense, por meio da descrição das principais instituições relacionadas à esfera da música criadas nesse período. Tal descrição será realizada no primeiro capítulo desse livro e tem por objetivo discutir as motivações e expectativas relacionadas à fundação e administração das mais diversas organizações, desde a Capela Real até a Imperial Academia de Música e Ópera Nacional, passando pelas associações e sociedades de músicos. Além de ressaltar a crescente dinamização do cenário musical fluminense, principalmente a partir das alterações desencadeadas pelo desembarque da corte portuguesa na cidade em 1808, essas considerações têm por objetivo ressaltar ainda o caráter normativo das diversas instituições oitocentistas, principalmente na defesa de parâmetros específicos para o desenvolvimento da música nacional.

Como citado anteriormente, a música no Rio de Janeiro foi tema constante de diversos artigos e críticas, publicados em jornais e revistas do período. O segundo capítulo, portanto, será dedicado à análise de um conjunto de textos retirado de periódicos oitocentistas, entre os anos de 1808 a 1863, com o objetivo de identificar as principais concepções relacionadas à atividade musical oitocentista. Buscaremos, assim, elencar os critérios de avaliação e as expectativas que os homens de cultura da época tinham quando o tema era a música e, sobretudo, a produção musical brasileira. A partir dessa análise, será possível ainda ilustrar outros aspectos importantes, como as avaliações sobre manifestações musicais que se distanciavam do ideal representado pela música europeia, censuras relativas ao comportamento dos espectadores, entre outros.

No último capítulo, realizaremos uma análise dos libretos de cantatas e óperas produzidas por autores nacionais no decorrer do Oitocentos, uma vez que a necessidade de criação de um teatro lírico nacional foi tema constante nas reflexões sobre a música nacional. Na maioria dos textos, porém, tal reflexão não contemplava a estética musical em si, mas se voltava para aspectos como tema e idioma dos textos. Assim, diante dessa especificidade acerca das discussões sobre a produção musical nacional, a análise desse corpus documental permitirá identificar os traços nacionais presentes nos libretos dessas composições, e, consequentemente, as principais características do projeto de criação de uma música nacional. Dessa forma, a partir da descrição das instituições voltadas ao fomento da atividade musical e da comparação entre os textos publicados em periódicos oitocentistas e os libretos de obras líricas nacionais, pretendemos traçar um amplo panorama da atividade musical no Rio de Janeiro do século XIX, destacando as diferentes concepções acerca da música, a função que essa expressão artística deveria desempenhar na sociedade do período, bem como os parâmetros postulados para a produção de uma música nacional.

Por fim, gostaria de expressar meu agradecimento a algumas pessoas e instituições que tornaram possível a realização e publicação desse trabalho. Primeiramente, ao professor Jean Marcel Carvalho França pela orientação e apoio, sem os quais essa pesquisa – originalmente defendida como uma dissertação de mestrado – não teria sido possível. Agradeço também aos membros da banca de qualificação, Prof.ª Márcia Regina Capelari Naxara e Profª Tânia da Costa Garcia, pelas sugestões para o desenvolvimento da pesquisa. Da mesma forma, agradeço ao Prof. Paulo Knauss e ao Prof. Dr. Jose Adriano Fenerick, presentes na banca de defesa do mestrado, pelas críticas, sugestões e elogios expressos na ocasião. Minha gratidão também se estende aos funcionários da Biblioteca Nacional do Rio de Janeiro, da Divisão de Música e Arquivo Sonoro da Biblioteca Nacional, do Arquivo Edgar Leuenroth/Unicamp, do Centro de Documentação e Apoio à Pesquisa Histórica de Franca (CEDAPH/Franca), e da Biblioteca da Faculdade de Ciências Humanas e Sociais/Unesp-Franca. Gostaria de agradecer à Fundação de Amparo à Pesquisa do Estado de São Paulo (Fapesp), pela bolsa de mestrado que possibilitou a realização desta pesquisa e pelo auxílio concedido para a publicação deste livro. Por fim, um agradecimento ao amigo Vinícius Cranek Gagliardo, pela revisão e sugestões do texto final, e à Aline Martins de Lima, pela ajuda inestimável.

Capítulo 1.
A música no Rio de Janeiro do século XIX

"Gostava muito de teatro; logo que chegou foi ao Teatro de São Pedro, onde viu um drama soberbo, a Maria Joana, e uma comédia muito interessante, Kettly ou a volta à Suíça. Também gostara muito da Deperini, na Safo, ou na Ana Bolena, não se lembrava bem. Mas a Candiani! sim, senhor, era parafina. Agora queria ouvir o Ernani, que a filha dele cantava em casa, ao piano: Ernani, Ernani, involami — E dizia isto levantando-se e cantarolando a meia voz. — No norte essas coisas chegavam como um eco. A filha morna por ouvir todas as óperas. Tinha voz muito mimosa a filha. E gosto, muito gosto. Ah! ele estava ansioso por voltar ao Rio de Janeiro."

(Machado de Assis — Memórias Póstumas de Brás Cubas)

"Na noite do mesmo dia em que ficou assentado deferir a viagem para melhores tempos, achavam-se em casa da baronesa algumas pessoas de fora; Guiomar, sentada ao piano, acabava de tocar, a pedido da madrinha, um trecho de ópera da moda."

(Machado de Assis — A Mão e a Luva)

Em 1836, na Revista Nitheroy, considerada um marco do movimento romântico no Brasil, foi publicado um artigo de Manoel de Araújo Porto Alegre intitulado "Ideias sobre Música". Com o objetivo de abordar a situação da arte musical no Brasil, o autor traça uma curva do desenvolvimento musical das diferentes nações, relacionando-a com o progresso das mesmas; após essas considerações, Porto Alegre faz um diagnóstico da situação da arte no país, e, embora indique uma série de dificuldades, aponta várias instituições e personagens que se destacaram nos anos precedentes, em especial a Capela Real:

> A Capela Imperial, quando foi Real, se ufanava à face do mundo como um dos melhores conservatórios de Música, e sem a menor dúvida, a melhor orquestra do mundo no santuário. [...].
> O caráter da Música Fluminense participa do Mineiro e do Italiano. Um Teatro de canto, dos mais belos que se podem ver; uma Capela Real, cheia dos melhores cantores da Itália, como Fasciottis, Tanis, Majoraninis e outros, que reproduziam as mais belas composições da Europa tanto no santuário como no teatro, não podia deixar de influir uma grande abalada no gosto musical.[...][1]

Ao se voltar para o estado atual da atividade musical no Rio de Janeiro, o autor, no entanto, conclui:

> Que dor não sentiremos, voltando para nossa querida Pátria, olhando para o coro e não vendo o braço de um Marcos, ou de um José Mauricio comandando de um aceno cento e cinquenta artistas, que rompiam em um mágico acordo um Glória, um Credo! (...) A arte da Música marcha na decadência em que a colocou nossa Administração Governamental, destruindo da Capela Imperial a única flor que nos punha a par das Nações civilizadas, e que nos distinguia sobre toda a América. Giramos no círculo das reformas, e economias, mas o

---

1   Nitheroy, *Revista Brasiliense*. Sciencias, letras e artes. Tomo 1°, n. 1. Paris, 1836, p. 181.

> sumidouro das necessidades de dia em dia se
> abre as faces e pede ouro; abate-se um muro, e
> não se cultiva o terreno que ele enchia, antes se
> deixam fragmentos esparsos![2]

O trecho acima deixa claro qual o lugar de importância reservada à música, considerada não um mero divertimento, mas um sinal do grau de progresso alcançado por uma nação, como mostra a descriçãodas atividades desempenhadas pela Capela Real, "única flor que nos punha a par das Nações civilizadas".

Araújo Porto Alegre não foi, entretanto, o único a escrever sobre a música produzida no país ou mesmo a fazê-lo sob o prisma do progresso e do nacionalismo. Com efeito, a música como elemento fundamental para o progresso e construção de uma identidade nacional esteve presente em diversos artigos e críticas durante grande parte do Oitocentos, e, por conseguinte, no próprio desenvolvimento musical no Rio de Janeiro. No entanto, para além dos escritos dos homens de cultura do período, a convergência entre a música e um ideal de progresso encontra-se presente em diversas instituições, desde a já citada Capela Real até a Academia de Ópera, passando pelas Associações de Músicos e teatros da corte. Assim, é objetivo desse primeiro capítulo realizar uma descrição do cenário musical fluminense através de tais instituições dedicadas à música e, em escala menor, ao teatro,[3] ressaltando o papel desempenhado por tais instituições no desenvolvimento da música na capital fluminense.

---

2   Nitheroy, *Revista Brasiliense*. Sciencias, letras e artes. Tomo 1º, n. 1. Paris, 1836, p. 182.

3   Em muitos dos textos do período o desenvolvimento dos teatros é tratado tanto a partir do gênero lírico quanto do dramático. Além disso, os comentários e críticas sobre a programação teatral aparecem dividindo um mesmo espaço em jornais e revistas. Assim, inevitavelmente, muitos dos escritos acerca da música trazem referências também ao teatro dramático.

O período joanino e a difusão do teatro lírico

Em meio às diversas transformações culturais e políticas desencadeadas pela transferência da corte portuguesa ao Brasil e pelas medidas implementadas por Dom João a partir de 1808, merecem atenção àquelas voltadas para a esfera artística, com destaque para expansão da atividade musical. Tal desenvolvimento se deu através da fundação e manutenção de instituições como a Capela Real e o Real Teatro São João, o que possibilitou ao Rio de Janeiro assistir a uma notável dinamização na atividade musical no período.

É certo que a música na capital fluminense já alcançara um progresso significativo mesmo antes de 1808, como nos mostram pesquisas recentes.[4] Entre os traços que ilustram o estado da arte musical nos anos anteriores ao desembarque da corte, cabe destacar o papel da Igreja, mais especificamente a atuação das diversas irmandades religiosas, e a existência de alguns teatros. As primeiras funcionavam como associações de músicos dedicadas a um padroeiro específico, caso da Irmandade de Santa Cecília, cujo estatuto indica algumas das funções e obrigações da entidade, relativas à contribuição financeira e auxílios em caso de doença e morte de algum membro da irmandade.[5] Embora chegando ao expressivo número de setenta no decorrer do século XVIII, apenas as mais ricas tinham capacidade de contratar compositores, coristas e músicos profissionais para a participação em diversas cerimônias religiosas, em especial as realizadas em homenagem ao padroeiro específico de cada irmandade. Além disso, essas entidades participavam de

---

4   Em especial o livro de Nireu Cavalcanti, "O Rio de Janeiro Setecentista: a vida e a construção da cidade da invasão francesa até a chegada da corte"; e a tese de doutorado de Lino de Almeida Cardoso,"O Som e o Soberano: uma história da depressão musical carioca pós-Abdicação (1831-1843) e seus antecedentes."

5   CARDOSO, Lino de Almeida. *O Som e o Soberano: uma história da depressão musical carioca pós--Abdicação (1831-1843) e seus antecedentes*. São Paulo, 2004, Tese Doutorado – FFLCH/ Universidade de São Paulo, p. 64.

cerimônias religiosas em datas comemorativas ou eventos especiais do calendário religioso, como a cerimônia de Corpus Christi. Cabe considerar também que, se grande parte das oportunidades de trabalho se encontravam nessas cerimônias religiosas, a formação desses músicos ocorria também no âmbito da Igreja, principalmente através da manutenção de coros para o serviço regular das igrejas. Fora das irmandades diversos eventos como comemorações de casamentos reais, posse de novos bispos, nascimento de príncipes e ofícios fúnebres geravam encomendas e oportunidades para os músicos estabelecidos na cidade.[6]

Paralelamente à presença nas atividades religiosas, a música ganhou um espaço significativo também nos teatros. A esse respeito, Nireu Cavalcanti cita duas escrituras de arrendamento para a instalação de "casas de ópera",[7] nos anos de 1754 e 1775. O mesmo autor afirma ainda que dois estabelecimentos desse tipo funcionaram simultaneamente durante o século XVIII no Rio de Janeiro: a primeira, conhecida por Ópera Velha, construída por volta de 1748, e a Ópera Nova, cujo funcionamento remonta a 1758,[8] estabelecimentos sob direção de um mesmo proprietário, Boaventura Dias Lopes.[9] Se o epíteto de "casa de óperas" não significava a execução exclusiva desse gênero de espetáculo, é certo que algumas obras do

---

6   CAVALCANTI, Nireu. *O Rio de Janeiro Setecentista: a vida e a construção da cidade da invasão francesa até a chegada da corte*. Rio de Janeiro: Jorge Zahar, p. 181-183.

7   De acordo com a definição do próprio Nireu Cavalcanti: "Naquela época o termo 'ópera' significava também peça de teatro, quer fosse dramática, cômica ou cômica-trágica, ou comédia; e 'casa de ópera', o mesmo que teatro, ou melhor, casa de teatro público." *Ibidem*. p. 172.

8   As datas da fundação das casas de ópera não são exatas; no segundo caso, por exemplo, o autor acrescenta que a data de 1758 encontra-se em um folheto intitulado "Epanáfora festiva", onde a casa teatral é citada por ocasião da apresentação de três óperas no referido recinto. CAVALCANTI, Nireu. *Op. cit.*, p. 172-173.

9   Boaventura Dias Lopes (1710-1772), administrador e proprietário dos dois teatros no Rio de Janeiro do setecentos.

gênero lírico foram encenadas no período, notadamente trechos ou mesmo obras completas do compositor David Perez,[10] geralmente a partir de libretos de Pietro Metastásio.[11] O mais importante, porém, é reconhecer que no século XVIII a cidade do Rio de Janeiro assistiu a formação de um cenário musical relativamente desenvolvido, inclusive com a presença de empresários à frente de casas teatrais e com a manutenção de espetáculos regulares. No caso do teatro conhecido como Ópera Nova, seu funcionamento estendeu-se até 1812, ou seja, quatro anos após a chegada de Dom João à cidade, perdendo o posto de principal teatro fluminense com a inauguração do Real Teatro São João, em 1813, estabelecimento mais adequado às exigências da corte.

No entanto, se a breve descrição acima indica a existência de um cenário musical de certa importância no decorrer do Setecentos, cumpre notar que as transformações desencadeadas com a transferência da Corte representaram uma mudança na forma como a música era produzida até então. O projeto de edificação do Real Teatro São João, aliás, pode ser considerado emblemático no que se refere às mudanças de parâmetro para a atividade musical na cidade, uma vez que tal empreendimento contou com a participação ativa do poder público e tinha como objetivo principal suplantar o antigo

---

10 David Perez (1711-1778) "foi durante algumas décadas do século XVIII, o mais popular autor de óperas de Lisboa, (...) a serviço de Dom José I, desde 1752 até sua morte". Suas obras eram compostas a partir de textos de Metastasio, expediente comum na Europa do período. CARDOSO, Lino de Almeida. *Op. cit.*, p. 75.

11 A presença de obras de Metástasio ou Métastase (1698-1782) é significativa, já que o poeta havia alcançando renome na Europa como libretista: "Na verdade, Métastase reinou por mais de meio século sobre a ópera italiana: sua obra não inclui mais do que 27 libretos de ópera importantes, mas, como medida do impacto que tiveram na época, basta mencionar que alguns desses libretos chegaram a ser aproveitados até sessenta vezes, por músicos em geral iminentes." LABIE, Jean-François. *A música vocal italiana de Pergolesi a Cimarosa*. In: MASSIN, Jean. *História da Música Ocidental*. Rio de Janeiro: Nova Fronteira, 1997, p. 446-445.

teatro conhecido como Ópera Nova, na época sob administração do empresário Manuel Luís.[12]

Embora a iniciativa para a edificação de uma nova casa de espetáculos tenha partido de Fernando José de Almeida, futuro Marquês de Aguiar, por meio da mobilização de recursos financeiros de negociantes portugueses, a participação do poder público se fez presente de forma marcante. Tal participação pode ser identificada na autorização para a execução do projeto, no decreto real de 28 de maio de 1810:

> Fazendo-se absolutamente necessário nesta Capital que se erija um teatro decente e proporcionado à população e ao maior grau de elevação e grandeza em que hoje se acha pela minha residência nela e pela concorrência de estrangeiros e outras pessoas que vêm das extensas províncias de todos os meus estados [...]. E sou outrossim servido, para mostrar mais quanto esta oferta me é agradável, conceder que tudo quanto for necessário para o seu fabrico, ornato e vestuário, até o dia em que abrir e principiar a trabalhar, se dê livre de todos os direitos nas alfândegas onde se deve pagar; que se possa servir de pedra de cantaria que existe no ressalto ou muralha do edifício público que fica contíguo a ele e que de muitos anos se não tem concluído; e que, depois de entrar a trabalhar, para seu maior asseio e mais perfeita conservação, se lhe permitirão seis loterias, segundo o plano que se houver de aprovar a benefício do teatro. E porque também é justo e de razão que os acionistas que concorram para o fundo necessário para a sua ereção fiquem seguros assim

---

12 Como citado anteriormente, o viajante John Luccock descreveu o teatro de Manuel Luís como uma casa "miserável, apertada e sombria". LUCCOCK, John. *Notas sobre o Rio de Janeiro e partes Meriodinais do Brasil*. Belo Horizonte: Ed. Itatiaia; São Paulo: Ed. Da Universidade de São Paulo, 1975, p. 60.

dos juros de seus capitais que os vencerem, como dos mesmos capitais, por isso mesmo que os ofertaram sem estipulação de tempo, determino que o Intendente Geral da Polícia, a cuja particular e privativa inspeção fica a dita obra e o mesmo teatro, faça arrecadar pro mão de um tesoureiro, que nomeará, todas a ações e despende-las por férias por ele assinadas, reservando dos rendimentos aquela porção que se deva recolher ao cofre para o pagamento dos juros e amortização dos principais, para depois de extintas esses pagamentos, que devem ser certos e de inteiro crédito e confiança, passar o edifício e todos seus pertences ao domínio e propriedade do proprietário do terreno; ficando entretanto o dito e quanto nele houver com hipoteca legal, especial e privilegiada ao distrito dos referidos fundos. O Conde de Aguiar, do meu Conselho de Estado, Ministro e Secretário de Estado dos Negócios do Brasil, o tenha assim entendido e faça executar com as ordens necessárias ao Intendente Geral de Polícia e mais estações onde convier.[13]

Ainda que parte dos recursos financeiros fosse procedente de particulares, o mesmo decreto estabelecia algumas concessões importantes para o empresário: todo material usado na construção do teatro e, posteriormente, em sua manutenção, seria livre de taxas alfandegárias, além da concessão de seis loterias para o mesmo fim, ou seja, da perfeita manutenção da casa. A edificação de um teatro "decente e adequado" à população encontrou, portanto, amplo respaldo no poder público, a exemplo de diversas iniciativas de Dom João no sentido de proporcionar à cidade uma atmosfera de

---

13 Coleção de Leis do Brasil de 1810 – Cartas de Lei, Alvarás, Decretos e Cartas Régias de 1810. Rio de Janeiro: Imprensa Nacional, 1890, p. 112-113. Disponível em: <http://www2.camara.gov.br/atividade-legislativa/legislacao/publicacoes/doimperio/colecao1.html>. Acesso em: 01/11/2010.

"civilização".[14] Assim, em 12 de outubro de 1813, foi inaugurado o Real Teatro São João, com a apresentação de um drama lírico intitulado "O Juramento dos Numes", composto por Gastão Fausto da Câmara Coutinho. Nos anos seguintes, o palco do Real Teatro torna-se o local por excelência para a apresentação de óperas, gênero musical que ganharia ainda mais importância no decorrer do século XIX.

Mas antes de uma análise mais detalhada do repertório lírico apresentado no Real Teatro São João, é necessário destacar a instituição musical de maior relevo no período, a Capela Real. Aliás, se a fundação de um "teatro decente" na capital concretizar-se-ia somente cinco anos após a chegada da corte, as medidas em favor da Capela foram bem mais céleres. O alvará de sua fundação tem a data de 15 de junho de 1808, pouco mais de três meses após o desembarque, indicando como novo endereço a Igreja do Carmo, contígua ao Real Palácio; no mesmo documento, são listados os motivos da mudança:

> Eu o Príncipe Regente faço saber aos que este Alvará com força de lei virem que, sendo-me presente a situação precária em que se acham o Cabido e demais ministros da Catedral desta minha cidade e corte do Rio de Janeiro, em uma igreja alheia e pouco decente para os ofícios divinos; e desejando estabelecer-lhes um local em que com o devido decoro possam exercer o ministério de suas funções sagradas, não só por seguir o exemplo de meus augustos predecessores, mas principalmente por serem os senhores reis de Portugal os primitivos

---

14 O impacto das medidas administrativas de Dom João VI no Brasil é ponto bastante explorado pela historiografia; para Oliveira Lima, iniciativas nos moldes da Missão Francesa, por exemplo, serviram como início de uma emancipação intelectual, que deveria ser propagada posteriormente. LIMA, Oliveira. *Dom João VI no Brasil.* Rio de Janeiro: Topbooks, 1996, p. 160-175.

32   Renato Aurélio Mainente

> fundadores e perpétuos padroeiros de todas as
> igrejas do Estado do Brasil, concorrendo por
> essa razão com tudo o que era necessário para a
> conservação e fábrica das mesmas igrejas; [...]
> e por outra parte não querendo perder nunca o
> antiquíssimo costume de manter junto ao meu
> real palácio uma capela real, não só para maior
> comodidade e edificação de minha real família,
> mas sobretudo para a maior decência e esplen-
> dor do culto divino e glória de Deus [...].[15]

Além da transferência da sede, o mesmo documento indicava para a função de mestre de capela o padre Jose Mauricio Nunes Garcia,[16] músico que desempenhava função semelhante na antiga Sé, a Igreja do Rosário. A atenção especial do Príncipe Regente em favor de tal instituição se justifica não apenas pela necessidade de melhora nas condições da Sé, mas também pelo apreço que a música sacra gozava ainda em Portugal, incentivada de maneira direta por Dom João V.[17] Já as obrigações inerentes à função de mestre de capela merecem uma descrição mais detalhada:

> 12º – O Mestre de Capela, os organistas, os
> cantores e os músicos, todos do coro de cima,

---

15   Coleção de Leis do Brasil de 1810 – Cartas de Lei, Alvarás, Decretos e Cartas Régias de 1810. Rio de Janeiro: Imprensa Nacional, 1891, p. 55-57. Disponível em: <http://www2.camara.gov.br/atividade-legislativa/legislacao/publicacoes/doimperio/colecao1.html>. Acesso em: 01/11/2010.

16   Jose Mauricio Nunes Garcia (1767-1830) foi o mais importante músico do período colonial. Ordenado padre em 1792, ocupava o cargo de mestre-de-capela quando D. João VI chegou ao Rio de Janeiro, sendo mantido no mesmo cargo por ocasião da criação da Capela Real, em 1808. MARIZ, Vasco. *A Música no Rio de Janeiro no tempo de D. João VI*. Rio de Janeiro: Casa da Palavra, 2008, p. 56-60.

17   De acordo com Vasco Mariz, o desenvolvimento musical da Capela Real de Lisboa atingiu seu auge nos reinados de D. João VI e D. João V. A Capela possuía uma das maiores bibliotecas musicais de toda a Europa, infelizmente destruída por um incêndio durante o terremoto de Lisboa, em 1755. "Dela restou apenas o catálogo, com cerca de 5 mil obras impressas e manuscritas de mais de mil compositores, dos quais quarenta eram portugueses. MARIZ, Vasco. *Op. cit.*, p. 24.

Música e civilização   33

> serão prontos em se apresentarem na igreja to-
> dos os dias e horas competentes, e executarem
> todas as cantorias que vão declaradas nestes
> Estatutos e todas as mais que forem de costume
> ou novamente forem determinadas por ordem
> de Sua Alteza Real. Enquanto não lhes prescre-
> vemos um regimento próprio, se o julgarmos
> necessário para o futuro, com o beneplácito do
> mesmo Augusto Senhor, observarão as regras
> seguintes: [...].[18]

O trecho acima reproduzido faz parte dos Estatutos da Capela Real, redigidos quando da transferência da Sé e da fundação da nova capela. As regras que se seguem ao artigo doze estabelecem também como responsabilidade do mestre de capela a fiscalização das faltas e conduta dos músicos e cantores da instituição.[19] Complementar a essa função, era dever do mestre de capela conduzir todas as cerimônias do calendário religioso, que eram numerosas: as funções ordinárias eram praticamente diárias e as solenes, como as comemorações relativas à Páscoa e ao Natal, divididas em quatro ordens de importância, ultrapassando o número de 60 durante o ano. Além disso, aniversários e falecimentos de membros da família real, bem como datas marcantes e outros acontecimentos importantes, podiam ser incluídos no calendário, a critério do poder real.[20]

---

18   Estatutos da Capela Real. Citados por: ANDRADE, Ayres de. *Francisco Manuel da Silva e seu tempo 1808-1865*. Rio de Janeiro: Ed. Tempo, 1967, v. I, p. 23.

19   ANDRADE, Ayres de. *Op. cit.*, p. 24.

20   O número citado e a divisão das funções por ordens foram retirados do levantamento realizado por Ayres de Andrade, a partir dos calendários das celebrações anuais realizadas pela Capela Real. ANDRADE, Ayres de. *Op. cit.*, p. 25. Já Vasco Mariz, a partir dos estatutos da entidade, fixa esse número em 81 para o ano de 1809. MARIZ, Vasco. *Op. cit.*, p. 38. Vale ressaltar as apresentações anuais poderia ultrapassar esse número, uma vez que nos estatutos constavam apenas as cerimônias religiosas obrigatórias, excetuando-se as comemorações especiais estipuladas pelo poder real.

No que tange à qualidade das apresentações musicais, são várias as referências sobre a excelência da música produzida no âmbito da instituição durante o período joanino, como mostra o relato do viajante Alexander Caldcleugh:

> Na opinião da maioria das pessoas, a Capela Real proporcionavaa maior satisfação aos amantes da música. Era constituída como a antiga Capela Real de Lisboa e não se havia olhado as despesas. Quatorze ou quinze sopranos misturavam suas vozes características à música de Marcos Portugal e dos melhores compositores religiosos, e formavam um conjunto muito admirado, especialmente pelos estrangeiros.[21]

A qualidade da música produzida na Capela era proporcional ao investimento de Dom João na instituição, já que a mesma empregava uma quantidade significativa de músicos, grande parte trazidos da Europa.[22] O quadro abaixo permite avaliar a quantidade e o crescimento do conjunto musical da instituição:

---

21 CALDCLEUGH, Alexander. *Travels in South America, during the years* 1819-1821. "In the opinion of most persons, the Royal Chapel afforded the greatest satisfaction to the lovers of music. Similarly arranged to that of Lisbon in former days, no expense was spared to render the performance fully worthy of the subject. Sopranos, as many as fourteen or fifteen, mingled their peculiar voices in the music of Portugallo and the finest church composers, forming, on the whole, a strain of melody duly appreciated by foreigners in particular." London: 1897, p. 62-63.

22 Uma descrição detalhada das alterações provocadas na prática vocal com a chegada de Dom João VI se encontra na obra de Alberto José Vieira Pacheco: PACHECO, Alberto José Vieira. *Castrati e outros virtuoses: a prática vocal carioca sob a influência da Corte de D. João VI.* São Paulo: Annablume; Fapesp, 2009, p. 53.

Tabela 1

Quadro evolutivo do número de músicos da Capela Real do Rio de Janeiro 1808-1821.

Ano	Mestres de capela	Organistas	Cantores	Instrumentistas	Regentes	S/ funções específicas	Total
1808-1809	1	1	15	5	1	2	25
1810	1	2	23	7	2	2	37
1811	2	2	31	8	2	4	49
1812	2	4	31	8	2	4	59
1813	2	3	34	14	3	6	62
1814	2	3	34	16	3	5	63
1815	2	3	34	17	3	5	64
1816	3	3	41	29	3	5	84
1817	3	3	44	45	3	5	103
1818	3	3	43	48	4	5	106
1819	3	3	43	48	4	5	106
1820	3	3	43	48	4	5	106
1821	3	3	45	48	4	5	108

Fonte: Alcingstone de Oliveira Cunha, *The Portuguese Royal Court and The Patronage of Sacred Music in Rio de Janeiro, 1808-1821*, Fort Worth, TX, School of Church Music Southwestern Baptist Theological Seminary, 1998. In: MONTEIRO, Mauricio. *A Construção do Gosto: música e sociedade na Corte do Rio de Janeiro – 1808-1821*. São Paulo: Ateliê Editorial, 2008, p. 219.

Além dos músicos permanentes, o conjunto musical da Capela poderia, em ocasiões específicas, ter o acréscimo dos profissionais da Real Câmara, instituição que tinha por função a execução de músicas em solenidades fora da Capela Real, em locais como o Paço

Imperial ou a Quinta da Boa Vista.[23] A partir de 1822, no entanto, as duas instituições passaram a ser ligadas administrativamente, inclusive em relação à folha de pagamentos, o que dificulta a identificação dos músicos pertencentes a uma ou outra casa.[24]

Entre os cantores empregados no conjunto vocal da Capela, merece destaque a presença dos *castratis*,[25] virtuoses que gozavam de grande prestígio na Europa.[26] Dessa forma, o empenho do poder real em dotar a cidade de uma instituição com capacidade de rivalizar com os grandes centros europeus, somado ao emprego dos *castratis*, revelam ainda outro aspecto de significativa importância: a grande influência do estilo operístico italiano na música sacra produzida pela Capela Real.[27]

---

23 Segundo Lino de Almeida Cardoso, as solenidades da realeza não vinculadas aos ritos sagrados poderiam ocorrer no Paço Imperial, na Quinta da Boa Vista ou ainda na Fazenda Santa Cruz. CARDOSO, Lino de Almeida. *Op. cit.*, p. 108

24 *Ibidem.*, p. 110.

25 Na definição de Jean Massin: "O gosto pelo virtuosismo chegou ao seu ponto extremo com o fenômeno do *castrato*, indivíduo que, por meios cirúrgicos que o tornam eunuco, conserva, depois de adulto, sua voz de criança, acrescida de tudo quanto pode proporcionar a cultura e a arte de um adulto. Os *castrati* reinaram na Europa do século XVIII. Formados em escolas especiais, adquiriam um virtuosismo inigualável (capacidade de sustentar a respiração, velocidade, domínio do timbre, extensão de três oitavas, expressividade etc.)." MASSIN, Jean, *op. cit.* p. 42.

26 Para uma discussão detalhada sobre o impacto da presença dos castrati, consultar: PACHECO, Alberto José Vieira. *Castrati e outros virtuoses: a prática vocal carioca sob a influência da Corte de D. João VI.* São Paulo: Annablume; Fapesp, 2009.

27 Ainda que os *castrati* também estivessem presentes na música sacra europeia, no período destacado tais artistas haviam alcançando, na Europa, enorme sucesso nas apresentações operísticas. Por sua vez, na Europa o predomínio italiano na ópera remonta ao barroco: "Se situarmos o apogeu da música barroca por volta de 1750, não há como não nos impressionarmos com a importância adquirida pela ópera italiana e com a distancia entre a forma a que então já havia chegado as primeiras experiências de um gênero que tinha apenas um século e meio de existência. Com exceção da França, onde ainda prevalecia a tragédia lírica herdeira de Lully, a ópera italiana apossou-se de toda a Europa. Reina soberana em Viena como em Madri, em Veneza como em Nápoles. Haendel a impôs na Inglaterra." LABIE, Jean-François. A música vocal italiana de Pergolesi a Cimarosa. In: MASSIN, Jean. *Op. cit.*, p. 648. Em Portugal, a influência italiana também era marcante: a construção do

Essa influência da estética operística italiana no desenvolvimento do cenário musical da cidade tornou-se marcante principalmente a partir de 1811, quando José Mauricio deixou de ser o único responsável pela Capela Real, devido à chegada de Marcos Portugal.[28] O compositor e maestro português, de grande renome em Portugal e em alguns centros europeus, passou a dividir o posto de responsável pela instituição com José Mauricio, além de ser nomeado inspetor e diretor do Teatro Régio, e posteriormente do Real Teatro São João, nos dias em que o Príncipe Regente frequentasse os espetáculos.[29] A relação entre os dois compositores mostra de maneira inequívoca os caminhos tomados pelo desenvolvimento da cena musical fluminense. Wilson Martins, em sua História da Inteligência Brasileira, defende que o padre José Mauricio representaria uma escola tradicional, mais próxima de Haydn, suplantada pelo impulso modernizador da ópera italiana, representada por Marcos Portugal.[30] Embora o declí-

---

Real Teatro São João seguiu os moldes do teatro de São Carlos, de Lisboa, considerado um dos mais luxuosos entre os grandes teatros dos centros europeus, além do fato de Marcos Portugal ter realizado sua formação musical na Itália. MARIZ, Vasco. Op. cit., p. 41.

28 Marcos Portugal (1762-1830), compositor português cuja formação ocorreu na Itália, país em que compôs e encenou diversas óperas, com grande sucesso. Chegou ao Rio de Janeiro em 1811, passando a dividir o comando da Capela Real com o padre José Mauricio. MARIZ, Vasco. Op. cit., p. 66-68.

29 Lino de Almeida Cardoso chama a atenção para o fato do nome de Marcos Portugal não aparecer como ocupante do cargo de mestre de Capela nos Almanaques do Rio de Janeiro de 1811, 1816, 1817, 1824 e 1827. Portugal irá constar como tal apenas no Almanaque de 1829, quando já figura também nos documentos oficiais da Capela. Diante disso, o autor afirma que José Mauricio não encontrou dificuldades durante o período joanino e que sua reputação continuou intocada perante D. João VI e a família real, enfrentando apenas um declínio na produção musical. CARDOSO, Lino de Almeida. Op. cit., p. 95-115. Mesmo considerando essa ausência, é preciso notar que, na prática, Marcos Portugal esteve presente nos trabalhos da instituição desde sua chegada, como mostra a relação dos responsáveis pelas solenidades da Capela.

30 "Quando a Família Real chega ao Brasil, encontra no Pe. Jose Maurício Nunes Garcia (1767-1830) o representante de uma 'escola' tradicional que se arcaizava rapidamente; a vinda de Marcos Portugal (1762-1830) corresponde ao impulso

nio do compositor de origem colonial possa ser relativizado, uma breve análise dos trabalhos desenvolvidos na Capela Real não deixa dúvidas quanto à proeminência do compositor português em relação a qualquer suposto adversário. Entre 1811 e 1817, o nome de José Mauricio não aparece uma única vez como responsável pela direção musical de cerimônias de grande vulto, posição essa ocupada por Marcos Portugal.[31] Somam-se a isso duas outras indicações do prestígio do compositor português: além de possuir papel decisivo na escolha do repertório encenado na principal casa teatral da cidade quando da presença de Dom João, várias de suas óperas foram encenadas nesse mesmo palco, inclusive por ocasião de datas comemorativas relativas à família real.[32]

A presença constante do teatro lírico italiano no Rio de Janeiro pode ainda ser ilustrada pela relação das apresentações líricas nas casas teatrais que se sucederam na cidade. Até 1811, são citadas três óperas de composição de José Mauricio encenadas na cidade; porém, a partir de 1811, Marcos Portugal parece dominar o programa dos Teatros Régio e São João, fato observado até 1817. Após essa data, o predomínio passa a ser das obras do compositor italiano Giacomo Rossini,[33] intercaladas por obras de outros autores

---

modernizador, europeizante, cosmopolita e, por tudo isso, estrangeiro, que a missão francesa havia introduzido nas artes plásticas." MARTINS, Wilson. *História da Inteligência Brasileira* V. II (1794-1855). São Paulo: Cultrix, 1977, p. 59.

31   A relação das obras e dos respectivos responsáveis se encontra em: ANDRADE, Ayres de., *op. cit.*, p. 30-36.

32   KUHL, Paulo Mugayar. *Cronologia da Ópera no Brasil – século XIX (Rio de Janeiro)*. Campinas: CEBAB, Instituto de Artes, Unicamp, 2003.

33   Giacomo Rossini (1792-1868) compôs cerca de quarenta óperas e é considerado um dos renovadores da ópera italiana no início do século XIX: "A ópera italiana vinha padecendo, até Rossini, de uma classificação muito rígida. A *opera buffa*, tendente ao teatro de caracteres burgueses, em que personagens saíam do repertório de uma vida cotidiana um pouco caricaturada, opunha-se à *opera seria*, que mal escapava aos cânones da beleza fixados por Métastase e cujas personagens eram tomadas, em sua grande maioria, à história ou à mitologia antigas. Com Rossini, dissipou-se

italianos e do próprio Marcos Portugal.[34] Além disso, a partir do levantamento acima, é bem provável que Marcos Portugal estivesse na regência das demais óperas encenadas no período, uma vez que o compositor e maestro português havia alcançado um significativo reconhecimento em sua passagem pela Itália, quando teve cerca de 20 óperas encenadas nos palcos italianos. Dito isso, parece claro que Marcos Portugal figurou como principal compositor da corte, principalmente pela sua formação na estética operística italiana, identificada como expressão de maior prestígio, e por isso mesmo, cultivada pela nobreza portuguesa. Por sua vez, mesmo ocupando o mais alto cargo na Capela Real, o padre José Mauricio ficou relegado a conduzir cerimônias secundárias na instituição, como, aliás, exigia a função de mestre de capela.[35]

No que se refere às oportunidades profissionais, a Capela Real representava a melhor oportunidade de ascensão para um músico

---

essa rigidez na escolha dos temas. Pelo lado cômico, as coisas caminharam por sem mesmas. Era mais uma questão de música do que de escolha dos libretos, que por sinal passaram a envolver personagens ainda mais modernas, pois o autor tinha pouca atração pelas historietas de pastores e pastoras. Pelo lado dramático, a mudança é bem mais visível. Como reservatório de personagens, substituía-se o cenário antigo – história ou mito – por um contexto que os libretistas gostavam de situar entre a Idade Média e o Renascimento, épocas sobre as quais muitas vezes as noções que tinham eram bastante vagas: o estilo de praxe passou da toga heroica ao *purpoint* do trovador" LABIE, Jean-François. *A ópera italiana de Cherubini a Rossini.* In: MASSIN, Jean, *op. cit.*, p. 654-655.

34 De acordo com Paulo Murgayar Kuhl, as obras apresentas por Marcos Portugal e José Mauricio Nunes Garcia são as seguintes: obras líricas de Jose Mauricio Nunes Garcia, seguidas do ano em que foram apresentadas: Ulissea (1809); Due Gemelle (1809; 1817); O Triunfo da América (1810); obras de Marcos Portugal: L'oro non compra amoré (1811; 1817); Demofoonte (1811); A Saloia Enamorada (1812); Artaserse (1812); A Castanheira (1817; 1827); Augurio di Felicità (1817); Merope (1817). KUHL, Paulo Mugayar, *op. cit.*, p. 3-15.

35 Não se pretende estabelecer nenhum grau de valoração das obras dos autores, apenas indicar que Marcos Portugal gozou de grande prestígio junto à corte, pelos motivos já citados. Além disso, o valor da obra de Jose Mauricio foi ressaltado por diversos autores, destacando-se os livros de Cleofe Person de Matos: "Catálogo Temático das obras do Padre José Mauricio Nunes Garcia" e "José Mauricio Nunes Garcia: biografia."

da época, seja pela visibilidade, seja pela remuneração. Em outras palavras, ainda que a dinamização da atividade musical tenha propiciado o aumento de oportunidades para os músicos, estas estavam restritas à Capela Real e algumas poucas igrejas, além do Real Teatro São João. O número de músicos empregados na instituição religiosa podia passar de uma centena, dependendo do período e da data a ser comemorada, divididos entre estrangeiros e profissionais formados no país. Mas havia espaço também para músicos não profissionais ou diletantes, principalmente nas festas populares ou outros locais públicos, situações em que as exigências estéticas e de qualidade observadas no interior das instituições citadas eram muito menores, possibilitando assim uma atividade mais lúdica e festiva.[36] Por outro lado, é inegável que as melhores colocações para os músicos encontravam-se no interior de instituições como a Capela Real e o Real Teatro São João. As duas instituições, como já notado, postulavam parâmetros mais restritos para a atividade musical, pautados pela tradição portuguesa na música sacra, no caso da Capela Real, e pela estética do teatro lírico italiano no Real Teatro São João. Mesmo o fato desse último ser um empreendimento particular, o que em tese o aproximaria de um público maior e menos sujeito às influências da corte, deve ser relativizado. Em primeiro lugar devido à pouca diferenciação do público, uma vez que apenas uma pequena parcelada população possuía condições de frequentar os teatros; em segundo lugar, o empreendimento dependia em larga medida do poder público, principalmente no que se refere à concessão de loterias e benefícios, vitais para a manutenção de companhias líricas estrangeiras.[37]

---

36 MONTEIRO, Mauricio. *A Construção do Gosto: música e sociedade na Corte do Rio de Janeiro – 1808-1821*. São Paulo: Ateliê Editorial, 2008, p. 215.

37 Na obra "Mozart: Sociologia de um Gênio", Norbert Elias sustenta que parte das dificuldades do compositor surgiram do embate entre um desejo de autonomia artística e a função social desempenhada pelos músicos na sociedade vienense:

Música e civilização   41

A Independência e o Primeiro Reinado não alteraram o quadro que até então se desenhava em relação à música. No caso da Capela Real, artistas europeus de destaque permaneceram ligados à instituição mesmo após a partida de Dom João VI do Rio de Janeiro; soma-se a isso o fato do orçamento destinado à manutenção da Capela não ter sofrido alteração significativa, como mostra o levantamento junto ao relatório do Ministério da Fazenda.[38] O mesmo ocorreu ao Real Teatro São João, cujo proprietário, Fernando Jose de Almeida, recebeu, já em 1822, a concessão de uma loteria para regularização de dívidas junto ao Banco do Brasil.[39] Da mesma forma, em 1824, novas loterias são concedidas em favor da reconstrução do Real Teatro São João, destruído por um incêndio em 25 de março daquele ano:

> Tomando em consideração que os Teatros são em todas as Nações cultas protegidos pelos Governos, como estabelecimentos próprios para dar ao povo lícitas recreações e até

"Pois o padrão de produção musical de um artista da corte que trabalhasse para um empregador determinado, seguindo suas instruções e atendendo a suas necessidades, diferia extremamente, devido à composição social específica em que sua música tinha função, do novo padrão que gradualmente se formou ao se tornar regra a produção musical feita por artistas relativamente livres e que competiam por um público essencialmente anônimo. [...] No entanto, a dificuldade e o arrojo de tal passo só ficam claros se considerados no contexto mais amplo do desenvolvimento que da arte do artesão para a arte do artista, da produção artística encomendada por patronos específicos, normalmente pessoas de nível social superior, para a produção dirigida ao mercado anônimo, a um público, no geral, de nível igual ao do artista." ELIAS, Norbert. *Mozart: Sociologia de um Gênio*. Rio de Janeiro: Jorge Zahar, 1995, págs. 44-50. A passagem tem por objetivo enfatizar que no Rio de Janeiro das primeiras décadas do século XIX os músicos também estavam sujeitos a parâmetros restritos para o exercício da profissão, principalmente no interior de instituições como a Capela Real.

38   Segundo Lino de Almeida Cardoso, em 1820a Capela Real consumiu 83:030$537; mais do que em 1824, 58:445$898; porém menos do que em 1827 (102:856$871)." CARDOSO, Lino de Almeida, *op. cit.*, p. 184.

39   CARDOSO, Lino de Almeida, *op. cit.*, p. 186.

> saudáveis exemplos das desastrosas consequên-
> cias dos vícios, com que se despertem em seus
> ânimos o amor a honra e a virtude; e desejando
> por isso facilitar a reedificação do Teatro desta
> capital, infelizmente incendiado na noite de
> 25 de março do presente ano: Hei por bem,
> depois de ter ouvido a esse respeito a Junta do
> Banco do Brasil, Encarregá-la em benefício do
> Coronel Fernando Jose de Almeida, proprietário
> daquele Teatro, da administração de três novas
> loterias (que não terão de fundo mais de
> 120:000$000 cada uma), para se extraírem
> antes das mais já concedidas ao dito coronel,
> a quem se entregará o produto destas [...].[40]

As temporadas líricas seguiram, portanto, uma curva de desenvolvimento ascendente iniciada em 1813, com a fundação de Real Teatro São João. Entre 1822 e 1827, chama a atenção o quase predomínio das obras de Rossini, pontuadas por outros autores como Ferdinando Paer[41] e mesmo algumas obras de Marcos Portugal.[42]

Fundadas sob a égide do progresso, a música executada em tais instituições deveria responder a parâmetros bastante específicos. Nesse aspecto, outra instituição também chama a atenção nesse período: a Real Fazenda de Santa Cruz, propriedade incorporada aos bens da Coroa em 16 de outubro de 1761, em razão da expulsão dos jesuítas do território brasileiro. Convertida em residência de repouso de Dom João, a propriedade contava com um conjunto de

---

40 Coleção das Leis do Brasil de 1824. Decretos, Cartas Imperiais e Alvarás de 1824. Rio de Janeiro: Imprensa Nacional, 1886, p. 54-55. Disponível em: <http://www2.camara.gov.br/atividade-legislativa/legislacao/publicacoes/doimperio/colecao2.html>. Consulta realizada em 01/11/2010

41 Ferdinando Paer (1771-1839) foi um compositor secundário, que se tornou célebre em Viena, em 1801, com a ópera *Acchille* e em Dresden, em 1804, com a ópera *Leonore*. LABIE, Jean-François. *A ópera de Cherubini a Rossini*. In: MASSIN, Jean, *op. cit.*, p. 651.

42 KUHL, Paulo Mugayar, *op. cit.*, p. 3-15.

músicos de origem escrava, formados naquele mesmo local, principalmente durante o período joanino. A formação de músicos teve início ainda no período em que a propriedade encontrava-se em poder dos jesuítas, com objetivo de tornar os escravos aptos para a participação nos cultos religiosos. Por sua vez, a administração real aprimorou essa característica nos anos posteriores à chegada da corte, principalmente para proporcionar ao monarca português a execução de música de qualidade quando de suas estadas na fazenda. Paralelamente a tais atividades, esses mesmos músicos estavam presentes em algumas comemorações especiais fora dos limites da fazenda, ou mesmo pleiteando algum emprego no caso de conseguirem a alforria.[43]

No que se refere à Real Fazenda de Santa Cruz, a ênfase parece se encontrar menos na formação de músicos do que na necessidade de formação de "artesãos", capazes de executar adequadamente determinada estética musical e de figurar nas apresentações sacras ou profanas do período.[44] Essa formação de músicos fora dos ambientes dos teatros e igrejas, como no caso da Fazenda Santa Cruz, tem por função, portanto, suprir as deficiências de tais profissionais, primeiro no próprio local, e, de maneira complementar, nos teatros da cidade. Assim, em relação às instituições descritas, a participação de "músicos negros" não indicaria um protagonismo dos escravos, mas sim a falta de profissionais considerados aptos para

---

43   O histórico da Real Fazenda Santa Cruz bem como a descrição das atividades dos músicos pertencentes a ela encontra-se na obra "Os Músicos Negros". SANTOS, Antonio Carlos. *Os Músicos Negros: escravos da Real Fazenda Santa Cruz no Rio de Janeiro 1808-1832*. São Paulo: Annablume/Fapesp, 2009.

44   A oposição entre "artistas" e "artesãos" é retirada da obra de Norbert Elias, citada anteriormente, e tem por objetivo enfatizar, mais uma vez, que a atividade musical na sociedade do período estava vinculada a exigências específicas. Assim, utilizando os conceitos construídos por Norbert Elias, defendemos que tanto para no caso da Fazenda Santa Cruz, mas também no interior da Capela Real, os músicos possuíam funções determinadas, assemelhando-se a artesãos, em oposição a uma atividade artística mais livre. ELIAS, Norbert, *op. cit.* p. 44-50.

a participação em cerimônias religiosas e espetáculos teatrais. Não se pretende aqui negar as possíveis apropriações feitas pelos escravos das obras executadas. O que se pretende afirmar é que, mesmo desempenhando função de músico, os escravos ou músicos negros estavam inseridos dentro de regras específicas para o desempenho da atividade musical. Ou seja, se era permitido aos negros e mulatos desempenhar a função de músico na sociedade fluminense, a música de origem africana permanecia fora dos parâmetros aceitáveis para essa atividade.[45] Aliás, aparticipação de músicos negros nas igrejas foi referida por vários escritores e viajantes, como mostra a crônica publicada no jornal "O Mercantil", em 1842:

> Observa-se em muitas igrejas do Brasil os realejos suprimindo os órgãos; é um meio muito econômico na verdade, mas pouco decente; nada mais ridículo do que entrar num templo, ver sair o padre para o altar e ouvir um o negro no coreto rodar o realejo, que geralmente só contém destas árias populares que nenhum cabimento deveriam ter na casa do Senhor. Entra-se na dúvida se estamos na igreja ou num Cosmorama e teatrinho de bonecos![46]

Assim, é possível concluir que, se tal prática foi comum nos Oitocentos, nem por isso ela era considerada adequada. Além disso, a partir do exposto acima, tanto a Capela Real quanto o Real Teatro São João podem ser descritos como instituições normativas, ou seja, no âmbito dessas duas instituições a atividade musical esteve pautada por regras específicas e investida de um ideal de progresso da nação. Merece atenção ainda a presença constante de óperas italianas

---

45   A afirmação refere-se, logicamente, à atividade musical no interior das instituições citadas, e pautada por um ideal de progresso e civilização nos termos descritos até o momento.

46   "O Mercantil". In: ANDRADE, Ayres de, op. cit., p. 221.

nos palcos do Real Teatro e da estética operística nas atividades desenvolvidas pela Capela Real, presença que será uma constante no desenvolvimento do cenário musical fluminense.

Interlúdio

Como visto anteriormente, a Independência não trouxe impacto negativo para a atividade musical no Rio de Janeiro, sendo possível observar até mesmo um aumento do número de óperas apresentadas no Teatro São João, depois renomeado como São Pedro de Alcântara. O mesmo não se pode dizer, porém, do período iniciado em 1831, marcado pela abdicação de Dom Pedro I e pela Regência. Durante toda a década de 30 do Oitocentos, o desenvolvimento alcançado durante o período joanino e o primeiro reinado sofreu um grande retrocesso, motivado, sobretudo, pelas dificuldades financeiras do Estado no período, visto a extrema dependência da Capela Real e do Teatro São Pedro de vultosos incentivos públicos. Esse último, ainda que propriedade particular, tinha na concessão de diversas loterias importante respaldo para a manutenção de companhias estrangeiras, e, consequentemente, de temporadas líricas luxuosas. Tal dependência fez com que a atividade musical no âmbito dessas instituições decaísse de maneira brusca a partir da abdicação de Dom Pedro I, permanecendo quase estagnada durante todo o período regencial.

Se até 1831 o palco do Teatro São Pedro assistiu às encenações das óperas de Rossini e outros nomes do teatro lírico italiano, a partir de setembro daquele ano as apresentações cessaram por completo, retornando apenas em 1844. No lugar das temporadas líricas no Teatro, a cidade passou a contar com duas casas teatrais menores, e, ao invés de obras completas, apenas trechos de óperas e obras instrumentais. Foram dois os teatros surgidos no período, o primeiro fundado em 1829, sob a denominação de Teatro da Rua dos Arcos;

46 Renato Aurélio Mainente

ainda que reformado em 1832, o empreendimento teve expressão e alcance bastante restrito. O segundo teatro surgiu em 1833, por ação de uma sociedade formada por vários artistas[47] e que resultou na construção de um edifício nomeado como Teatro da Praia de Dom Manuel, e posteriormente, em 1838, renomeado Teatro São Januário, em homenagem à Princesa Imperial.[48]

A Capela Real também viveu um período de crise, afinal a instituição dependia diretamente dos cofres públicos. Já em 1831, a Câmara aprovou uma redução drástica no orçamento destinado à Capela: dos 73 contos de réis estimados inicialmente, o montante final resumiu-se a 56 contos de réis. Consequentemente, a parcela desse valor destinada à manutenção dos músicos e cantores também sofreu drástica redução, passando dos cerca de 23 contos de réis do ano anterior para pouco mais de 10 contos de réis.[49] Se não bastasse a redução orçamentária, situação aliás que perdurou durante os 11 anos subsequentes, o ano de 1831 marca também a morte dos dois mestres de capela, Jose Mauricio e Marcos Portugal. Assim, dos cerca de 50 músicos permanentes, o conjunto musical da Capela foi reduzido a apenas 28: 2 organistas, 24 cantores e 4 instrumentistas.[50]

Embora a atividade musical tenha decaído no interior das duas mais importantes instituições dos anos precedentes, a música se fez presente em outros locais e por intermédio de novas organizações, caso das sociedades musicais. Uma delas, fundada por Francisco

---

47 O "Jornal do Comércio" publicou em 28 de agosto de 1833 os nomes dos sócios que fundaram o Teatro Particular das Rua dos Arcos: Ludovina Soares da Costa, Maria Soares do Nascimento, Teresa Soares, Ricardina Soares, Vítor Porfírio de Borja, João Evangelista da Costa, José Jacó Quezado, Manoel Soares, Bento José Fernando Caqueirada, Camilo José do Rosário Guedes, José Maria do Nascimento, João Evangelista Junior e Antonio Soares. In: CARDOSO, Lino de Almeida, *op. cit.* p. 312.

48 *Ibidem*, p. 312-313.

49 *Ibidem*, p. 257-258.

50 ANDRADE, Ayres de, *op. cit.*, p. 164.

Manuel da Silva em 1833, intitulava-se Sociedade Beneficência Musical, assim descrita por Ayres de Andrade:

> Em 1833 Francisco Manuel da Silva colocava-se a frente de um movimento tendo por finalidade a fundação de uma sociedade de amparo aos músicos, desempenhando, paralelamente, a função cultural. Uma sociedade, em suma, representando um misto de instituição beneficente e centro de fomento musical. Era como uma versão da antiga Irmandade de Santa Cecília com outro nome e programa de ação mais condizente com o espírito da época.[51]

O espírito da época, aludido pelo autor, se refere não apenas às alterações no programa das apresentações, mas também à ausência das temporadas líricas na cidade e à precariedade da música executada na Capela Real. A Sociedade de Beneficência Musical veio de certa forma preencher o espaço da Sociedade de Santa Cecília, na forma de uma entidade profissional com o objetivo de proteger os interesses dos músicos, por meio de auxílio mútuo sustentado pela contribuição dos membros, além de promover concertos ou "academias".[52]

Da mesma forma, outras organizações com objetivos similares surgiram na cidade, caso da Sociedade Filarmônica e da Assembleia Estrangeira. A primeira, fundada em 1835, tinha por objetivo reunir "pessoas nacionais e estrangeiras de um ou outro sexo, destinados a promover a execução de música vocal e instrumental, afim de se instruírem e recrearem mutuamente."[53] Já em relação à Assembleia Estrangeira, no periódico "Correio das Modas" são encontradas duas referências em momentos distintos, permitindo identificar

---

51 Ibidem, p. 175.

52 CARDOSO, Lino de Almeida, op. cit., p. 316.

53 Estatutos da Sociedade Filarmônica. Rio de Janeiro: Imprensa Americana, 1840, p. s/n. In: CARDOSO, Lino de Almeida, op. cit., p. 322.

duas importantes atividades: em primeiro lugar, além do caráter associativo nos moldes da Sociedade Filarmônica, a Assembleia tinha entre seus objetivos a organização de bailes para os sócios:

> Na Capital do Império dois bailes distintos lutam à porfia para excederem-se na profusão e na magnificência. Um é o do Catete e o outro o dos Estrangeiros. A boa harmonia e a ordem, a magnificência e os divertimentos, a boa escolha das pessoas convidadas, tornam estes dois bailes sobremaneira aprazíveis.[54]

Ou seja, na falta de apresentações regulares nos teatros da cidade, as sociedades permitiram ao público fluminense manter contato com a música produzida na Europa. Outra atividade de extrema importância da associação consistia na organização de concertos ou "academias", como mostra o programa de uma apresentação da instituição, publicado no mesmo "Correio das Modas", em 1839:

> Primeira parte
> Robert-le-Diable (abertura) Meyerbeer. − Les Laveuses du Couvent (quadrilha de Musard) motivos de A. Grisar. − Grande, Bela e Difícil Valsa Alemã, Strauss. − Variações Concertantes para piano e rabeca, executadas pelos Srs. Schmidt e Neyts, por Lafont e Herz. − Le Domino Noir (quadrilha de Musard) motivos de Auber. − Grande Sinfonia em ut maior, Beethoven.
> Segunda Parte
> Guilherme Tell (abertura), Rossini. − Ária variada para cornet à pistons, executadas pelo Sr. Cavalier, Dufréne. − LesÉchos (quadrilha) Musard. − Le Serment (abertura) Auber. − Variações para piano, de Herz, executadas pelo Sr. Neyts. − I Puritani

---

54 Correio das Modas: Jornal crítico, literário das modas, bailes, theatros etc. Rio de Janeiro, 1839, v. 1.

(quadrilha de Musard), motivos de Bellini. –
Grande Galope Final, Tolbeeque.[55]

O programa acima permite identificar as principais características do repertório executado pelas sociedades musicais do período: além das quadrilhas e valsas, o programa é composto exclusivamente por obras instrumentais.[56] No caso do programa reproduzido acima, a ausência de cantores líricos fez com que execução de óperas ficasse restrita apenas às aberturas de obras de Rossini e Meyerbeer.[57] No entanto, na tentativa de suprir a carência desse gênero nos palcos da cidade, algumas sociedades procuravam manter em seus quadros cantores líricos, mesmo que amadores, para a execução de trechos de óperas, como foi o caso da Sociedade Beneficência Musical.[58]

Em 1854, Manoel de Araújo Porto Alegre, ao se referir a Sociedade Filarmônica, sintetizou a importância de tais sociedades no período:

---

55 Correio das Modas: Jornal crítico, literário das modas, bailes, theatros etc. Rio de Janeiro, 1839, v. 1, p. 50.

56 Entre os compositores citados no programa, convém destacar Daniel François Esprit Auber (1782-1871), representante maior da *opéra comique* francesa no início do século XIX, além dos nomes de Rossini, Bellini e Meuyerbeer. Por sua vez, as peças instrumentais são representadas principalmente por Beethoven, com a execução de sua Sinfonia n. 1 em Dó Maior; em valsa de Johann Strauss I; e o compositor francês Philip Musard.

57 Giacomo Meyerbeer (1791-1864), compositor italiano, alcançou renome na França, sendo considerado o mais importante compositor dramático do período. Em parceria com o libretista Eugène Scribe, compôs óperas de grande sucesso, como "Robert Le Diable" (Roberto, o diabo), em 1831, "Les Huguenots" (Os Huguenotes), em 1849, e "L'africane" (A Africana), em 1865. GOLDET, Stéphane. *A música francesa e o reinado de Eugène Scribe*. MASSIN, Jean, *op. cit.*, p. 695.

58 Segundo Ayres de Andrade, os concertos da Beneficência Musical apresentam os seguintes nomes: "Nos primeiro anos repetem-se com frequência os nomes de Francisco Manuel da Silva, como regente de orquestra; do tenor Gabriel Fernandes Trindade, também violinista de valor; do viola e tenor Cândido Inácio da Silva; de Francisco da Mota, tocador de corninglês, flauta e fagote; de João Bartolomeu Klier, clarinete, e DesidérioDorison, trompete, além de outros instrumentistas e cantores, entre estes Fasciotti e João dos Reis." ANDRADE, Ayres de, *op. cit.* p. 176.

A Filarmônica foi uma filha da necessidade, que engrandeceu, brilhou e adornou a sua época enquanto não preencheu sua missão; porque logo que o gosto da música se generalizou e reapareceu a necessidade do teatro italiano e se formaram espetáculos líricos, a sua queda era inevitável. Os sacrifícios dos sócios eram todos por amor da música, eram todos por essa necessidade que devia minorar com a presença dos espetáculos líricos e suas diárias representações. E já ninguém fala da Sociedade Filarmônica, daquela brilhante reunião de formosas cantoras, de artistas e de amadores! Já ninguém lembra que ela foi saudar o novo Imperador e de que este lá ia passar noites harmoniosas! Já ninguém se lembra dessas amáveis senhoras que tanto se distinguiram pelo seu talento, assiduidade e modéstia: e talvez ninguém se recorde de que o teatro lírico e os sacrifícios que por ele faz o Governo sejam devidos aos triunfos e aos esforços da Sociedade Filarmônica.[59]

Portanto, se tais sociedades possibilitaram o preenchimento de uma lacuna no cenário musical da cidade, o retorno das temporadas líricas retirou grande parte da importância desse tipo de organização.

O retorno das óperas ao Rio de Janeiro se deu em 1844, com a estreia da ópera "Norma", de Vincenzo Bellini,[60] pela recém-contratada companhia italiana. Convém notar, todavia, que, desde o final da década de 30 do Oitocentos, diversas providências no sentido de restabelecer o teatro lírico no Rio de Janeiro podem ser identificadas. Em 1837, por exemplo, uma sociedade de acionistas organizou-se para reestruturar o abandonado "Teatro Constitucional

---

59 PORTO ALEGRE, Manuel de Araujo. *Os Nossos Artistas*. In: *Revista Guanabara: Artística, Scientifica e Litteraria*. Tomo II, Rio de Janeiro: 1854, p. 273.

60 Vincenzo Bellini (1801-1835), compôs cerca de dez óperas, sendo "Norma" uma de suas composições mais famosas. A ópera estreou em 1831, na cidade de Milão.

Fluminense", antigo "Teatro São Pedro de Alcântara".[61] Essa reestruturação, embora liderada por particulares, pleiteou junto à Câmara a concessão de duas loterias anuais para o financiamento e manutenção do teatro, prática corrente durante o século XIX. Em maio do mesmo ano, o Jornal de Debates Políticos e Literários posiciona-se a respeito do projeto encaminhado aos deputados:

> Acha-se organizada uma companhia, cujo fim é o elevar o Teatro Constitucional Fluminense de S. Pedro à altura das exigências da nossa civilização, enriquecendo-a com a presença dos melhores artistas estrangeiros, tanto na dança, como nas óperas. O capital reunido para este objeto orça à 30:000$000 de rs. A sociedade acaba de dirigir à Câmara dos Deputados uma petição para a concessão de duas loterias anuais. Nós cremos que a Câmara dará a devida importância à esta petição; quando tão belas missões têm os Teatros em todas as nações cultas, não pode o Brasil pôr-se fora da linha, negligenciando tal objeto. Não só no Brasil, como nas nações as mais ricas, as grandezas das empresas de Teatro sobrepujam de muito as forças individuais, e a maior parte dos governos as animam e mantêm com largos subsídios. [...] Todos eles com razão consideram os Teatros, quando bem organizados, como um poderoso instrumento de civilização, como um meio de moralidade, e instrução popular, como uma carreira aberta diante o gênio das artes, e enfim como um meio de prender mais energicamente os cidadãos à pátria, pelos prazeres que realçam a vida social e douram a existência.[62]

---

61 O teatro havia sido renomeado logo após a abdicação de Dom Pedro I, em 1831.

62 *Jornal dos Debates Políticos e Litterarios*, n. 08, 27 de maio de 1837, p. 02.

A função dos teatros e dos espetáculos não era, portanto, simplesmente proporcionar um mero divertimento à população; ao contrário, desde o período joanino a música era considerada como um importante fator para a construção de uma nação civilizada. Mesmo que a identificação entre a atividade artística e uma ideia de progresso possa ser observada anteriormente, foi a partir de Dom João que a junção entre música e civilização foi mais marcante, principalmente considerando-se o empenho do monarca em erguer nos trópicos instituições similares às europeias, como foi o caso da Capela Real e do Real Teatro São João. Mesmo o declínio da atividade musical iniciado com a abdicação de Dom Pedro I não alterou essa percepção, ou seja, a presença de gêneros musicais europeus, principalmente do teatro lírico, permaneceu como um elemento fundamental para a construção de um ideal de progresso e civilização não apenas das artes, mas da própria nação.[63] Nada mais natural, portanto, do que os esforços em favor da atividade musical no Rio de Janeiro se voltassem para a recuperação do Teatro Constitucional Fluminense e para o restabelecimento das temporadas líricas.

Do mesmo modo, a Capela Real também foi alvo de uma revitalização, embora sem alcançar o nível de produção observado a partir do desembarque da corte em 1808. As melhorias nas condições da instituição religiosa tiveram início com a nomeação de Francisco Manuel da Silva para mestre de capela em 1842; no mesmo ano, o novo responsável encaminha um pedido para a contratação de novos músicos junto ao secretário de Estado dos Negócios da Justiça, com esclarecimentos acerca da situação precária em que se encontrava a capela:

> Na qualidade de Mestres de Música da Imperial Capela, impelidos pelo zelo de não ver deslumbrada a dignidade da mesma Capela, ousamos

---

63 Como pode ser observado não apenas pelo texto acima, mas também pelo de Manuel de Araújo Porto Alegre e pelas sociedades e concertos no período.

Música e civilização   53

> submeter à consideração de V. Exa. As necessida-
> des mais urgentes da repartição a nosso cargo.
> Reclama providência o Orgão, que, pelo estado
> ruinoso em que se acha, ameaça ficar, talvez, den-
> tro de poucos meses, de todo inutilizado.[64]

O pedido foi atendido, sendo autorizada a contratação de profissionais de canto e instrumentistas, atenuando-se em parte a precariedade das execuções na Capela Real.[65]

Outro fator relativo à música religiosa no período merece menção,
como mostra o trecho abaixo, publicado no periódico "O Mercantil":

> Admira e surpreende bastante que os sacerdo-
> tes encarregados de manter a ordem, o respeito
> e a devida seriedade nos templos da nossa santa
> religião, e que muitas vezes se mostram zelosos
> em extremo por coisas bem fúteis, não hajam
> notado o escândalo a que tem chegado em
> nossos templos a música sacra, absolutamente
> suplantada pela música profana que dos teatros
> veio invadir e poluir as casas de oração![66]

O excerto tem relação direta com o vetor de desenvolvimento
da atividade musical no Rio de Janeiro descrito até o momento,
ou seja, ilustra o primado do gênero operístico no cenário musical fluminense. Essa presença constante não se restringia apenas às
temporadas líricas nos teatros, mas alcançava também outros gêneros, inclusive a música religiosa, situação essa bastante similar à
observada durante o período joanino e o primeiro reinado.

---

64 Relatório da Capela Imperial: 10 de novembro de 1842. In: ANDRADE, Ayres de,
    op. cit., v. I, p. 215-216.

65 Segundo Lino de Almeida Cardoso, no segundo quartel de 1843-1844 o conjun-
    to da Capela passaria a contar com 53 integrantes no total. CARDOSO, Lino de
    Almeida, *op. cit.*, p. 236.

66 O Mercantil. In: ANDRADE, Ayres de, *op. cit.*, v. I, p. 220.

Essa primazia do teatro lírico italiano no Rio de Janeiro permite desenvolver algumas considerações sobre a importância da música para a sociedadedo período. Recorrendo mais uma vez ao artigo de Araújo Porte Alegre, é possível concluir que, se o desenvolvimento das nações encontra seu correlato no desenvolvimento da arte musical, a presença da música de origem europeia era considerada evidência inequívoca do progresso do país. Essa relação tornar-se-á ainda mais clara a partir da análise dos textos sobre a música do período, análise empreendida no segundo capítulo deste livro. No momento, vale ressaltar que essa estreita ligação entre música e progresso esteve presente em diversas iniciativas do poder público, como notado nas diversas instituições descritas até o momento. Nesses casos, o Estado teve papel primordial tanto na fundação como na manutenção de entidades, como a Capela Real e o Real Teatro São João, inclusive dando suporte financeiro para a contratação de músicos e companhias líricas europeias.

Assim, quando das primeiras tentativas de estabelecimento de um Conservatório de Música na cidade, a cobrança de ações consistentes do poder público em favor da criação da instituição encontrou justificativa na relação entre a arte e civilização. Em outras palavras, a necessidade de formação de cantores e músicos qualificados para os palcos era essencial para o desenvolvimento não apenas da música, mas da nação como um todo. A petição encaminhada à Câmara dos Deputados em 23 de junho de 1841, subscrita por sete professores de música em nome da Sociedade Beneficência Musical, mostra de maneira clara os ideais presente na fundação do Conservatório:

> A Capital do Império, senhores, terá de ver bem depressa a época em que para a Capela Imperial não haja professores precisos, e que igualmente não se possa entreter o Teatro Nacional, se um conservatório não for imediatamente criado a fim de abrir mais uma carreira a nossa mocidade

talentosa de ambos os sexos, e promover assim a moralidade pública; um conservatório onde se possam aproveitar as excelentes disposições dos brasileiros, e onde se façam ótimos artistas que vão enriquecer o teatro, mesmo como cantores, visto que esses só podem vir da Europa por imensos sacrifícios. Se, pois, um conservatório não vier como âncora das artes no Brasil, abrilhantar o culto e iluminar o teatro, qual será o nosso estado relativo à música quando mais alguns anos forem passados? A Sociedade Musical já impediu, senhores, a ruína total da música e apesar de seus esforços não pode de maneira alguma fazê-la progredir sem o vosso auxílio. A missão de conservar está realizada mas esta não pode durar se a criação de novos artistas não vierem substituir aqueles que desaparecem pra sempre.[67]

Visando ao estabelecimento do Conservatório, um decreto de 27 de novembro de 1841 concedeu duas loterias anuais em favor da Sociedade Beneficência, mas foi apenas depois de seis anos que os termos para organização da entidade foram declarados. Assim, em 21 de janeiro de 1847, por meio do decreto n. 496, os estatutos do Conservatório foram publicados; os dois primeiros artigos do documento já estabeleceram os objetivos e as primeiras aulas a serem ministradas:

Art. 1º. O Conservatório de Música que, na conformidade do Decreto nº 238, de 27 de novembro de 1841, tem de fundar a Sociedade de Música desta Corte, terá por fim, não só instruir na Arte da Música as pessoas de ambos os sexos, que a ela quiserem dedicar-se, mas

---

67 MAZZIOTTI, Fortunato. Requerimento encaminhado ao Ministério do Império por Fortunato Mazziotti e outro professores de música, solicitando a criação de conservatório de música e a concessão de duas loterias anuais, por espaço de oito anos em nome da Sociedade Musical. 1841 In: CARDOSO, Lino de Almeida, op. cit., p. 320.

também formar artistas que possam satisfazer as exigências do Culto e do Teatro.

Art. 2º. Constará o Conservatório das seguintes aulas:

1ª. De rudimentos, preparatórios e solfejos.
2ª. De canto para o sexo masculino.
3ª. De rudimentos e canto para o sexo feminino.
4ª. De instrumentos de corda.
5ª. De instrumentos de sopro.
6ª. De Harmonia e Composição.[68]

O Conservatório iniciou suas atividades em 13 de agosto de 1848, com o curso de canto e solfejo masculino, e enfrentou dificuldades financeiras logo em seus primeiros anos, pois a promessa de realização de duas loterias anuais não se concretizou. O segundo sorteio aconteceu em 13 de novembro de 1852, mais de cinco anos depois do primeiro, e os fundos arrecadados nessa segunda oportunidade foram revertidos para a criação do segundo curso planejado, ou seja, aulas de canto voltadas para o sexo feminino. A partir de decreto de 23 de janeiro de 1855, a instituição sofre várias mudanças, a começar por uma nova organização e instalação de novos cursos. Aos dois cursos de canto já instalados, somam-se os de acompanhamento e órgão, dois de instrumentos de corda e dois de sopro. Além disso, em 14 de maio do mesmo ano, o Conservatório foi anexado à Academia de Belas Artes.[69] Apesar das muitas dificuldades, a instituição figurou como uma das principais instituições musicais da segunda metade do século XIX, assistindo inclusive à formação do compositor Carlos Gomes, que mais tarde estrearia sua ópera "Il Guarany" em Milão.

---

68 Decreto 496, 21 de Janeiro de 1847. *Coleção de Leis do Império do Brasil*, Tomo X, Parte II. Rio de Janeiro: Typografia Nacional, 1848, p. 10-13.

69 Decreto 1.542, 23 de Janeiro de 1855; e Decreto 1603, 14 de Maio de 1855. *Coleção de Leis do Império do Brasil*, Tomo XVIII, Parte II. Rio de Janeiro: Typografia Nacional, 1855, p. 54-57; 402-429.

A Imperial Academia de Música e Ópera Nacional

Em 1844, com a estreia de "Norma", os espetáculos líricos voltaram a integrar o cotidiano artístico da cidade. Nesse mesmo ano, além das 20 apresentações da ópera de Bellini, outras oito obras são levadas a cena no Teatro São Pedro de Alcântara, num total de 74 récitas. As apresentações seguem no mesmo ritmo nos anos posteriores, com a realização de cerca de 50 récitas por ano entre 1846 a 1851. No repertório figuravam não apenas reapresentações de óperas consagradas nos palcos da cidade, como a já citada "Norma", mas também estreias de obras recém-lançadas na Europa, com destaque para "Ernani",[70] do italiano Giuseppe Verdi,[71] levada a cena no São Pedro de Alcântara apenas dois anos após sua estreia na Europa.

Em 1851, um novo incêndio no edifício do Teatro São Pedro de Alcântara, único com estrutura suficiente para abrigar as

---

70 A ópera "Ernani" estreou em 1844 no teatro "La Fenice", de Veneza, e chegou ao Rio de Janeiro em 1846.

71 Giuseppe Verdi (1813-1901) foi um dos mais importantes compositores italianos, considerado um renovador do gênero operístico, principalmente com a estreia de *Nabucco*, em 1842: "A curto prazo, a importância de *Nabucco* não foi grande – o tempo das revoltas ainda não chegara –, mas sua influência cultural foi enorme. A ópera, que não passava de um divertimento, como um romance de leitura fácil, de algo perfeito para se passar uma noite agradável, tornou-se o mais profundamente sincero modo de expressão que podiam os italianos então permitir-se. (...) A força de persuasão era ainda maior pelo fato de que apoiava-se na voz, e o caráter cênico do gênero sempre permitia fazer alusões, mais ou menos diretas ou mais ou menos conscientes, às questões de momento." Além disso, o mesmo autor assinala a dimensão política das obras de Verdi, consideradas hinos da unificação italiana, caso por exemplo da ópera Nabucco: "Em 9 de maio de 1842, *Nabucco*, que logo se tornou o nome oficial da ópera, foi recebida com triunfo no Scala. Do dia para a noite, o nome de Verdi ficou famoso. (...) O sucesso havia sido imediato e geral. Os italianos bem depressa identificaram com seu próprio infortúnio o canto de lamentação do povo hebreu. O coral Va Pensiero haveria de tornar-se, na Itália, por muitas gerações, mais importante que os hinos nacionais, os quais iam variando de acordo com os regimes políticos". LABIE. Jean-François. *A Ópera Italiana: Donizetti, Bellini,Verdi*. In: Massin, Jean, op. cit., p. 680.

temporadas líricas, interromperia as récitas até o ano seguinte. Com a interdição do principal teatro da cidade, as atenções se voltaram para o Teatro de São Januário, que, embora de proporções bastante inferiores em relação ao primeiro, constituía a única alternativa viável para a continuação imediata das apresentações líricas. Dessa forma, mediante uma pequena reforma no edifício, a temporada de óperas de 1852 foi aberta com apresentações realizadas entre 01 de janeiro a 19 de março daquele ano. A partir de 25 de março, as apresentações passaram a ocorrer no Teatro Provisório, construído em apenas seis meses e com estrutura semelhante a do Teatro de São Pedro. Dois anos depois, o Teatro Provisório seria renomeado como Teatro Lírico Fluminense, passando a figurar como o centro musical da cidade e recebendo as temporadas líricas até o ano de 1875. Embora o edifício possuísse inicialmente um caráter temporário – inscrito no próprio termo "provisório" – e estivesse destinando a figurar em segundo plano com a reconstrução do São Pedro de Alcântara, as dificuldades para a construção de um nono prédio acabaram por consolidá-lo como o principal teatro da corte. O período entre 1853 a 1858 representa o ápice do teatro lírico no Rio de Janeiro, visto que nesse intervalo algumas temporadas ultrapassaram o número de cem récitas realizadas. Em 1855, por exemplo, foram registradas 117 apresentações, entre estreias e reapresentações de obras consagradas.[72]

Logo após a retomada das temporadas líricas, outro importante tópico veio juntar-se ao tema da música como parte de uma *cruzada civilizatória* nos trópicos,[73] a saber, a produção de uma música de

---

72 A relação das temporadas líricas e das óperas apresentadas na cidade no período encontra-se na obra de Ayres de Andrade. ANDRADE, Ayres de. *Francisco Manuel da Silva e seu tempo* 1808-1865. Rio de Janeiro: Tempo Brasileiro, 1967, v. II, p. 47-61.

73 O termo "cruzada civilizatória" é retirado da obra de Jean Marcel Carvalho França: "Data desse período o desencadeamento de um processo que, sem nenhum exagero, poderia ser denominado *cruzada civilziatória*, uma cruzada onde o que estava

teor nacionalista. Obviamente tal debate não foi exclusividade da esfera musical, como mostra o excerto abaixo, retirado do prefácio escrito por Gonçalves de Magalhães, por ocasião da publicação de sua tragédia "Antonio José ou o Poeta e a Inquisição", em 1839, no qual encontramos uma importante referência a respeito dos esforços para a construção de um teatro dramático nacional:

> Desejando encetar minha carreira dramática por um assunto nacional, nenhum me pareceu mais capaz de despertar as simpatias e as paixões trágicas do que este. As desgraças de um literato, de um poeta, que concorreu para glória nacional, não podem deixar de excitar interesse e amor, ao menos no nosso país; e tanto mais deve esta lição importante, quanto a miséria e o abandono é o fim de quase todos os poetas portugueses e brasileiros.[74]

A escolha de um tema nacional como assunto da tragédia tem por objetivo contribuir para a glória e elevação da arte dramática no país, tanto mais que o próprio Magalhães defende o poeta Antonio José como um artista que contribui para a "glória nacional". Outros literatos do período, como Émile Adet e Manoel de Araújo Porte Alegre, defenderam também a necessidade de criação e desenvolvimento das artes nacionais, o que possibilita estabelecer

---

em jogo, e isso sobretudo depois da Independência em 1822, era, de um lado, a constituição de um povo razoavelmente patriota, ordeiro e trabalhador, de uma povo apto a se engajar na nova sociedade que nascia, e, de outro lado, a construção de uma cultura que pudesse ser chamada de nacional". FRANÇA, Jean Marcel Carvalho. *Literatura e Sociedade no Rio de Janeiro oitocentista*. Lisboa: Imprensa Nacional/Casa da Moeda, 1999, p. 9-13.

74 MAGALHÃES, Gonçalves. *Breve Notícia sobre Antonio Jose da Silva*. São Paulo: Martins Fontes, 2007, p. 07.

alguns pontos em comum entre a música e, principalmente, o teatro dramático.[75]

No que se refere à esfera da música, tal preocupação já havia se manifestado nos anos precedentes, como bem mostra o trecho do artigo de Araújo Porto Alegre, reproduzido no início desse capítulo. Porém, a partir de meados da década de 40 do Oitocentos, o projeto de edificação de uma música nacional ganhou contornos mais precisos e ações mais direcionadas, como a criação de um Conservatório de Música. No entanto, as reflexões acerca da criação de uma música de inspiração nacionalista raramente contemplaram a estética musical então em voga; ao contrário, as discussões acerca da música nacional se ocuparam invariavelmente de aspectos extramusicais. Nesse sentido, as expectativas em torno da composição de uma ópera nacional são emblemáticas: mais do que a criação de uma música nacional, cumpria nacionalizar o teatro lírico italiano a partir da criação de instituições como o Conservatório de Música e, principalmente, da Imperial Academia de Música e Ópera Nacional.

Entretanto, mesmo antes da fundação da Imperial Academia, em 1857, outras iniciativas direcionadas para a criação de uma ópera nacional podem ser observadas. A primeira delas ocorreu em 1852, quando o diretor do Teatro Provisório, João Antonio Miranda, informou ao imperador Dom Pedro II sobre um projeto de montagem de uma ópera de teor nacionalista nos palcos daquele teatro. Em um dos trechos desse relatório, o diretor do teatro descreveu as primeiras medidas por ele tomadas:

> Quero fazer representar no dia 07 de setembro uma ópera em italiano, cujo assunto seja nacional. Para esse fim recorri já hoje a Porto Alegre. Acham-se todos entusiasmados com essa ideia

---

75 "Da arte dramática no Brasil", texto de autoria de Émile Adet publicado em 1844, e "O Nosso Teatro Dramático", de Araújo Porto Alegre datado de 1852, são dois exemplos da tópica pela criação de um teatro dramático nacional.

> e Madame Stoltz é a primeira, depois de mim,
> que se coloca a frente de uma inovação que
> deve animar o teatro, sacudindo-lhe o torpor
> em que parecia submergido.[76]

Quatro anos após esse despacho, mais exatamente em 27 de novembro de 1856, durante o intervalo de um espetáculo no Teatro Lírico Fluminense, foi apresentada não uma ópera em italiano, mas uma cena cantada em português.[77] Intitulada "Véspera dos Guararapes", a cena tinha por inspiração um episódio da guerra contra os holandeses em Pernambuco, alcançando significativa repercussão em alguns jornais da época.[78]

Ainda em 1852, em outra iniciativa do diretor do Teatro Lírico Fluminense – antigo Provisório – foi lançado um concurso para a composição de um libreto obedecendo aos mesmos parâmetros descritos anteriormente: a partir do modelo da ópera italiana, os autores deveriam escrever um libreto tratando de assunto nacional. Como resultado, três libretos foram apresentados à comissão responsável pela avaliação das obras: "Moema e Paraguaçu", de Francisco Bonifácio de Abreu, "Moema", de Miguel Alves Vilela, e

---

76 O trecho encontra-se na obra de Ayres de Andrade, seguido de alguns trechos de outros relatórios sobre o mesmo tema. Assim, em 07 e 26 de agosto respectivamente, João Antonio de Miranda informou o andamento do projeto; em 07 de agosto: "Está completo o libreto por parte de Porto Alegre e todo já em poder do tradutor De Simoni"; em 26 de agosto: "A composição de Porto Alegre continua a ser traduzida por De Simoni. Não tive ocasião de fazer extrair uma cópia". Os trechos mostram que primeiramente o libreto foi composto em português, para depois ser traduzido para o italiano e posto em partitura. ANDRADE, Ayres de, op. cit., p. 82-83.

77 Embora o diretor do teatro relatasse em seus despachos que o libreto estava completo e já em fase de tradução (ver nota anterior).

78 Trecho de um cronista, reproduzido por Ayres de Andrade, infelizmente sem indicação de autor ou periódico em que foi publicado: "À vista disso não há dúvida que temos ópera brasileira já quase a espirrar dos limbos; é verdade que ainda não possuímos o drama, nem mesmo a comédia; mas a ópera, não tarda... ei-la." ANDRADE, Ayres de, op. cit., p. 85.

"Lindoia", de autoria de Ernesto Ferreira de França Filho. Como o próprio título das composições deixa entrever, todas as obras possuem como tema o indianismo. Outra tentativa no gênero ocorreu em 1854, quando Adolf Maersch compôs uma partitura a partir de um libreto do italiano Luiz Vicente De Simoni, intitulado "Marilia de Itamaracá". A obra, no entanto, nunca chegou aos palcos, restringindo-se apenas a apresentações de alguns trechos em raras ocasiões.

Em 1857, com a fundação da Imperial Academia de Música e Ópera Nacional, o projeto de nacionalização do teatro lírico alcança seu auge. No termo de fundação, datado de 25 de março daquele ano, aparecem as assinaturas de vários nomes de relevância no cenário cultural fluminense, como Manoel de Araújo Porto Alegre e Francisco Manuel da Silva, além do responsável pelo projeto, o espanhol D. Jose Amat.[79] Pelo projeto inicial, o financiamento da entidade foi estipulado através de um plano de sócios e acionistas, mas em 19 de agosto de 1857 um decreto estipulou a concessão de quatro loterias anuais durante o prazo de três anos para o financiamento da entidade.[80] O objetivo declarado do empreendimento consistia na encenação de óperas, cantatas e idílios originários da Itália, França e Espanha, porém vertidos para o idioma nacional. A instituição possuía ainda o objetivo de encenar ao menos uma ópera nacional a cada ano, e para tanto era reservada à instituição o monopólio na montagem de obras do gênero, concedido pelo governo quando da fundação da entidade. O que se observa nas apresentações nos dois primeiros anos, porém, é um domínio do

---

79   O termo de fundação ainda contava com os nomes de: Conselho Deliberativo, o Marquês de Abrantes, Visconde do Uruguai e Barão de Pilar; membros do Conselho Artístico, Francisco Manuel da Silva, Joaquim Gianini, Manuel de Araújo Porto Alegre, Dionísio Vega e Isidoro Bevilacqua. ANDRADE, Ayres de, op. cit., p. 91.

80   Coleção de Leis do Império do Brasil de 1857, Tomo XVIII, parte 1. Rio de Janeiro: Typographia Nacional, 1857.

gênero das *zarzuelas*,[81] intercalados com trechos de óperas consagradas, o que mostra mais uma vez a busca por modelos e estéticas musicais europeias.[82] O ano de 1859 marca, inclusive, a apresentação da ópera "Norma", do compositor italiano Vincenzo Bellini, com libreto traduzido para o português por Quintino Bocaiúva.

Nos seis anos de sua existência a instituição enfrentou inúmeros problemas administrativos. Já em 1858, D. José Amat foi afastado da direção, sendo instituído um novo conselho para dirigir os trabalhos da Academia. Como primeira medida, em 27 de outubro de 1858, as atividades referentes aos espetáculos estrangeiros foram suspensas, com o intuito de priorizar a formação de artistas nacionais, como pode ser observado no trecho que segue:

> Art. 1º: A Imperial Academia de Música e Ópera Nacional tem por fim: 1. Preparar e aperfeiçoar artistas nacionais melodramáticos; 2. Dar concertos e representações de canto em língua nacional, levando à cena óperas líricas nacionais ou estrangeiras vertidas para o português.
> Art. 2º: Para preencher estes fins a Imperial Academia terá as aulas necessárias e contratará os artistas indispensáveis, contanto que sua despesa não exceda ao produto de 4 loterias anuais que lhe foram concedidas.[83]

Nota-se, principalmente, a preocupação com a formação de artistas nacionais capazes de figurar nos espetáculos líricos,

---

81 Gênero de teatro musicado espanhol.

82 O Correio Mercantil assim se manifestava a respeito da Ópera Nacional: "A Ópera Nacional, que deve inaugurar-se por estes dias, terá de recorrer por muito tempo à ópera espanhola; com isso ganhará o nosso teatro mais novidade: os compositores e poetas nacionais terão belos modelos para estudar, avigorando assim a própria inspiração". In: *Ibidem*, p. 90.

83 Estatutos da Imperial Academia. In: ANDRADE, Ayres, *op. cit.*, p. 95. Cabe esclarecer que devido à falta de cantores líricos, era comum a contratação de artistas estrangeiros por empresários fluminenses.

preocupação essa presente de forma constante em diversos artigos e críticas musicais do período. Diante das dificuldades, a Imperial Academia foi formalmente extinta em 1860, por meio do decreto número 2.593 de 12 de maio daquele ano; porém, cerca de um mês depois, mais precisamente em 17 de junho, outro contrato é assinado entre a administração do Teatro Lírico Fluminense e uma companhia lírica italiana, possibilitando assim a continuidade das atividades da Academia. Esse contrato possuía apenas ligeiras alterações em relação aos estatutos originais: a primeira foi a mudança do nome para Ópera Lírica Nacional, seguida pela volta de José Amat aos quadros administrativos da instituição.[84]

Assim, o ano de 1860 foi marcado não apenas pelos problemas administrativos, mas também pelo fato das atividades e espetáculos da Academia serem transferidos para o Teatro Lírico Fluminense. Ainda no mesmo ano, a ópera "Pipelet"[85] subiu aos palcos, com libreto de Machado de Assis a partir da obra de Eugene Sue. O ano de 1860 assistiu também um fato bastante significativo, pois, pela primeira vez, foi levada à cena uma ópera com assunto e idioma nacional, escrita e musicada por brasileiros. Trata-se da obra "A Noite de São João", com versos de José de Alencar e música de Elias Álvares Lobo, ópera que será alvo de maior atenção nos capítulos seguintes. As outras peças encenadas seguiram a prática da Academia, consis-

---

84 ANDRADE, Ayres de, op. cit., p. 94.

85 Wilson Martins alerta para a grafia original da obra representada no Rio de Janeiro, "Pipelé", com música de Serafino Amedeo Ferrari. "A singularidade ortográfica do título deixava suspeitar que ele [Machado de Assis] não havia trabalhado sobre do texto de Eugene Sue e, dado engano, provavelmente nem o conhecia: a forma Pipelet foi restaurada pelos jornalistas da época, para maior confusão da história literária. As pesquisas de Jean-Michel Massa confirmaram, com efeito, que, quatro anos antes, o maestro Serafino Amedeo Ferrari havia musicado o libreto de Raffaele Berninzone, *Pipelè, ossia Il Portinaio di Parigi*, levado com enorme sucesso na cidade de Veneza; é razoável supor que serviu de inspiração a Machado de Assis, cujo próprio libreto, por ironia generosa da história, se perdeu." MARTINS, Wilson. *História da Inteligência Brasileira.* V. III (1855-1877). São Paulo: Cultrix, 1977, p. 86-87.

tindo de traduções e adaptações de "zarzuelas" e óperas europeias. No ano seguinte, além da reapresentação da "A Noite de São João", outra ópera nacional foi montada: "Moema e Paraguaçu" ganhou partitura do maestro italiano Sangiorgi e estreou em 29 de julho de 1861. Mas estava reservada para o dia 04 de setembro daquele ano a estreia mais importante da temporada, a ópera "A Noite do Castelo", com música do jovem compositor Carlos Gomes e libreto em português de Antônio José Fernandes dos Reis, a partir do poema do espanhol Antônio Feliciano de Castilho. A obra alcançou grande sucesso, sendo reapresentada mais seis vezes no mesmo ano; Carlos Gomes, por sua vez, voltaria aos palcos nacionais em 1863, com a ópera "Joana de Flandres", a partir de libreto de Salvador de Mendonça, embora com resultados menos animadores.[86]

Parte dos resultados negativos da segunda ópera de Carlos Gomes deveu-se às dificuldades enfrentadas pela Ópera Lírica Nacional a partir de 1862. Depois da montagem da versão nacional de "La Traviata",[87] de Verdi, a entidade viu-se em meio a um confronto entre os atores da companhia lírica e D. José Amat, acusado de descumprir o contrato assinado entre as partes. A situação foi resolvida após uma troca de artigos – ou acusações – em jornais do período, o que culminou com a saída de dois membros da companhia. No mesmo ano, D. José Amat vê-se envolvido em nova polêmica, dessa vez com o compositor Elias Álvares Lobo, autor de uma ópera intitulada "A Louca";[88] o compositor havia cedido os direitos da obra para a Academia, e agora cobrava uma justificativa para o fato da ópera não ter sido montada. Além disso, a instituição sofre

---

86 A descrição das atividades e das obras apresentadas pela Imperial Academia de Música e Ópera Nacional é baseada no levantamento feito por Ayres de Andrade. ANDRADE, Ayres de, op. cit., p. 100-107.

87 A ópera estreou na Europa em 1853.

88 A peça encontra-se perdida.

novas mudanças administrativas: o governo, que até então financiava as temporadas líricas italiana e nacional por intermédio de duas empresas, assina contrato com uma nova empresa, encarregada de promover as duas temporadas conjuntamente. A mudança teve efeitos negativos para o teatro lírico nacional, pois a maior parte da verba governamental era empregada para o financiamento da temporada lírica italiana, mais rentável que a concorrente. Por sua vez, mesmo nas montagens de óperas nacionais, os artistas brasileiros eram preteridos em favor dos europeus, principalmente aqueles originários da Itália. Foi o que aconteceu com "Joana de Flandres", cantada em português por atores italianos, prejudicando assim a execução da obra.[89]

Devido a todos esses problemas administrativos e artísticos, apenas mais uma composição nacional subiu aos palcos: "O Vagabundo ou A Infidelidade, Sedução e Vaidade Punidas". A partitura foi assinada por Henrique Alves de Mesquita e o libreto em italiano por Francesco Gumirato; o texto foi traduzido para o português por De Simoni e estreou em 24 de outubro de 1863 no Teatro Lírico Fluminense. Depois de uma reapresentação dessa ópera no ano seguinte, encerravam-se a temporada e as atividades da Ópera Lírica Nacional, bem como as tentativas de criação de um teatro lírico nacional pela instituição.[90]

A partir dessa breve descrição das atividades da Ópera Nacional, fica claro que o nacionalismo pretendido não passava por reflexões estéticas sobre a forma musical; mais do que a criação de uma música nacional, cumpria realizar uma nacionalização do teatro lírico italiano. Além disso, a preferência por determinada linguagem musical aparece ligada a um ideal específico de nação e de progresso;

---

89 A situação descrita, ou seja, de cantores italianos cantando em português, foi comum no período como atesta a presença constante do tema em diversos periódicos.

90 ANDRADE, Ayres de, op. cit., p. 103-109.

ou seja, ao eleger a música europeia como o elemento essencial para a produção de uma música nacional, desconsiderou-se qualquer contribuição dos ritmos autóctones.

O próprio Carlos Gomes, saudado como gênio promissor das artes nacionais quando da estreia de sua primeira ópera,[91] compôs algumas peças inspirados em ritmos africanos antes de mudar-se para o Rio de Janeiro. A esse respeito, Cristina Magaldi faz algumas constatações importantes:

> Peças como A Cayumba e Quingombô, versões estilizadas de danças afro-brasileiras, foram fortemente mediadas e dependentes de um impulso importado; foram peças escritas para consumo interno, a ser realizada em reuniões familiares locais e saraus, e para o preenchimento de intervalos teatrais. Estas obras foram assimiladas e recriadas nos salões do Rio de Janeiro como música europeia de sabor exótico, e não como peças nacionalistas com o objetivo de realçar um traço musical específico. Longe de ser único, o elemento "local" personificado nestas peças não foram considerados no Rio de Janeiro imperial como "nacional", ou como contribuições significativas para o repertório contemporâneo musical.[92]

---

91 Em artigo publicado em 1861, na "Revista Popular", encontra-se uma avaliação de "A Noite no Castelo" e de Carlos Gomes: "Aos vinte anos de idade ostenta já uma grande inteligência musical: a ovação, que ele acaba de receber, foi um justo prêmio da obra excelente de seu gênio. [...] Meu velho, dize, repete mil vezes a Carlos Gomes que estude, estude muito e sempre, para que o estudo vença, pois que pode vencer, a distância que o separa de mestres como Rossini, Donizetti e Meyerbeer." *Revista Popular. Noticiosa, Scientifica, Industrial, Historica, Litteraria, Artistica, Biographica, Anedoctica, Musical etc.* Tomo XII, ano terceiro, outubro-dezembro de 1861, p. 251.

92 "Pieces like A Cayumba and Quingombô, stylized versions of Afro-Brazilian dances, were heavily mediated and dependent on an imported impetus; they were written for internal consumption, to be performed at local family gatherings and saraus, and for filling in theatrical intermissions. These works were perceived and recreated in the Rio de Janeiro parlor as European music with an exotic flavor, not as nationalistic

68   Renato Aurélio Mainente

Ainda em relação ao compositor, e apesar do sucesso alcançando por suas óperas no Rio de Janeiro, o triunfo de Carlos Gomes ocorreria na Itália, por ocasião da estreia de "Il Guarany", no *Teatro La Scala*, de Milão, em 19 de Março de 1870.[93] A obra, composta por um autor saído das duas mais importantes instituições musicais do Império, o Conservatório de Música e a Imperial Academia de Música e Ópera Nacional, pode ser considerada como o auge do movimento de nacionalização da música ocorrido no Rio de Janeiro imperial. Além disso, a recepção da obra, tanto na Itália quanto no Brasil, indica de maneira clara as contradições inerentes ao projeto de construção de um teatro lírico nacional pautado pela ópera italiana.

Para compor sua ópera, Carlos Gomes utilizou-se de um tema nacional, extraído do romance indianista de José de Alencar, tema por si só estranho para o público europeu. E foi justamente esse aspecto da obra o que mais atenção chamou na estreia em Milão, ou seja, o fato da ópera contar com tema exótico, e, mais do que isso,

---

pieces aiming to portray a distinctive musical language. Far from unique, the embodied "local" elements in these pieces were not regarded in imperial Rio de Janeiro as "national", or as significant contributions to the contemporary musical repertory." MAGALDI, Cristina. *Music in Imperial Rio de Janeiro: European Culture in a Tropical Milieu.* Maryland: Scarecrow Press, 2004, p. 148.

93   A respeito de Carlos Gomes e da estreia de "O Guarani" na Itália: "O romantismo da liberdade e dos grandes pensamentos tinha ainda seus adeptos. O ano de 1870 viu justamente aparecer um estranho personagem, brasileiro de origem: Antônio Carlos Gomes (1836-1896) nasceu em Campinas, perto de São Paulo; estudo música em Milão e compôs uma ópera estranha, O Guarani, em que se encontram todos os temas patrióticos tão caros a Verdi; a isso, o compositor acrescentou uma espécie de homenagem a Rosseau, ao fazer de seu herói um índio guarani (o próprio Carlos Gomes tinha ascendência indígena) que, depois de sofrer todos os malefícios por parte dos europeus, acaba – oh! escândalo – por merecer o amor da heroína branca nesse suntuoso melodrama. A música da obra é sólida, densa e apresenta por momentos aquela imperiosa urgência que prende a atenção nas ópera de Verdi. Carlos Gomes foi saudado como o herdeiro presuntivo do mestre e, em seguida, foi rapidamente esquecido entre os inúmeros compositores de dramas mais ou menos históricos (...)." LABIE, Jean-François. *A Ópera Italiana: depois de Verdi, Puccini.* In: MASSIN, Jean, *op. cit.*, p. 885-886.

ser composta por um nativo das Américas.[94] Quando foi encenada pela primeira vez no Rio de Janeiro, em 02 de dezembro de 1870, com libreto traduzido para o português, a obra enfrentou reservas justamente por seu aspecto exótico. Não que a obra não tenha alcançado sucesso; ao contrário, foi saudada pelo público e pelos colunistas em diversos jornais, principalmente pelo fato de ser uma ópera já consagrada nos palcos europeus.[95] Para Cristina Magaldi, as reservas de público se dirigiram ao assunto, isto é, ao tema do indígena como representante da identidade nacional.[96] Pois, ainda que a necessidade de criação de uma música nacional animasse as instituições e obras do período, tal identidade deveria ser estabelecida a partir da música e instituições europeias, particularmente do teatro lírico italiano.

A dinamização do cenário musical

Simultaneamente às apresentações da Academia de Ópera, outros espaços ganharam maior notoriedade a partir da década de 60 do Oitocentos, proporcionando uma maior dinamização e diversificação do cenário musical fluminense. O fortalecimento da apresentação de concertos, por exemplo, representou uma alternativa

---

94 A *Gazzeta Musicale de Milano* assim se refere à Carlos Gomes: "Quando Carlos Gomes vai por nossas ruas — sempre só e absorvido em seus pensamentos —, dir-se-ia um selvagem transportado por mágica em pleno coração de Milão [...]. Tem um coração nobre e generoso [...] mas ama, adora, se entusiasma ao seu modo: o de um verdadeiro selvagem [...]. É um fidalgo: nele tudo é nobre, mas de uma nobreza toda nua, uma nobreza primitiva, aborígene. "O trecho acima foi reproduzido por Jorge Coli na obra "A Paixão Segundo a Ópera", sem indicação da data ou autor. COLI, Jorge. *A Paixão Segundo a Ópera*. São Paulo: Perspectiva/Fapesp, 2003, p. 120.

95 MAGALDI, Cristina, op. cit., p. 138.

96 Assim como indicado por Cristina Magaldi: "A elite fluminense se mostrou relutante em aceitar a imagem de um selvagem como exemplar, em razão do selvagem autêntico se encontrar bem próximo, ameaçando assim a visão de si mesmos como europeus". *Ibidem*, p. 139. (Tradução do autor).

ao predomínio do gênero lírico no Rio de Janeiro. Assim, se a prática dos concertos patrocinados por sociedades musicais havia entrado em declínio com a volta das temporadas líricas em 1844, a partir de 1860 a cidade assistiu ao retorno desse gênero de espetáculos. Tal retorno deveu-se principalmente às atividades de duas sociedades: os Clubes Mozart e Beethoven. O primeiro foi fundado em 1867, e, de acordo com seus estatutos, tinha por objetivo o cultivo da música instrumental e vocal; como requisito básico para tornar-se um membro do clube o mesmo estatuto estabelecia a necessidade de "boa conduta e uma decente posição na sociedade".[97] Além de um programa regular de concertos, o clube possuía uma biblioteca musical e oferecia aulas para diversos instrumentos. Em relação ao programa dos concertos, cabe notar que, embora a instituição representasse uma tentativa em difundir a obra de Mozart e de outros compositores germânicos no Rio de Janeiro, havia ainda a necessidade de ceder ao gosto do público no que se refere a um repertório calcado no teatro lírico.[98] Tal situação começa a se alterar nos anos posteriores, e no caso do Clube Beethoven, fundado em 1882, já é possível observar um repertório mais diversificado, com maior participação de obras sinfônicas. Cabe notar, no entanto, que ambos os clubes possuíam um caráter bastante restritivo no que se refere à possibilidade de associação dos membros, ou seja, eram destinados exclusivamente à elite fluminense. Os programas ainda seguiam a tendência observada nas décadas anteriores, com peças instrumentais intercaladas por trechos de óperas. O programa abaixo, referente a um

---

97 Trecho do estatuto do Clube Mozart. Citado por: MAGALDI, Cristina, op. cit., p. 70.

98 "Mas a maior limitação para a inclusão da música de Mozart adveio da preferência do público em favor de peças curtas e derivados de ópera, cuja expecativa era ouvir melodias populares cativantes e agradáveis, e que não exigiam do ouvinte um esforço crítico ou qualquer tipo de contemplação estética". Ibidem, p. 72. (Tradução do autor).

concerto organizado pelo Clube Mozart em 14 de Junho de 1879, ilustra qual era o gênero musical cultivado por tais entidades:

> Auber Abertura Zanetta
> Verdi Aria de Il Finto Stanislao
> Meyer Marcha Carnaval
> Moderati Il primo baccio, romance de Bariton
> Kalliwoda Grande Fantasia para clarinete
> Palloni "Noi ciamavamo tanto!" Romance para soprano
> Verdi/Ricordi Quarteto de Rigoletto (para dois violinos, violocenlo e piano)
> Weber Oberon, barcarolle para soprano
> Verdi Dueto de Nabucco
> Meyerbeer/Stasny Potpourri para orquestra[99]

Paralelamente aos concertos patrocinados por sociedades e clubes, a organização de saraus nos salões particulares tornou-se um hábito entre as famílias mais abastadas. O piano, instrumento de ascendência europeia e de caráter nobre, difundiu-se principalmente a partir da década de 50 do Oitocentos e sua posse era motivo de ostentação pelas famílias.[100] A difusão desse tipo de prática pode ser observado também no aumento da publicação de partituras e trechos de óperas para a execução em piano, muitas vezes em formas

---

99 Em comparação com o programa publicado no Correio das Modas (ver nota 64), destaca-se a inclusão de Verdi e do compositor alemão Carl Maria Von Weber (1786-1826). Programa do Clube Mozart. In: MAGALDI, Cristina. *Ibidem*, p. 72.

100 "Comprando um piano, as famílias introduziam um móvel aristocrático no meio de um mobiliário doméstico incaracterístico e inauguravam — no sobrado urbano ou nas sedes das fazendas — o salão: um espaço privado de sociabilidade que tornará visível, para observadores selecionados, a representação da vida familiar". ALENCASTRO, Luiz Felipe de. *Vida Privada e Ordem Privada no Império*. In: ALENCASTRO, Luiz Felipe de (org). *História da Vida Privada no Brasil*. São Paulo: Companhia das Letras, 1999, 4ª Ed. V. 2.

simplificadasem relação aos originais, visando, principalmente à execução doméstica por amadores.[101]

No entanto, a alteração mais significativa nos parâmetros da prática musical ocorreu através da difusão das operetas, gênero tipicamente francês, e que teve em Offenbach[102] seu maior expoente. A primeira obra do compositor francês a estrear na cidade foi Orfeu dos Infernos, que estreou no Teatro Alcazar Lírico, em 1865. A presença do teatro lírico francês no Rio de Janeiro, aliás, foi comum durante o século XIX, embora houvesse um claro predomínio dos autores italianos. O Teatro São Januário, no período que estava sob administração do ator e empresário João Caetano, chegou a manter uma companhia lírica francesa com a ambição de rivalizar com as temporadas da companhia italiana nos Teatros Provisório e São Pedro, mantidas por subvenções e concessões de loterias.

Todavia, a presença das operetas de Offenbach não se limitava a uma simples reprodução da obra original nos teatros fluminenses. Pelo contrário, as composições eram traduzidas para o português e adaptadas para um público diversificado; a partir de tais adaptações, a obra original recebia não raro sátiras e críticas políticas, bem como a inserção de ritmos e instrumentos afro-brasileiros. Se a princípio a inclusão do cancan[103] nas apresentações constitui uma novidade para o público fluminense e um dos principais

---

101 Segundo Ayres de Andrade, as edições "Compunham-se essas coleções de peças para canto, piano e outros instrumentos, no original ou em adaptações, em geral facilitadas; de arranjos de melodias em voga, principalmente de óperas; de modinhas, lundus, música de dança etc." O autor cita ainda cerca de 30 títulos destas coleções publicadas entre 1842 e 1865. ANDRADE, Ayres de, op. cit., p. 241-252.

102 Jacques Offenbach (1819-1880), compositor francês, compositor de várias operetas de sucesso durante do Segundo Império na França. Segundo Jean Massin, a opereta francesa era "radicalmente diferente da opereta vienense, a opereta de Offenbach era uma dupla sátira: da ópera e da sociedade para a qual se apresentava como um espelho deformante". GOLDET, Stéphane. *A música francesa: Offenbach, Gounod, Bizet.* MASSIN, Jean, op. cit., p. 794.

103 Dança originária da França, muito utilizada em operetas e no teatro francês.

atrativos dos espetáculos, gradualmente a dança francesa foi sendo substituída por danças afro-brasileiras.[104] A essa alteração veio juntar-se versões adaptadas ou mesmo simples paródias dessas obras, produzidas em português, como bem ilustra a peça "Orpheo na roça", libreto escrito por Francisco Correa Vasques e apresentado no Teatro Phenix Dramática, em 1868.[105] Outras obras vieram somar-se a essa, como "A Baronesa de Caiapó" (La Grand Duchesse de Gérolsteins), representada no Ginásio Dramático em 1868; no ano seguinte, foi a vez de "O Barba de Milho" (Barbe-bleu) chegar aos palcos do Recreio Dramático.[106] Embora alcançassem inegável sucesso junto ao público, um artigo de Machado de Assis publicado em 1873 permite avaliar as tensões entre essas obras e o projeto de criação de um teatro dramático e lírico nacional:

> Esta parte [o teatro] pode reduzir-se a uma linha de reticências. Não há atualmente teatro brasileiro, nenhuma peça nacional se escreve, raríssima peça nacional se apresenta. As cenas teatrais deste país viveram sempre de traduções, o que não quer dizer que não admitissem alguma obra nacional quando aparecia. Hoje, que o gosto público tocou o último grau de decadência e perversão, nenhuma esperança teria quem se sentisse com vocação para compor obras severas de arte. Quem lhas receberia, se o que domina é a cantiga burlesca ou obscena, o cancã, a mágica aparatosa, tudo o que fala aos sentimentos e aos instintos inferiores?[107]

---

104 MAGALDI, Cristina, op. cit., p. 105.

105 Segundo João Roberto de Faria: "O princípio paródico da opereta foi deliciosamente apropriado pelos autores brasileiros. Mantinha-se, digamos, a música de Offenbach, mas a ação era transferida para o Brasil." FARIA, João Roberto, op. cit., p. 146.

106 A primeira de autoria de Caetano Filgueiras, Manuel Joaquim Ferreira Guimarães e Antonio Maria Barroso Pereira; a segunda, de Augusto de Castro.

107 Machado de Assis. *Crítica Literária*. Rio de Janeiro, Jackson, 1951, v. 29, p. 150-151. In: FARIA, João Roberto, op. cit., p. 569.

Assim como ocorreu com o teatro lírico italiano, operetas inéditas compostas por autores nacionais começaram a aparecer nos palcos da cidade. Os parâmetros observados nessas produções, porém, diferiam de maneira significativa daqueles observados em relação ao projeto de nacionalização da ópera italiana, visto que não podem ser consideradas como simples traduções, mas sim adaptações com inserções de temas da sociedade fluminense do período. Um exemplo desse gênero de obras é a composição "Triunfo as avessas": se anteriormente os elementos nacionais ficavam restritos aos aspectos extra-musicais, a obra de França Junior e Henrique Alves Mesquita mostrava uma tentativa de integração entre danças e ritmos africanos e brasileiros com um gênero estrangeiro.[108] Nas décadas seguintes as "Revistas do Ano" aprofundaram ainda mais essa inserção da música negra nos espaços dos teatros. Construídas como uma série de números musicais acompanhados por danças, as revistas abriam espaço ainda maior para a crítica política e social, visto que tinham por objetivo realizar um comentário dos eventos mais significativos do ano precedente.[109]

A difusão do gênero das operetas, portanto, representa uma quebra dos parâmetros para a produção musical do período. É certo que música europeia ainda possuía um espaço privilegiado, simbolizado pelas associações nos moldes do Clube Mozart e frequentadas por uma parcela restrita da sociedade. Por outro lado, parece claro que a identificação do teatro como espaço exclusivo, capaz de construir uma identidade nacional pautada por uma ideia progresso e

---

108 MAGALDI, Cristina, op. cit., p. 114.

109 Segundo a definição de João Roberto de Faria: "As revistas de ano, como o próprio nome sugere, passa em revista os principais acontecimentos do ano anterior. Tudo o que foi importante ou que obteve repercussão – um fato político, um crime, uma invenção, a criação de um jornal, a falência de um banco, uma obra literária, um espetáculo teatral, uma epidemia etc. – é personificado em cena e ganha tratamento cômico, algumas vezes de alcance crítico ou satírico." FARIA, João Roberto de, op. cit., p. 161.

civilização, perdeu grande parte de sua eficácia. Ainda que a música tenha sido veículo de críticas sociais nas décadas anteriores, tais críticas eram vinculadas a gêneros musicais específicos, e, principalmente, reservadas a espaços sociais sem o prestígio das casas teatrais.[110] No caso das operetas, pela primeira vez e de forma sistemática a música de origem europeia foi adaptada para comportar tanto críticas sociais como a inserção de ritmos afros; além disso, tais obras foram encenadas em teatros, locais antes identificados com uma prática musical superior. Por fim, a diversificação representada pelas operetas e pelo Teatro de Revista revela uma nova função para a atividade musical: em contraste com o projeto de nacionalização do teatro lírico e de construção de uma identidade nacional específica, as adaptações das obras de Offenbach postulam uma crítica às instituições políticas e à sociedade do final do século XIX.

---

110 Os lundus publicados pelo periódico "A Lanterna Mágica" são exemplos emblemáticos da situação descrita acima, uma vez que estavam vinculado a um gênero musical de influência africana, além de ficar restrito ao espaço das vias públicas.

Capítulo 2.
Um olhar sobre a atividade musical no Rio de Janeiro do século XIX

> Correu à sala dos retratos, abriu o piano, sentou-se e espalmou as mãos no teclado. (...) Em pouco tempo estava a polca feita. Corrigiu ainda alguns pontos, quanto voltou para jantar: mas já a cantarolava, andando, na rua. Gostou dela; na composição recente e inédita circulava o sangue da paternidade e da vocação.
>
> Essa lua de mel durou apenas um quarto de lua. Como das outras vezes, e mais depressa ainda, os velhos mestres retratados o fizeram sangrar de remorsos. Vexado e enfastiado, Pestana arremeteu contra aquele que o viera consolar tantas vezes, musa de olhos marotos e gestos arredondados, fácil e graciosa. E aí voltaram as náuseas de si mesmo, o ódio a quem lhe pedia a nova polca da moda, e juntamente o esforço de compor alguma coisa ao sabor clássico, uma página que fosse, uma só, mas tal que pudesse ser encadernada entre Bach e Schumman. (...) Noites e noites, gastou-as assim, confiado e teimoso, certo de que a vontade era tudo, e que, uma vez que abrisse mão da música fácil...
>
> (Machado de Assis – Um Homem Célebre)

Em 1844, a coluna dedicada à crônica teatral, publicada regularmente no jornal "O Belchior", reproduziu uma conversa fictícia entre dois artistas, mais especificamente entre um ator dramático e cantor que acabara de aportar na cidade, vindo de Montevidéu; no diálogo, o primeiro interlocutor relata, de maneira bastante irônica, além da devoção do público aos cantores líricos, a pouca atenção dada ao teatro dramático, preterido em favor das óperas italianas.[1] O tom crítico do autor do texto, entretanto, não parece ter surtido o efeito desejado, já que o domínio do teatro lírico no cenário musical da cidade se estenderia por mais algumas décadas. Além dessa significativa presença das óperas e dos concertos na sociedade local, outros temas relacionados à música estiveram em pauta nas páginas de jornais e revistas: o ambiente dos teatros, o desempenho dos artistas, a preocupação com uma produção musical nacional e mesmo assuntos relativos à administração da empresa teatral foram temas presentes na maior parte das crônicas musicais publicadas no Rio de Janeiro do período. Assim, a partir de um conjunto de periódicos oitocentistas, o objetivo do segundo capítulo desse livro será identificar os principais tópicos e regularidades presentes nesses textos, bem como indicar os critérios de análise e as expectativas que os homens de cultura da época tinham quando o tema era a música e, sobretudo, a produção musical nacional.

Os periódicos consultados abarcam o período que vai de 1808, ano da chegada da Corte Portuguesa ao Rio de Janeiro, até 1871, ano de estreia da ópera "O Guarani", de Carlos Gomes. Como descrito no capítulo anterior, o desembarque da Corte portuguesa no Rio de Janeiro produziu alterações significativas na prática musical existente até então, alterações impulsionadas em grande parte pela ação direta do Estado e pela fundação de instituições, como a Capela Real e o Real Teatro São João. Ainda no período joanino, a cidade assistiu as primeiras temporadas líricas italianas, gênero que acompanharia o desenvolvimento da música na cidade até o segundo quarto do Oitocentos, quando foi criada a Imperial Academia de Música e Ópera Nacional, entidade que deveria promover a nacionalização do teatro lírico. Por sua vez, a estreia da ópera "Il Guarany", em 1871, pode ser considerada o auge desse projeto de criação de um

---

1   O Belchior. político jornal joco série. s/d, 1844, p. 2-3.

teatro lírico nacional, visto que Carlos Gomes havia realizado sua formação musical em duas importantes instituições oitocentistas, a saber, o Conservatório de Música e a Imperial Academia de Ópera.

Uma importante característica do corpus documental analisado se refere à estrutura dos textos: em muitos casos, a cobertura dos espetáculos líricos e concertos estava inserida dentro de contextos mais amplos, em uma abordagem que procurava analisar as atividades realizadas no interior dos diversos teatros da corte, e não uma expressão artística em particular. Importante notar também que, antes de 1827,[2] são poucos os textos sobre música presentes nos periódicos, consistindo em sua maioria de textos de divulgação do repertório musical dos teatros, caso da menção a uma apresentação de uma obra do poeta italiano Metastasio[3] – embora se trate de uma tradução –, publicado no jornal "O Patriota",[4] ou a publicação de um discurso oferecido por ocasião da inauguração de um novo teatro na cidade de Salvador, em 13 de maio de 1812,[5] publicado no mesmo periódico.

---

2   A ausência de textos sobre música antes de 1827 também é notada por Luis Antonio Giron: "Apesar de ter existido anteriormente uma vida musical incipiente, sobretudo nos centros mineradores, o circuito da totalidade da música – da produção ao consumo – concretiza-se no Brasil na década de 20 do século XIX. A crítica musical e o interesse pela música de concerto e a ópera coincidem com a luta pela independência e o nascimento do público e da liberdade de imprensa. Crítica musical é, em tal contexto, sinônimo de crônica teatral." GIRON, Luís Antonio. *Minoridade Crítica: a ópera e o teatro nos folhetins da corte*. Rio de Janeiro: Ediouro, 2004, p. 17.

3   Ver nota 20, capítulo 01.

4   *O Patriota. Jornal literário, político, mercantil do Rio de Janeiro*, v. 2, n. 04, out. 1813, p. 66-69.

5   Da conclusão do referido discurso, intitulado "Discurso oferecido aos Bahianos no dia de abertura de seu novo Theatro, aos 13 de maio de 1812, dia dos anos de S.A.R. o Príncipe Regente Nosso Senhor", é possível encontrar uma ligação clara entre o teatro e a Virtude: "nunca permita maculada cena, / que ofendido decoro afronte o pejo: / a punição do crime o criminoso, / e da virtude o premio o justo, veja: / saiba do inocente da maldade as tramas. / Da boa sociedade o trato honesto, / das belas artes polidor estudo, / costumes escabrosos amaciem. / Nua do som didático, a Virtude / melhor ao coração no exemplo fala, / e a mente

Ainda no tocante ao universo dos periódicos consultados, é importante notar que muitos tiveram uma existência efêmera, sendo raros os jornais dedicados à cobertura teatral que se estenderam por mais de um ano. Sobre os autores, embora nomes como Machado de Assis,[6] Martins Pena[7] e José de Alencar[8] publicassem crônicas sobre música e teatro constantemente, o uso de pseudônimos era bastante recorrente e a ausência de autoria corriqueira.[9] Assim, enquanto autores como Martins Pena escreviam em espaços dedicados exclusivamente aos teatros e à música, grande parcela das referências à atividade musical estava inserida dentro de textos que abordavam, além das óperas e concertos, moda, política, literatura etc. Essas características deixam claro, portanto, uma pluralidade em relação aos periódicos e autores analisados. Destarte essa diversidade de autores e impressos, as expectativas e os critérios de análise presentes nesses textos, relativos ao desenvolvimento do cenário musical fluminense, não apresentaram variações significativas.

Outra questão que merece ser abordada diz respeito à própria existência de uma crítica musical no período, devido à variedade dos escritos que abordam o tema. Em outras palavras, é possível

---

deleitando, a cena pode / as normas da moral gravar sem custo." *O Patriota. Jornal literário, político, mercantil do Rio de Janeiro*, v. 3, n. 1, jan./fev. 1814.

6   Machado de Assis escreveu a seção "Revista dos Theatros", publicada no jornal "O Espelho", de Setembro de 1859 a Janeiro de 1860, além de outros artigos sobre teatro publicados no mesmo periódico.

7   Martins Pena colaborou ininterruptamente com o "Jornal do Comércio" de Agosto de 1846 até Outubro de 1847.

8   José de Alencar escreveu no "Correio Mercantil" de setembro de 1854 a Julho de 1855, e no "Diário do Rio" de outubro de 1855 a novembro de mesmo ano. Embora suas crônicas tenham por objeto a vida cotidiana do Rio de Janeiro, os espetáculos líricos figuram como um dos principais temas de suas crônicas.

9   São vários os artigos sem indicação de autor, ou mesmo escritos sob pseudônimos. Em virtude disso, vários dos textos citados no decorrer deste segundo capítulo não possuem indicação do autor, apenas o periódico publicado. Nos demais casos, a autoria do texto será indicada.

agrupar o conjunto documental utilizado sob a denominação de crítica musical, dada à heterogeneidade de autores, temas e objetivos encontrados? Ora, uma vez que o presente trabalho não tem por objetivo realizar uma "genealogia"[10] da crítica musical no país, adotamos o termo "crônica musical" para designar o conjunto de textos selecionados. Além dessa diversidade de autores e abordagens, fato que justifica a adoção do termo, convém destacar também a ausência, em muitos textos, de uma preocupação com a discussão de aspectos puramente estéticos. Essa constatação é válida tanto em relação às crônicas que abordam o ambiente dos teatros e o comportamento do público, quanto para aquelas que tratam de obras específicas.

A imagem dos teatros para os cronistas do período

Se as instituições musicais criadas no Rio de Janeiro oitocentista, descritas no capítulo anterior, ilustram os caminhos percorridos pela música em sua difusão na capital do Império, a análise da crônica musical do período permite apreender aspectos complementares a esse desenvolvimento, mas nem por isso menos importantes. Dessa forma, a vinculação entre a atividade musical e um ideal de progresso, presente nos projeto de fundação da Capela Real e do Conservatório de Música, encontrou formulação ainda mais clara nas páginas de jornais e revistas do período.

Um desses aspectos refere-se à imagem dos teatros como um ambiente de sociabilidade exclusivista, e os espetáculos como ocasiões

---

10 O termo genealogia da crítica aparece na obra de Luís Antonio Giron, "Minoridade Crítica", obra que trata justamente da formação da crítica musical no país: "Tem-se definido o percurso da crítica das artes plásticas ainda no século XIX (...), mas nenhum trabalho que trace a genealogia da crítica musical. Consolidar a trajetória desse gênero de prática do conhecimento é um estágio necessário para ter clara a vida musical e os pensamentos em curso no nascedouro da cultura brasileira". GIRON, Luís Antonio, op. cit., p. 16.

para o exercício de uma conduta social específica. É certo que os clubes, bem como as sociedades e associações de músicos, constituíam entidades associativas restritivas, com exigências e obrigações para todos os associados. Todavia, tanto os concertos como as apresentações musicais promovidos por tais entidades, e abertas ao público em geral, possuíam também um caráter exclusivista, não raro personificado nos frequentadores ou mesmo na defesa de um comportamento adequado à ocasião. Nesse sentido, a divulgação de tais eventos nas páginas dos diversos periódicos fluminenses, fato bastante comum no período, não se resumia a uma simples descrição do programa musical ou teatral. Ao contrário, é possível identificar em tais escritos a prescrição de normas consideradas adequadas ao público frequentador dos teatros e demais espaços, e mesmo recomendações para a correta apreciação dos espetáculos. Complementar a esse conteúdo prescritivo, outros tópicos como, por exemplo, discussões acerca da infraestrutura dos edifícios teatrais, qualidade e a presença de artistas estrangeiros, atuação de cambistas, entre outros, ganharam espaço nas crônicas musicais oitocentistas.

Assim, em 1839, o jornal "Correio das Modas" publicou o programa de um concerto organizado pela diretoria e sócios da Assembleia Estrangeira, concerto de relativa importância, uma vez que ocorreu em um período marcado pela ausência de apresentações de companhias líricas estrangeiras na cidade.[11] Para além da descrição do programa,[12] composto de trechos de óperas e peças musicais europeias, o autor incentivava a presença dos leitores e lamentava a

---

11 Como observado no primeiro capítulo, em 1832 houve uma interrupção das apresentações das companhias líricas estrangeiras na cidade, interrupção que se prolongou até 1844. Nesse período, sociedades e associações de músicos promoveram concertos, com a execução de obras sinfônicas e aberturas e trechos de óperas, caso do concerto descrito no jornal "O Correio das Modas".

12 O programa do concerto se encontra reproduzido no primeiro capítulo: ver nota 55, capítulo 01.

Música e civilização

falta de concertos regulares na cidade. Em coluna posterior, o mesmo concerto voltou à pauta do jornal, ocasião em que, além de saudar a qualidade do repertório escolhido e a execução da música, aspectos como o traje do público presente mereceram destaque:

> A moda não deixou de emprestar a este concerto os seus encantos, fazendo aparecer os mais elegantes trajes saído das mãos das nossas mais famosas modistas, e dos elegantíssimos penteados que se apresentavam e rolos e tranças tecidos pelas habilidosas mãos do Sr. Desmarais. Podemos afirmar que a noite do concerto se pode chamar "cheia", e não receamos fazer voto em nome de todos os assistentes, que tais divertimentos inocentes se repitam entre nós frequentemente.[13]

Além de destacar a elegância dos frequentadores – elegância que certamente constituía um importante traço de distinção social – e de considerar que tal elegância contribui para o sucesso e "encanto" do concerto, o mesmo texto traz algumas considerações de ordem estética em relação às obras executadas. A avaliação não deixa de elencar pontos negativos e, embora o cronista exalte o sucesso do evento, algumas falhas são apontadas na condução das peças; para o autor da coluna, enquanto o desempenho dos músicos na execução das aberturas de Rossini e Bellini merece elogios, o mesmo não se aplica em outros momentos:

> Beethoven, o imortal compositor das mais belas sinfonias não foi compreendido pela orquestra, pouco acostumada a executar tão sublime música; possa a frequente execução de suas composições animar os nossos artistas a

---

13 *Correio das Modas. Jornal Crítico e Literário, das modas, bailes, theatros etc.*, v. 1, 1839, p. 19.

84 Renato Aurélio Mainente

> estudarem seu gênio e a suas obras e a fazerem-
> -nos as sublimes emoções de que são capazes.[14]

Os trechos acima, retirados da crônica publicada no Correio das Modas, apresentam como importante traço a junção entre a avaliação de aspectos estéticos das obras e a descrição do ambiente dos concertos. Ainda que aspectos qualitativos do repertório e execução sejam abordados, tal avaliação tem por correlato os "encantos" da moda ostentando pelos espectadores, ou seja, o público torna-se também um critério para o sucesso e a qualidade do concerto. Cabe notar que o texto acima apresenta um comentário mais detalhado das obras apresentadas – o que éincomum nos textos sobre os teatros do período –, característica que permite apontar ainda outro aspecto: a pouca familiaridade dos músicos com obras sinfônicas, evidenciando mais uma vez o predomínio do gênero lírico no Rio de Janeiro.

Nas páginas do jornal "A Borboleta", na edição de 25 de agosto de 1844, é possível encontrar outra referência aos concertos realizados no Passeio Público, e, mais uma vez a aparência dos espectadores mereceu atenção por parte do cronista:

> A cada momento paravam bonitos cabriolés, e ricas traquitanas, no portão de entrada, onde se apeavam as mais formosas deidades desse sexo encantador, que faz o ornamento de nossos bailes; [...] de todos os lados apareciam moços, elegantemente vestidos dirigindo-se para esse deleitoso lugar; enfim, era uma brilhante reunião, que esperava ansiosa pela música [...].[15]

A elegância do público que se dirigiu ao local, todavia, de nada serviu para contribuir para o "encanto" do espetáculo: os músicos

---

14   Ibidem, p. 20.

15   A Borboleta. Periódico Miscelanico, v. 1, n. 2, 25 de Agosto de 1844, p. 26.

não compareceram ao evento, o que fez com que o concerto fosse cancelado. O mesmo cronista, aliás, lamentou profundamente esse fato, que privou o apurado gosto dos presentes da execução das mais belas obras musicais.

O olhar que os cronistas dispensavam para os espetáculos líricos e os concertos, portanto, não se limitava ao palco e às obras apresentadas, mas alcançava também o público, na tentativa de compor um quadro em que a música e o comportamento dos espectadores se complementassem. Porém, se a elegância ostentada nos corredores dos teatros foi em muitos casos digna de elogios por parte de alguns, o comportamento do público foi reprovado por outros em igual medida. A coluna dedicada aos teatros do jornal "O Beija Flor", de 22 de setembro de 1849, é quase toda ocupada pelas críticas ao vestuário dos frequentadores dos teatros. O colunista anônimo inicia o texto dizendo que "quem não tem hoje um par de luvas brancas não é gente, *gente come ilfaut*, gente capaz de entrar no teatro",[16] complementando logo em seguida que o hábito de usar luvas é importado da Europa, e por isso tem tantos adeptos no Brasil. O autor ainda justifica a sua crítica dizendo que, se os fluminenses "virem em um estrangeiro um par de botas de cinco bicos em vez de um, acham logo bonito e cômodo aos dedos [...]".[17] Apenas nas últimas linhas do texto, aparece uma referência à apresentação da ópera "O Barbeiro de Sevilha",[18] não sem antes uma nota de censura ao uso de enormes binóculos pelos espectadores durante a apresentação. Não deixa de ser significativa a referência à moda importada dos óculos e luvas, moda que, segundo nosso autor, é inconciliável com o clima e atmosfera dos teatros no país.

---

16 O Beija Flor. *Jornal de Instrução e Recreio*, v. 1, n. 25, 22 de Setembro de 1849, p. 4.

17 *Ibidem*, p. 5.

18 O Barbeiro de Sevilha (Il Barbiere de Siviliga), ópera de Rossini, estreou nos palcos europeus em 1817.

Já é possível notar, a esta altura, uma possível tensão entre manifestações culturais europeias, como a música clássica e a ópera, e o ambiente do Rio de Janeiro, crítica que também foi direcionada, em alguns casos, à presença de músicos, cantores e atores importados nos palcos da cidade. Todavia, essa suposta contradição não permite a caracterização das apresentações líricas e dos concertos conduzidos na cidade como epifenômenos, isto é, como acontecimentos excepcionais sem ligação com a sociedade fluminense do período. Dentro dos parâmetros descritos até o momento, o cultivo de gêneros musicais europeus, principalmente do teatro lírico, era considerada necessária para o progresso das artes no país, bem como uma importante contribuição no projeto de criação de uma identidade nacional. É significativo também que, no caso específico das críticas elencadas acima, as restrições foram direcionadas para o excesso no vestuário dos frequentadores dos teatros, e não para as obras apresentadas no palco.

Ainda acerca da relação entre a execução musical e aspectos complementares ao espetáculo, como o comportamento do público e a estrutura oferecida, outros textos oferecem importantes considerações. Se, como indicado anteriormente, a plateia e todo o ambiente circundante também era considerado parte integrante das apresentações, qualquer elemento considerado dissonante deveria ser prontamente apontado. Foi o caso, por exemplo, da falta de água para o público frequentador dos concertos realizados no Passeio Público, mencionada na coluna publicada no jornal "A Borboleta", em 15 de setembro de 1844:

> Queremos falar da falta d'água. Certamente, a não ser algum descuida da parte de quem quer que seja, não podemos atinar com o motivo dessa desumanidade. Falta d'água em um jardim público! E em ocasião de aí se achar uma multidão de pessoas de todas as idades! Oh, é

mais que incúria! Pais extremosos vimos nós que saíam a pedir pelas casas da vizinhança uma gota de água que mitigasse a sede de seus pequenos filhinhos. Se nossas débeis vozes pudessem chegar até quem sobre tal objeto pode providenciar, nós lhe pediríamos: — Senhor, mandai abrir o registro desse encanamento, ao menos nesses dias que tanto povo vai gozar do prazer de um jardim, da vista do mar, e do encanto da música![19]

No mesmo artigo, outro fato merece a atenção e a veemente censura do cronista, como pode ser observado no trecho abaixo:

Outra reflexão faremos sobre objeto de não menos ponderação. Falamos da entrada de pessoas indecentemente trajadas, e de escravos. Isto é escandaloso! Ergueríamos pois a nossa voz, e bradaríamos a quem está incumbido da polícia desse lugar: — Senhores, tende mais alguma consideração para com essas famílias que aí vão passear; não consinta aí pessoas para quem não há palavras, por menos decentes que sejam, que não devam ser proferidas em alta voz; cujas conversas pouco tem de moral, e menos de honestas.[20]

Ainda que em um *post-scriptum* à coluna anterior o autor reconheça os esforços para sanar o problema da água, não deixa de notar a falta de providências em relação à frequência de escravos no local:

Não podemos deixar de insistir no nosso reparo ao abuso de se franquear a entrada daquele lugar a negros, ainda quando fossem em companhia de seus senhores moços; e quanto pior indo eles sós e de súcia, ocasionando distúrbios.

---

19 *A Borboleta. Periódico Miscelanico*, v. 1, n. 4, 15 de Setembro de 1844, p. 59.

20 Ibidem, p. 60.

> Ora, devemos notar que assim como a concor-
> rência de famílias tem ido em progresso, [...]
> assim também tem progredido o abuso de que
> falamos.[21]

Local de sociabilidade restrita e apreciação de uma arte considerada superior, para o cronista a presença de escravos no local do
concerto atuava como uma mancha em um quadro idealizado. A
presença de escravos em locais considerados inadequados, aliás, foi
referida anteriormente, por ocasião das críticas ao repertório sacro
do período. No entanto, se nos concertos descritos acima a ameaça
ao quadro de civilidade era representada pelos escravos transitando
pelo Passeio Público, nas crônicas acerca dos espetáculos teatrais
essa dissonância aparece sob outras formas: precariedade dos teatros, falta de cantores e músicos capacitados, comportamento inadequado do público, ação de cambistas etc.

As censuras dirigidas aos espectadores não raro dizem respeito
à formação e atuação de partidos em torno das principais cantoras
líricas e atrizes dramáticas. Como dito anteriormente, nos textos
analisados a vida musical no Rio de Janeiro se confunde com a
cobertura teatral, ou seja, muitas crônicas tratam dos espetáculos teatrais e musicais de maneira conjunta. No caso da formação de facções em torno das cantoras líricas, essa convergência fica mais evidente, já que alguns textos citam tanto os partidos "líricos" quanto
os "dramáticos". A formação desses partidos entre os espectadores
aparece já em 1827, no periódico "O Espelho Diamantino", em um
espaço destinado à cobertura teatral:

> Todas as folhas dessa Corte tem falado nos
> escândalos que se tem praticado ultimamen-
> te no Teatro e das medidas enérgicas que tem
> a Polícia tomado para acabar com eles. No

---

21 *A Borboleta. Periódico Miscelanico*, v. 1, n. 4, 15 de Setembro de 1844, p. 60.

> entretanto não devem as pessoas que tem sido objeto de semelhante brutalidade fazer dela mais conta do que merece, pois quando é uma sala cheia de admiradores que importa á uma cantora que um lacaio, um mariola, um moço de estrebaria, pago por alguns invejosos, atire cobre no Teatro? Isto só pode servir para tornar mais unânimes, mais estrondosos os aplausos da generalidade nos espectadores.[22]

O ato de atirar moedas ao palco durante a apresentação de alguma artista tem por objetivo constranger e atrapalhar a récita, favorecendo assim o desempenho de uma cantora rival. Quase desnecessário dizer que o cronista reprova veementemente tal ato, cobrando para que as medidas no sentido de reprimir tal comportamento do público sejam mais eficazes.

Tais providências, porém, não alcançaram o sucesso desejado, pois algumas décadas depois ainda figuram nas páginas musicais dos jornais e revistas a atuação excessiva dos partidos, como se pode ver nas colunas de José de Alencar publicadas nas páginas do "Correio Mercantil"; na edição de 12 de novembro de 1854, o autor do romance "O Guarani", de maneira bastante irônica, enumera os benefícios trazidos pelos "diletantes"[23] à cidade:

> [...] é fato provado que o *dilletante* é o homem que mais concorre para a utilidade pública. Em primeiro lugar, o extraordinário consumo que ele faz de flores não pode deixar de dar grande desenvolvimento à horticultura, e de auxiliar a fundação de um estabelecimento deste gênero [...].

---

22 *O Espelho Diamantino. Periódico de política, literatura, belas artes, teatro e modas, dedicado as senhoras brasileiras.* V. 01, n. 06, Dezembro de 1827, p. 104.

23 O termo *diletante* está relacionado a uma pessoa apreciadora da música. No caso dos artigos analisados, o termo frequentemente possui uma conotação negativa, geralmente associada aos partidos formados em torno das cantoras líricas e ao comportamento exacerbado de alguns espectadores.

> Os sapateiros e os luveiros ganham também com o teatro, porque não há calçado nem luvas que resistam ao entusiasmo das palmas e das pateladas.[24]

As palmas e o barulho do público, no entanto, nem sempre eram no intuito de saudar os artistas nos palcos dos teatros, como deixa claro a coluna "Crônica da Quinzena",[25] publicada na "Revista Popular", ao comentar a apresentação de um balé no Teatro São Pedro e o choque entre dois partidos formados em torno de duas bailarinas:

> Duas dançarinas organizaram partidos, que se chocam, e ao menos aceno de uma pernada chovem aplausos ou gritos de reprovação. E no entanto há no teatro um juiz, há no teatro uma autoridade policial, que vê e ouve impassível tantos distúrbios, e as famílias são constrangidas a se recolherem ao fundo de seus camarotes, ou a se retirarem para não serem testemunhas dos choque dos partidos![26]

Embora no trecho em questão os alvos dos partidos sejam as bailarinas, o mesmo comportamento ocorre em relação às atrizes líricas e dramáticas. O texto ainda oferece um ótimo exemplo do comportamento desses partidos, principalmente ao indicar que "ao menor aceno de uma pernada [de uma bailarina] chovem aplausos ou gritos", o que ilustra que as manifestações muitas vezes ocorriam no meio do espetáculo, mediante ações dos artistas, não se restringindo apenas às vaias ou aplausos ao final da cena ou espetáculo.

---

24 ALENCAR, José de. *Ao Correr da Pena*. São Paulo: Instituto de Divulgação Cultural, s/d., p. 32.

25 A seção "Crônica da Quinzena" é um exemplo da cobertura musical atrelada a outras esferas, já que a cobertura dos teatros divide espaço com literatura, moda, política e eventos públicos de maneira geral. Embora quinzenal, nem sempre a música mereceu atenção do cronista.

26 *Revista Popular. Noticiosa, Scientifica, Industrial, Histórica, Litteraria, Artística, Biographica, Anecdotica, Musical etc.*, Tomo VIII, 10 de Novembro de 1860, p. 256.

Já Martins Pena, em coluna do dia 02 de fevereiro de 1847, relata outro episódio ocorrido no teatro São Pedro de Alcântara:

> Os partidos são sempre injustos, e muitas vezes atacam a quem não os ofende. Algumas pessoas na plateia reagiram contra os exagerados aplausos dados à Srª Barbieri quando apareceu no papel de Irene, e deram pateada. [...] Assim porém não entenderam os palmistas da Srª Barbieri; viram nessa pateada uma desfeita da dos admiradores da Srª Lasagna, e logo que esta finalizou o andante do rondó final e recebeu aplausos, romperam em estrondosa pateada.[27]

O tema dos partidos formados nos teatros, portanto, foi recorrente em diversas colunas, e isso por motivos óbvios: da mesma forma que a presença de escravos em concertos constituía uma dissonância para os cronistas, as palmas, os gritos e os objetos atirados nos palcos no intuito de atrapalhar os artistas que lá se apresentavam também eram atos inadequados, que manchavam a imagem dos teatros como símbolos do progresso artístico da nação, exigindo, consequentemente, providências urgentes do poder público. A solução para tais problemas era simples, segundo o autor de um texto publicado no jornal "O Entreacto", em 11 de Junho de 1860:

> Nos países mais adiantados que o nosso onde a literatura e as artes são considerados objetos dignos de ocupar a atenção dos poderes políticos, um dos capítulos mais essenciais do código respectivo é o que se refere à intervenção das autoridades públicas nos teatros e espetáculos públicos. Instituição eminentemente popular e exercendo uma influência sobre os costumes e sobre a índole do povo, o teatro não

---

27 PENA, Martins. *Folhetins: a semana lírica*. Rio de Janeiro: Instituto Nacional do Livro, 1965, p. 128.

> podia conserva-se fora da esfera da legalidade que é sua força e longe do alcance da inspeção das autoridades.[28]

Em sua conclusão, o artigo em questão pede a presença constante de autoridades durante os espetáculos, tanto para fiscalizar as obras apresentadas nos palcos, como para coibir comportamentos abusivos dos espectadores.

Importante considerar, também, que o comportamento dos espectadores descrito pelos colunistas choca-se com os objetivos declarados de muitos autores e compositores, que defendiam o teatro lírico e dramático como "escolas de costumes", com a missão de educar e moralizar a população, como pode ser observado pelo excerto reproduzido abaixo, retirado de um artigo de Quintino Bocaiúva, escrito em 1857:

> A comédia, que tem por missão corrigir os costumes da sociedade pela crítica moralizada de seus defeitos, pela ridicularização sentenciosa de seus vícios, e que se distingue principalmente pela facilidade de sua compreensão, pela ligeireza de seu estilo, pelo frisante de suas sentenças, pela elevação de sua ideia e sobretudo pela nobreza de seu fim.[29]

Já em relação à atividade musical, um trecho do discurso de Francisco Manuel da Silva, reproduzido abaixo, constitui um exemplo claro da missão civilizadora atribuída à música:

> A música não é, pois, uma arte frívola, mas considerada sob seu verdadeiro ponto de vista é uma ciência de suma importância, que por

---

28 Entreacto. *Jornal Ilustrado com Retratos e Caricaturas.* Ano I, n. 05, 11 de Junho de 1860, p. 3.

29 BOCAIÚVA, Quintino. Lance D'olhos sobre a comédia e sua crítica 1857-1858. In: FARIA, João Roberto de, *op. cit.*, p. 447-461.

Música e civilização   93

> modo mais sensível que qualquer outra reúne
> o útil ao agradável, e bem dirigida muito pode
> influir na moral e nos costumes. [...] Se o can-
> to, pois, é o atributo ainda dos povos mais sel-
> vagens, com mais forte razão o é dos povos ci-
> vilizados. A música, com efeito, é a inseparável
> companheira da civilização; com ela progride e
> se desenvolve, recebendo e comunicando alter-
> nadamente seu caráter e influência.[30]

Partindo dessa concepção da função social da atividade musical, presente nos textos analisados, a crítica direcionada aos espectadores e partidos teatrais vem acompanhada de recomendações para a correta conduta do público. Ainda em 1827, o colunista do jornal "Astrea" escrevia o seguinte sobre a atuação dos diletantes:

> Em todos os tempos os méritos diversos dos
> atores têm produzido partidos em que se divi-
> dem os amadores do teatro; pretende um que
> seja mais digno do aplauso público o que de-
> sempenha mais a seu gosto os papéis que re-
> presenta, sem entrar de ordinário no exame de
> merecimento a satisfação melhor ou pior dos
> preceitos da arte. O julgador desapaixonado
> simplesmente dirá que Barbieri e Fasciotti são
> duas cantoras agradáveis [...]. Tudo o mais é
> prevenção ou desafogo de inveja.[31]

Em resposta à algazarra produzida pelos integrantes das facções teatrais, o colunista defende um julgamento baseado nos "preceitos da arte", e não nas paixões suscitadas por essa ou aquela cantora. A grande falha dos partidários advém, pois, de uma falta de

---

30   SILVA, Francisco Manuel da. *Discurso para a inauguração do Conservatório de Música, 13 de agosto de 1848.* In: Andrade, Ayres, p. 2543-260.

31   Imperial Teatro São Pedro de Alcântara. *Astrea,* 06 de Outubro de 1827. In: GIRON, Luis Antonio, op cit., p. 221-222.

conhecimento ou de capacidade para a correta apreciação das obras apresentadas e do desempenho dos artistas.

A seção "Crônica da Quinzena", publicada na "Revista Popular", traz mais uma referência ao comportamento dos jovens diletantes:

> Em vez de gastarem suas faculdades, seu tempo, seu vigor, em lutas estéreis de partidos de teatros, em vez de se organizarem em sociedades de bailes, em vez de magoarem as mãos com palmas a dançarinas e as *cantarinas*, em vez de cuidarem mais nas pernas e nos pés do que nas cabeças, em vez de procurarem saber antes quais as melhores casas de alfaiates do que as bibliotecas mais ricas de obras primorosas, nosso jovens patrícios estudam, e lutam entre si com a generosa emulação na arena das letras.[32]

Pelo teor do trecho reproduzido, o leitor poderia imaginar que se trata de uma coluna crítica aos teatros; pelo contrário, a seção quinzenal faz da cobertura teatral um dos seus mais destacados assuntos, com constantes elogios aos progressos representados, por exemplo, pela criação da Imperial Academia de Música e Ópera Nacional. No caso em questão, o colunista tinha por objetivo louvar os progressos nas escolas de medicina da Bahia e do Rio de Janeiro, e da escola jurídica de São Paulo, ao mesmo tempo em que reprovava o comportamento excessivo de alguns jovens, qualificando como perda de tempo e de energia a participação em partidos teatrais. Porém, mais do que os excessos cometidos em nome de figuras de destaque, os dois trechos acima indicam a necessidade de normas para a correta apreciação da arte musical. Ao invés da paixão da juventude e do exagero dos partidos, cumpre adotar como regra a observação dos corretos "preceitos da arte" e da razão.

---

32 *Revista Popular. Noticiosa, Scientifica, Industrial, Histórica, Litteraria, Artística, Biographica, Anecdotica, Musical etc.*, Tomo XV, setembro de 1862, p. 384.

Dessa forma, tanto no caso dos escravos transitando no Passeio Público como no caso da presença de facções dentro dos teatros, não são apenas as normas da moral e dos bons costumes que são invocadas para coibir os atos que destoavam da norma desejada; a própria música praticada nesses locais é vista como uma instituição carregada de virtudes e capaz de desempenhar uma função pedagógica junto aos espectadores. O caráter elevado das manifestações culturais europeias aparece, por exemplo, em um artigo publicado em 18 de Agosto de 1828, no periódico "Espelho Diamantino"; ao tecer duras críticas ao entrudo, inclusive com censuras às danças praticadas durante a festa popular, o colunista cita como exemplo a ser seguido os bailes de máscaras europeus, oferecendo assim um contraponto aos "perigos" do carnaval brasileiro:

> Todos os anos a experiência mostra os perigos do entrudo; e o entrudo é suspirado como uma estação de prazer. [...] É justo que haja tempos de folga, em que o povo respire: o carnaval é festejado em toda a Europa, e os modernos italianos herdeiros das tradições dos seus maiores, se hoje não reproduzem os Bacanais de então, entregam-se com tudo a uma licença, autorizada pelo Governo, que os leva bem longe da seriedade de seus costumes ordinários. As farsas, as máscaras, as caricaturas, são permitidas, e as altas pessoas se dão ao público em espetáculo com toda a ostentação do mais brilhante luxo.[33]

O artigo segue pedindo providência para a adequação do entrudo às normas da civilização. Enquanto os comportamentos dos espectadores nos teatros são censurados porque contrários à norma considerada adequada e às expectativas em torno das obras apresentadas, no trecho

---

33 O *Espelho Diamantino. Periódico de política, literatura, belas artes, teatro e modas, dedicado as senhoras brasileiras.* V. 01, n. 10, Agosto de 1827, p. 191-193.

anterior os comportamentos considerados imorais ou incivilizados aparecem como inerentes à própria manifestação do entrudo.

Dessa forma, nas crônicas musicais abordadas até o momento, estão presentes diferentes percepções acerca da arte musical, bem como do lugar destinado às diferentes expressões artísticas: enquanto a música europeia "muito pode influir na moral e nos bons costumes", tornando-se ela própria emblema do progresso da nação, manifestações estéticas dissonantes desse ideal têm por consequência a imoralidade e as condutas inadequadas. Mesmo as violações das normas, quando apontadas nos salões e teatros, são reputadas a uma má apreciação artística, revestindo-se ainda de uma função prescritiva em favor da promoção de um comportamento coerente entre o público e a arte promovida nesses espaços.

Se as falhas de comportamento dos espectadores foram tema de destaque nas páginas dos jornais e revistas do período, a situação muitas vezes precária dos teatros e a má administração das companhias também não passaram despercebidas para os cronistas e críticos do período. Nesse quesito, dois aspectos merecem atenção: a atuação dos cambistas nas portas dos teatros, que, aliás, parece ter sido um delito bastante comum; e a prática de alguns proprietários de camarotes que "alugavam" seus lugares para terceiros. Partindo desse último ponto, merece destaque a carta de um leitor, publicada em 12 de agosto de 1843, no periódico "O Gosto": o missivista começa pedindo providências contra a ação dos cambistas, para, logo em seguida, dizer que os camarotes reservados são um privilégio para seus donos e para os frequentadores, pois garantem que "os óculos que sobre ele se lançam são sempre para se achar ali aquela pessoa, ou outra que a represente; os amigos que o buscam, vão certos ao lugar de distinção, à pessoa distinta, que o deve ocupar [...]."[34] Embora, aparentemente,

---

34 O Gosto. Jornal de Teatros, Literatura, Modas, Poesia, Música, Pintura., v. 1, n. 2, 12 de Agosto de 1843, p. 4.

esse texto não seja de autoria dos colunistas do jornal, já que publicado na seção de correspondência e sem identificação, o espaço concedido à carta parece indicar uma conformidade de opiniões entre o editor do periódico e o leitor que se manifesta. A carta ocupa mais de uma página do jornal e possui outros trechos significativos, ainda de acordo com essa concepção de distinção social e com a ideia de que o sucesso de uma apresentação, seja ela musical ou dramática, não se encerra nos palcos, mas engloba todo o ambiente dos teatros. Assim, em outra passagem, o autor reitera seus protestos contra a prática do aluguel de camarotes:

> E com que segurança há de um ilustre amigo bater à porta de um camarote de um nosso Cortesão, se teme que o *José da Navalha* lhe pergunte de dentro: – quer alguma coisa? Com que sem cerimônia, em um dia de gala, não se assenta a virgem, bela e delicada filha do Ilustríssimo e Excelentíssimo Senhor *Fulano* na mesma cadeira em que no dia antecedente esteve assentada uma *filha de Jerusalém,* e não respiram ela, seu pai, e sua família a atmosfera empestada de que o camarote ficou cheio?!...[35]

Ao se pôr fé nos comentários do leitor, os proprietários dos camarotes reservados trocavam seus lugares nas apresentações por "meia dúzia de bilhetes de dez tostões",[36] como mencionado em outro trecho, para serem vendidos nas portas dos teatros. O autor ainda conclui:

> É preciso que saibas ocupar vosso lugar de nobreza, as vossas cadeiras envernizadas, a aristocracia de vossos camarotes, que enfim vos

---

35 *O Gosto. Jornal de Teatros, Literatura, Modas, Poesia, Música, Pintura.,* v. 1, n. 2, 12 de Agosto de 1843, p. 3-4.

36 Ibidem, p. 4.

> respeiteis a vós mesmos, para que o povo vos respeite como deve, assentado nesses duros bancos de tabua, em que abaixo de vós coloca a democracia da ordem social. Não sendo assim, tudo vai perdido.[37]

As referências sobre a disposição dos assentos encontrada nos trechos reproduzidos, juntamente com a consulta a algumas plantas arquitetônicas,[38] permite esboçar uma breve descrição da arquitetura dos teatros do período, ainda que essa descrição possua um caráter geral e seja adequada às casas teatrais de maior porte. Feitas essas considerações, comumente tais edifícios possuíam um palco ao fundo, com um espaço defronte ao mesmo, mas em um nível um pouco inferior, destinado ao público em geral. Acima, no segundo nível e circundando as paredes laterais, eram instalados os camarotes, formando um semicírculo de uma extremidade à outra do palco. Tais camarotes eram destinados aos acionistas ou espectadores de elevado prestígio, e no caso do Rio de Janeiro, os teatros mais célebres possuíam um camarote exclusivo para a Família Real. Voltando à carta do leitor, e a despeito dos exageros existentes nas comparações entre a aristocracia local e a francesa, citadas em outro trecho, é evidente que a prática do "aluguel" de camarotes exclusivos é comparável com o trânsito de escravos pelo Passeio Público ou mesmo com os exageros do entrudo. Para o autor da correspondência, os camarotes deveriam ser reflexos das obras representadas e por isso mesmo lugares para uma sociabilidade elevada ou restrita; em outras palavras, a música presente nos teatros e demais

---

37 Ibidem, p. 4.

38 As plantas arquitetônicas consultadas foram reproduzidas nas obras: CAVALCANTI, Nireu. *O Rio de Janeiro Setecentista: a vida e a construção da cidade da invasão francesa até a chegada da corte*. Rio de Janeiro: Jorge Zahar, 2004, p. 175-176; PACHECO, Alberto José Vieira. *Castrati e outros virtuoses: a prática vocal carioca sob a influência da Corte de D. João VI*. São Paulo: Annablume; Fapesp, 2009, p. 58.

locais, como praças e salões, deveria refletir-se no comportamento e, porque não dizer, na aparência dos frequentadores.

Como dito anteriormente, as censuras dos cronistas não foram direcionadas somente para o comportamento do público; também a administração e infraestrutura dos teatros mereceram atenção especial, já que para os homens de cultura do Oitocentos seria impossível que a música alcançasse todo o seu potencial se executada em ambientes precários ou mesmo se o acesso do público fosse dificultado por fatores estruturais.[39]

No trecho abaixo, por exemplo, o autor de uma crônica publicada no jornal "O Beija Flor", em 04 de Maio de 1850, faz uma referência irônica ao fato de ter conseguido ingressos para um espetáculo teatral pelo preço normal da bilheteria, situação que foi consideradacomo algo inesperado e raro:

> Ora, como recebemos um favor, isto é, favor de acharmos os bilhetes para o espetáculo lírico pelo seu preço natural, pareceu-nos que ouvíamos (a apresentação) com mais sangue frio; e como não tivéssemos o rouco som das infernais palmadas, e dos bravos, tudo concorreu para apreciarmos o espetáculo e gozar da solenidade do dia.[40]

A inflação dos preços das entradas, como o próprio cronista explica, se devia à livre atuação dos cambistas nas portas dos teatros. Esse problema, aliás, parece ter sido frequente, já que quase dez anos depois, mais precisamente na seção "Crônica da Quinzena" de 16 de Junho 1859, publicada na "Revista Popular", a dificuldade para a aquisição de bilhetes para o teatro é novamente mencionada:

---

39 Público, espectadores e outros termos, quando usados no decorrer do texto, e exceto quando indicado, têm sempre o significado proposto pelos próprios cronistas, ou seja, de um público frequentador que pertencesse à "boa sociedade".

40 O Beija Flor. Jornal de Instrução e Recreio. V. II, n. 4, 04 de Maio de 1850, p. 125.

100 Renato Aurélio Mainente

> Parece que existia no escritório uma fábrica de fazer bilhetes; enquanto havia quem os procurasse, a máquina trabalhou; os cambistas não perderam a ocasião; assaltavam os passantes desde a Rua dos Ciganos, e davam fôlego ao maquinista-bilheteiro. Não deixa de ser prudente alguma medida, que ponha embargos à esperteza de quem em santo ócio quer fruir o produto do suor alheio: o teatro tem (deve ter pelo menos) uma lotação além da qual não se pode passar na venda dos bilhetes da entrada, sem incomodo geral, sem atropelo de quem ignora a elasticidade da emissão.[41]

Além da superlotação ocasionada pelos cambistas, a própria estrutura dos teatros era bastante precária, como nos mostra a "Crônica Theatral", publicada em 19 de fevereiro de 1860, seção destinada a cobertura dos teatros e publicada regularmente na "Revista Theatral"; no caso da coluna em questão, tratava-se de texto escrito por ocasião da apresentação da ópera "Pipelet"[42] no Teatro Lírico Fluminense:

> Pobre Ópera Nacional, como zombaram de ti! [...] Sem decorações a sala, sem concorrência as cadeiras, sem força o gás, e terminando por velas acesas na orquestra, parecia mais uma cerimônia fúnebre, que um regozijo público. [...] E será marchando desse modo que a empresa se julga com direito a receber tão largas subvenções do Estado? Haverá alguém que duvide que essa escuridão, essa música, esses

---

41 *Revista Popular. Noticiosa, Scientifica, Industrial, Histórica, Litteraria, Artística, Biographica, Anecdotica, Musical* etc., Tomo II, Junho de 1859, p. 387.

42 O libreto de "Pipelet" foi traduzido por Machado de Assis, a partir do original de Eugene Sue; a partitura da ópera foi composta pelo maestro Ferrari. A ópera estreou em 1860, abrindo a temporada da Imperial Academia de Música e Ópera Nacional.

> cortes, essas mutilações tudo foi pra comprometer os artistas da Ópera Nacional?[43]

A situação precária de alguns teatros, assim como o desempenho insuficiente de músicos e cantores, estavam ligados diretamente à outra questão recorrente nos textos analisados: as subvenções do governo às companhias líricas estrangeiras e à Ópera Nacional, principalmente na forma de concessões de loterias. Nas páginas dos periódicos encontram-se desde ataques diretos a administradores, críticas a artistas que não cumpriam contratos, dificuldades na contratação de cantores europeus – dada a péssima administração das companhias na cidade – e dúvidas referentes à validade e pertinência das concessões e subvenções públicas aos teatros. A fundação da Imperial Academia de Música e Ópera Nacional, a propósito, suscitou algumas discussões relativas à utilização de artistas estrangeiros em detrimento de artistas nacionais, já que a instituição era financiada pelo Estado.

Porém, mesmo nesse cenário, a subvenção aos teatros, tanto lírico como dramático, encontrou defensores regulares nas páginas dos mais diversos periódicos; o trecho abaixo permite observar os motivos principais que justificariam as altas somas gastas com as companhias teatrais:

> Em todos os países do mundo ocupam os teatros subvencionados o primeiro lugar. Graças aos auxílios do governo, auxílio que os ajuda a atravessar incólumes as épocas de crise, eles se conservam firmes, inabaláveis em seus princípios, em suas crenças. (...) Mas a semente está lançada em terreno úbere; em breve brotará e dará saborosos frutos; porque o público que necessita de passatempos, volta pouco a pouco

---

43   *Revista Theatral. Jornal Diletante, Variado e Imparcial.* V. 1, n. 06, 19 de Fevereiro de 1860, p. 43-44.

> ao teatro, habitua-se ao novo gênero e conhece finalmente serem erros, vícios dignos de correção, alguns de seus hábitos que pouco antes reputavam naturalmente bons...[44]

Segundo a coluna acima, publicada no jornal "Entreacto" em sua edição de número 02, de 12 de maio de 1860, as subvenções garantem a sobrevivência dos teatros, a despeito da adesão do público, permitindo assim que a arte se desenvolva e prospere mesmo nos momentos de crise ou falta de público. O dinheiro gasto com a manutenção das companhias e teatros não deveria ser considerado um mero luxo, mas sim "um serviço à arte, à moralidade pública".[45] Porém, se o colunista já no início do texto adverte que tal expediente é comum "em todos os países do mundo", logo em seguida faz crítica ao uso das subvenções no Brasil:

> Entre nós, pelo contrário, a arte retrocede, degenera, morre. Os empresários, não estando sujeitos a compromisso algum, gastam como querem o produto das loterias, sem que saiba como nem em que. E o governo cruza os braços; e o público, cansado de clamar em vão, resigna-se; e os artistas transformam-se em títeres, que se movem à vontade do chefe; e os empresários aguardam a ocasião azada para solicitarem o dobro da subvenção...[46]

O que desperta a indignação do colunista não são os subsídios concedidos, mas sim a inépcia dos administradores e a falta de fiscalização do Estado; algumas semanas depois, em 29 de maio de 1860, o tema volta a figurar nas páginas do mesmo jornal, em razão da possibilidade de concessões de novas loterias ao teatro lírico. Na

---

44 Entreacto. Jornal Ilustrado com Retratos e Caricaturas. Ano I, n. 02, 12 de Maio de 1860, p. 2.

45 Ibidem, p. 2.

46 Idem.

ocasião, o autor chega a afirmar que "não é só uma imprudência, é um escárnio aos sofrimentos gerais",[47] e se justifica, dizendo que a maior parte da população é penalizada, visto que não pode usufruir dos benefícios da arte. O tema aparece também no jornal "O Paiz", de 24 de março de 1860, como revela o trecho abaixo:

> O teatro lírico pesa de um modo extraordinário sobre o povo. O imposto das loterias é importante, e uma avultada parte dele é esbanjada pela administração do teatro lírico. [...] A fraude, a alicantina, têm sido empregadas para haver avultadas quantias de inexperientes diretores do teatro lírico. Alguns têm sido vítima de sua boa fé e tem sacrificado grandes fortunas em proveito de dois ou três expertos que chamam sua a empresa do teatro.[48]

As críticas e as censuras acerca dos problemas administrativos e as dúvidas em relação ao emprego correto das verbas oriundas das loterias foram constantes nas páginas de diversos periódicos oitocentistas, não havendo necessidade de reproduzir mais trechos. Tais críticas, no entanto, devem ser matizadas, uma vez que na maioria dos casos a instituição do teatro lírico permanecia incólume; ao invés do fim das concessões ou do término das temporadas líricas, estava em questão o correto emprego dos subsídios para o desenvolvimento das artes nacionais, no qual o teatro lírico ocupava um importante espaço. Textos como o publicado no jornal "O Paiz", em que transparece uma condenação de caráter mais geral em direção aos incentivos recebidos pelas companhias, não foram comuns, como, aliás, ilustram os artigos citados em defesa dos incentivos recebidos pelo Conservatório e pela Ópera Nacional.

---

47   Ibidem, p. 1.

48   O Paiz, ano 1, n. 02, 24 de março de 1860, p. 3.

Cabe ressaltar, mais uma vez, a ligação entre aspectos não propriamente estéticos e a crônica musical do período; em outras palavras, os escritores e literatos do período não se limitavam a avaliar a qualidade musical da obra e o desempenho dos atores, mas abordavam aspectos mais gerais, como o comportamento do público, a qualidade dos teatros e a administração das companhias. Além disso, em muitos casos, esses aspectos não são meros apêndices, mas compõem um elemento complementar e necessário em relação ao espetáculo apresentado, na tentativa de aprimoramento das artes nacionais. Essa multiplicidade dos enfoques presente nos escritos sobre a atividade musical no Rio de Janeiro envolve, portanto, a ligação já sinalizada anteriormente entre a música e um ideal de progresso e civilização: identificada como arte superior, cuja função seria contribuir para a construção da nação, todos os aspectos que envolvessem sua correta evolução e desenvolvimento deveriam ser contemplados pelos cronistas.

O ideal civilizador na música

Os relatos e considerações sobre os obstáculos para o correto desenvolvimento da arte musical no país vieram, não raro, acompanhados de recomendações para o aprimoramento desse gênero artístico. Tais recomendações já foram vislumbradas em vários trechos reproduzidos anteriormente, e se relacionam de forma estreita com as expectativas acerca da função que as artes deveriam desempenhar na moralização da população. Assim, se as condutas consideradas inadequadas eram objeto de reprovação, os mesmos cronistas não deixavam de recomendar as normas que consideravam adequadas para a correta apreciação da arte musical. Martins Pena, por exemplo, ao escrever sobre a apresentação da ópera "A

Figlia del Reggimento",[49] não deixa de apreciar o comportamento da plateia, considerando-o como indício do desenvolvimento dos espectadores e do "progresso de civilização":

> E pois foi à cena na sexta-feira a *Figlia Del Reggimento*. Boatos se haviam espalhado que os partidaristas da Sr². Barbieri iam fazer o diabo a quatro no teatro. Estivemos no nosso posto para ver a corrida, e temos a satisfação de anunciar ao público, a quem somos grato e reconhecido por tantos favores e obséquios (estilo de bastidor) que tudo passou-se tranquilamente. A Sr². Barbieri fez fogo e rufou, e não levou palmas, o que denota progresso e civilização na platéia; cantou sofrivelmente e por vezes recebeu aplausos moderados, com o que ninguém se ofendeu; no fim foi chamada à cena, e alguns assobiozinhos contrariaram o entusiasmo dos gansos; porém foi pouca coisa e acabou-se tudo na maior paz do mundo. Assim vai bem: deixem-se de exagerações, coloquem essa cantora no lugar que deve ocupar, que a suposta oposição contra ela desaparecerá.[50]

O trecho acima faz uma clara menção à atuação dos partidos nos teatros da corte, e, ainda que no texto transpareça uma reserva quanto ao desempenho da cantora lírica, o autor recomenda aos espectadores a adoção de uma conduta "sem exagerações" e mais adequada ao ambiente teatral.

Para além de simples censuras ou de defesas de cunho moralista, as dissonâncias apontadas visam ao correto desenvolvimento do público e, consequentemente, da arte musical no país. Essa preocupação aparece em diversos momentos, e pode ser considerada como um

---

49 La Fille Du régiment, ópera de Gaetano Donizetti (1797-1848), estreou em Paris no ano de 1840. MASSIN, Jean, p. 674.

50 PENA, Martins, op. cit., p. 130.

dos principais objetivos de muitos cronistas, como evidencia o trecho publicado no jornal "O Artista", de 10 de novembro de 1849:

> O publico do Rio de Janeiro não é levado ao teatro pela estreia deste ou daquele artista, pela novidade de uma ou de outra peça, tem certos artistas de sua paixão, certas óperas que não falham, embora muito e muito repetidas, como são – Norma – Puritanos – Barbeiro, Lucia e outras!... Já se vê então que o Artista deve ir ganhando sempre o seu terreno passo a passo, assim como as óperas se devem ir acreditando ao passo que a musica vai ficando escrita em nossos ouvidos.... e gravada na nossa compreensão![51]

O excerto acima foi retirado de um artigo cuja principal meta era tecer duras críticas à administração do Teatro São Pedro, principalmente no tocante à oferta de obras de qualidade. No texto em questão, o autor defende um aumento na quantidade de óperas de sucesso nos programas dos teatros, mesmo reconhecendo que tal gênero tivesse predomínio no repertório teatral; ainda assim, segundo o autor, o número de apresentações era insuficiente, pois apenas através da repetição as grandes obras seriam capazes de atingir o público, fazendo com que a música fosse corretamente compreendida. Para corroborar essa opinião, são mencionadas a programação e os incentivos aos teatros de alguns países europeus que, de acordo com nosso cronista, deveriam servir de exemplo para o Brasil. É possível argumentar que a visão do colunista não leva em consideração o papel do espectador e as diferentes apropriações que poderiam surgir a partir das peças apresentadas, e mesmo a real situação da maioria dos teatros no Velho Continente. É significativo,

---

51 O Artista. Publicação Semanal sobre Theatros, n. 09, 10 de Novembro de 1849, p. 2-3. As óperas citadas são de autoria dos seguintes compositores: "Norma" e "Il Puritani", de Bellini, "O Barbeiro de Sevilha", de Rossini, e "Lucia de Lammermor", de Donizetti.

Música e civilização   107

porém, que a presença constante de óperas europeias de sucesso seja defendida e considerada como meio privilegiado para se alcançar um progresso na educação dos espectadores e na atividade musical do país. Essa concepção fica ainda mais perceptível através do trecho reproduzido abaixo, publicado em 1827, no periódico "O Espelho Diamantino", em sua edição número dois:

> Entre as nações civilizadas, a arte musical chega a sua perfeição muito primeiro que as outras, devendo ser o grau de cultura, e aperfeiçoamento mui exaltado, para que todas estejam ao mesmo ponto de apuração e estima. (...) A cidade (Rio de Janeiro) retomba dos sons das músicas militares e das festividades: não há casa onde não se ouça tocar piano. Uma superior capela; uma boa orquestra, cantores e cantarinas de primeira classe executam as complicadas, e sublimes dos mais ilustres professores, e pouco falta para que esses mesmos chefes de obra não sejam produzidos nessa Corte, ao menos o maior compositor[52] que teve Portugal aqui reside.[53]

Embora não conste no excerto acima, no texto o autor citava como exemplo as nações civilizadas – a França e a Inglaterra, nomeadamente – como ideal a ser seguido; além disso, o desenvolvimento da atividade musical na cidade é sinalizado pela presença de instrumentos e ritmos europeus, como é o caso do piano e da referência a Marcos Portugal, compositor português de formação musical italiana; por fim, mais uma vez, a música aparece como complemento à ideia de progresso. Sob essa ótica, e segundo tais escritos, a música não teria como objetivo apenas entreter e divertir, mas educar e moralizar o público.

---

52 Ver nota 28, capítulo 1.

53 *O Espelho Diamantino. Periódico de política, literatura, belas artes, teatro e modas, dedicado as senhoras brasileiras.* V. 1, n. 2, 13 de Outubro de 1827, p. 27-28.

Importante ressaltar que, ao tratar da ligação entre música e um ideal de progresso, muitos textos não diferenciam de maneira clara a música e o teatro dramático, ainda mais se considerarmos que as duas expressões, em muitos casos, dividiam os mesmos espaços nas apresentações, principalmente no caso dos teatros. O excerto que segue abaixo, publicado em um suplemento da edição 21 do jornal "O Beija Flor", de 25 de agosto de 1849, é um exemplo claro dessa convergência entre essas duas expressões, principalmente no que tange ao teatro como fator moralizante:

> O teatro lírico não é, com alguém quer, só para a alma; sabemos a influência que o palco exerce sobre a sociedade e reclamamos dele tudo quanto importe para esta. O teatro, quer seja lírico ou dramático, é sempre escola de costumes, e são estes que sempre queremos ver desenhados.[54]

A defesa da dimensão pedagógica da arte foi uma constante durante o século XIX, principalmente no que se refere às atividades realizadas no interior das casas teatrais. Em 1827, por exemplo, o jornal "O Espelho Diamantino", periódico dedicado "às senhoras brasileiras", como o próprio editor declarava, trouxe em seu prospecto inicial algumas concepções relativas às artes em geral e ao teatro em particular. Inicialmente, o texto afirmava que o novo jornal queria contribuir para a formação das mulheres, a partir dos padrões adotados nos países europeus; em seguida, ao comentar sobre o espaço dedicado à literatura, teatro e música, o autor afirma que as "belas artes" merecem destaque especial, ainda mais se considerarmos que:

> Em literatura procuraremos a variedade; as obras que com um fim moral apresentam narrações interessantes terão a preferência, sem que se desprezem nem os bons versos, quando

---

54   O Beija Flor. Jornal de Instrução e Recreio. Suplemento ao n. 21, 25 de Agosto de 1848, p. 2.

Música e civilização 109

> teremos a fortuna de os encontrar, nem a história, e com a especialidade moderna, da qual extrairemos todas as ações virtuosas ou heroicas perpetradas por mulheres, e cujo número nos promete uma ampla matéria para nossas folhas. [...] O teatro, escola dos costumes e da polidez, verdadeiro espelho da vida, o mais decente, e agradável dos divertimentos públicos, entra naturalmente na jurisdição do belo sexo, o qual, em todas as cidades, forma um tribunal que decide sem agravo, as questões de bom gosto e bom tom.[55]

Por sua vez, já em 1814, o jornal "O Patriota", em sua edição de janeiro daquele ano, defendeu de maneira clara a atividade teatral como elemento moralizador da população. O artigo em questão consiste em uma avaliação do drama "O Juramento dos Numes", apresentado no Real Teatro São João em 1813,[56] e, para corroborar sua avaliação negativa do libreto da peça, o redator do periódico cita diversos autores europeus. Em determinado momento, o autor da crítica faz uma comparação entre os textos de D'Alambert e Rosseau:

> E que quanto a mim o filósofo que possuir o talento da poesia, combinando os escritos de um e de outro, poderá deles deduzir as verdadeiras regras de um teatro capaz ao mesmo tempo de interessar os homens e de corrigir os seus defeitos; de um teatro que seja juntamente o lugar de recreio e a escola da moral.[57]

---

55 *O Espelho Diamantino. Periódico de política, literatura, belas artes, teatro e modas, dedicado as senhoras brasileiras.* V. 01, Outubro de 1827, p. 3.

56 A polêmica em questão, envolvendo o redator de "O Patriota" e o autor da peça, será descrita de maneira mais detalhada no terceiro capítulo.

57 *O Patriota, jornal litterario, político, mercantil etc. do Rio de Janeiro.* Janeiro/Fevereiro de 1814, p. 67-68.

Partindo dessa concepção de um teatro como "escola de costumes e espelho da moralidade", as várias críticas apontadas anteriormente e presentes nas páginas dos periódicos pesquisados ganham em significado. Para os escritores que se ocuparam dos espetáculos líricos e dramáticos, bem como dos concertos musicais, os teatros deveriam colaborar para o aprimoramento moral da população, através de exemplos e de obras que contribuíssem para a construção de uma nação nos moldes das civilizações europeias. Dessa forma, as constantes censuras dirigidas ao comportamento do público frequentador das casas teatrais sinalizam uma tentativa de normatização da conduta dos espectadores, complementando assim um quadro de progresso e avanço civilizacional simbolizado pela presença de obras e artistas europeus nos palcos fluminenses.

Mesmo nas medidas implementadas por Dom João, visando ao maior desenvolvimento da atividade musical na cidade, já é possível identificar uma preocupação com um ideal de progresso nas artes. Com efeito, ao desembarcar, a Corte portuguesa, como afirma Oliveira Lima, se deparou com uma cidade sem nenhuma instituição de ensino público ou cultural de importância, nem corpo administrativo capaz de preencher os cargos burocráticos criados pela nova administração; era urgente a formação de novos quadros a partir da fundação de diversas instituições.[58] Em outras palavras, diante de um panorama de significativa defasagem em relação aos padrões europeus, era necessário transformar a nova sede da Corte portuguesa, e para isso era urgente educar e moralizar a população, a partir de uma espécie de "cruzada civilizatória" em direção à nação que se queria construir. Dentro dessa concepção, a literatura foi vista como instrumento privilegiado, veículo apto para orientações de cunho pedagógico; em virtude disso, é clara a preocupação com

---

58 O impacto das medidas implementadas por Dom João VI, principalmente no tocante à música, foi analisado no primeiro capítulo.

uma mensagem moral, uma orientação acerca das regras de conduta socialmente válidas, orientação presente nas obras e capazes de educar adequadamente a população.[59]

Em relação à música, até o momento foram abordadas as restrições ao comportamento do público e os problemas administrativos a partir de artigos publicados em diversos periódicos, juntamente com as expectativas em torno da função que a atividade musical deveria desempenhar na sociedade do período. Para os cronistas oitocentistas, a presença da música europeia, e, principalmente do teatro lírico, era uma indicação clara do progresso alcançado pelo país, ainda que com as ressalvas indicadas. Por sua vez, ao mesmo tempo em que saudavam a evolução em curso, não deixavam de apontar as dissonâncias presentes na prática musical existente; portanto, se a simples execução dos concertos ou das óperas na cidade não bastava para instituir no público normas de conduta, a crônica musical parece ter se encarregado dessa missão, seja criticando a postura excessiva dos "diletantes", seja alertando sobre a frequência de pessoas "mal trajadas" nos teatros, ou mesmo cobrando maior qualidade nas apresentações e maior fiscalização do poder público sobre o dinheiro investido nos teatros. Em outras palavras, se para os homens de cultura da época as obras dos grandes mestres da ópera italiana, tais como Verdi e Rossini, eram executadas nos teatros nacionais, tal presença consistia claro sinal de que a nação encontrava-se no caminho do progresso, e que, portanto, o público deveria também se adequar a essa marcha.

Os parâmetros para a produção da música nacional

A ligação entre as artes, e a música em particular, com um ideal de progresso e civilização fica ainda mais perceptível quando

---

59   Ver nota 73, no primeiro capítulo.

a questão é o desenvolvimento e os critérios de avaliação para a produção musical nacional. O tema aparece, por exemplo, em um artigo de Joaquim Manuel de Macedo sobre o Conservatório de Música, publicado na "Revista Guanabara" em 1850; nele, o autor faz uma crítica à falta de incentivo às artes no país, embora reconheça alguns progressos, como é o caso da instituição citada acima, criada em agosto de 1838. Depois de rememorar as circunstâncias[60] que envolveram a criação do Conservatório e elogiar o empenho e dedicação dos envolvidos, o autor afirma:

> Apenas uma loteria foi extraída, seguiu-se imediatamente a instalação do Conservatório, e a abertura da aula de rudimentos e solfejo: setenta e dois alunos correram pressurosos ao templo da harmonia: era portanto de esperar que uma vida lisonjeira e fácil tivesse que viver o novo estabelecimento: desgraçadamente, porém não sucedeu assim. O Conservatório de Música não progride, não pode progredir, se não for melhor auxiliado [...].[61]

Após tais pedidos de auxílio em favor da instituição, o autor conclui dizendo que, sem o aporte de recursos necessário, uma instituição capaz de "contribuir para o brilhantismo e glória nacional"[62] permaneceria estagnada.

As críticas no sentido de maior apoio ao Conservatório de Música estão diretamente relacionadas à polêmica envolvendo a presença de cantores estrangeiros nos palcos da cidade, muitas vezes em detrimento de artistas nacionais. Sob esse aspecto, uma

---

60 O Conservatório de Música foi criado a partir da iniciativa dos diretores da associação de música dirigida por Francisco Manoel da Silva, e contou com o apoio do governo através da concessão de loterias, para o financiamento da instituição, conforme descrito no primeiro capítulo.

61 *Guanabara. Revista Mensal Artística, Científica e Literária.* Tomo I, 1850, p. 166.

62 *Ibidem*, p. 166.

coluna escrita por Machado de Assis, e publicada no jornal "O Espelho" de 30 de outubro de 1859, contém considerações importantes não apenas para a questão exposta acima, mas também em relação aos parâmetros postulados para a produção musical nacional. Aos que criticam a presença de atores estrangeiros nos palcos da cidade, principalmente no âmbito da Imperial Academia de Música e Ópera Nacional, instituição de evidente inspiração patriótica, o autor recorda:

> Todavia cumpre lembrar o infundado de certo preconceito que por aqui passa por sentença. Falo do concurso de artistas estrangeiros que para algumas suscetibilidades patrióticas tira a cor nacional à ideia da nova instituição. Os que assim pensam parecem ignorar que o talento não tem localidade, fato reconhecido na Europa. A Ópera, a Grande Ópera de Paris, a capital das civilizações modernas, como começou? Com esse concurso de estrangeiros. [...] Ora, em Paris onde se dão essas coisas, há um Conservatório de Música, em um alto pé de desenvolvimento, há iniciativa do governo, e teatro regularizado.[63]

Ou seja, o problema não estava na utilização de atores estrangeiros pela Imperial Academia de Música e Ópera Nacional, mas sim na falta de atores nacionais qualificados. Aliás, a formação de artistas líricos de nível semelhante aos artistas europeus que então se apresentavam nos teatros da cidade foi uma das principais motivações para a criação do Conservatório. Caberia ao governo, portanto, aperfeiçoar o Conservatório de Música para que o mesmo pudesse suprir os palcos da cidade com cantores de talento, capazes de rivalizar com os estrangeiros.

---

63   O Espelho. *Revista Mensal de Literatura, Modas, Indústria e Artes.*, n. 09, 30 de Outubro de 1859, p. 6.

A necessidade de desenvolvimento de uma arte musical no país é constantemente abordada pelos cronistas do período, fato evidente se considerarmos os trechos reproduzidos acima e a defesa de instituições nos moldes do Conservatório de Música e da Imperial Academia de Ópera Nacional. Ao lado da defesa do incremento da produção musical nacional, é possível identificar também alguns parâmetros para o desenvolvimento da música de caráter nacionalista. Primeiramente, cumpre destacar que, se o teatro lírico italiano era a expressão musical que gozava de maior prestígio no Rio de Janeiro do Oitocentos, parecia natural que os esforços para a edificação das artes nacionais passassem pela criação de uma ópera nacional, tema já discutido no primeiro capítulo desta obra, por ocasião da descrição de instituições como a Imperial Academia de Música e Ópera Nacional. Porém, a partir da crônica musical do período é possível traçar parâmetros mais precisos, bem como elencar os principais tópicos relacionados à temática acerca de uma música nacionalista.

Dessa forma, se o teatro lírico constitui-se com um modelo privilegiado para a produção musical no país, quais as características que uma ópera deveria possuir para que fosse considerada nacional? Recorrendo mais uma vez ao artigo citado anteriormente, de autoria de Machado de Assis, publicado no periódico "O Espelho":

> O talento é cosmopolita, pertence a toda parte. A ópera é nacional, porque é cantada na língua do país. Não se trata aqui da arte dramática, que é outra tese. A forma aqui, não descora, nem de leve a legitimidade esplêndida da ideia altamente patriótica. Negá-lo seria querer mal à instituição que tão verde de esperanças se levanta do ocaso de uma tentativa malograda [...].[64]

---

64 O Espelho. *Revista Mensal de Literatura, Modas, Indústria e Artes.*, n. 09, 30 de Outubro de 1859, p. 10.

O trecho permite concluir que, desde que escrita é cantada em português, a ópera seria considerada nacional, o que revela uma das principais expectativas da crônica musical em relação ao teatro lírico, ou seja, a presença do idioma pátrio nesse gênero de composição.

Mas a tópica nacionalista não se resumia ao idioma, como revela a seção "Crônica da Quinzena", de 10 de novembro de 1861, seção publicada regularmente na "Revista Popular". Aproveitando a reapresentação de "A Noite do Castelo", ópera de Carlos Gomes, e uma homenagem feita ao compositor ao final do espetáculo, o autor da crônica tece alguns elogios ao talento do jovem compositor, para em seguida tratar da situação da Ópera Nacional:

> Essa lira tão melancólica exprime o receio de um desencanto. Ela teme ver a Ópera Nacional passar da decadência à morte. [...] Ela pergunta quem há de interpretar as obras de Carlos Gomes e de outros, cantodo-as em língua portuguesa; ela diz que na Ópera, ainda mal chamada nacional, canta-se em português espanholado, afrancesado, estrangeirado enfim, e menos somente em português do Brasil [...].[65]

A consideração do cronista vem apenas complementar a tópica da necessidade de nacionalização do teatro lírico; mais uma vez, a presença de atores estrangeiros é criticada, situação que se tornava ainda mais grave por tratar-se de obra composta em português. Porém, no decorrer no texto, e ao defender maiores esforços direcionados à formação de cantores nacionais capazes de rivalizar com os franceses e italianos, o autor cita outros critérios para a estruturação da produção musical no país:

---

65   *Revista Popular. Noticiosa, Scientifica, Industrial, Histórica, Litteraria, Artística, Biographica, Anecdotica, Musical etc.*, Tomo XII, ano terceiro, outubro-dezembro de 1861, p. 252.

> Está sonhando com o futuro: diz ela que algu-
> ma benéfica providência virá em socorro da
> Ópera Nacional; que artistas nacionais hão de
> vir pouco a pouco e torná-la bem brasileira,
> e que então Carlos Gomes e muitos outros es-
> creverão óperas características brasileiras, ins-
> pirando-se com o céu, a natureza, as auras, as
> aves, e as flores pátrias...[66]

Os autores nacionais que desejassem contribuir para o progresso da arte musical, deveriam, portanto, inspirar-se na natureza brasileira, e tal inspiração não tinha outro objetivo senão o de dotar as óperas de um caráter nacional. A necessidade de uma "cor local" nas obras líricas, aliás, já estava presente no concurso instituído pelo diretor do Teatro Provisório, João Antonio de Miranda, em 1852. Embora o tre-cho acima cite como características nacionais elementos oriundos da natureza, o motivo nacionalista poderia advir de outros temas, como o indianismo, tradições locais e fatos históricos.[67]

Os elementos descritos acima, portanto, indicam os parâmetros para que uma ópera fosse considerada nacional: a composição de-veria ser composta em português, com assunto e autores nacionais. Isso não significa, porém, que todas as obras produzidas no Rio de Janeiro e classificadas como "óperas nacionais" se enquadrassem nesse esquema; apenas indicam que a discussão sobre o desenvol-vimento da atividade musical no país passava exclusivamente por aspectos extra-musicais. A música propriamente dita, ou mesmo preocupações de ordem estética, aparecem nessas crônicas apenas como afirmação de gêneros e modelos europeus, a partir dos quais uma música de caráter nacionalista deveria ser cultivada, acrescida, obviamente, dos traços elencados acima.

---

66 *Ibidem*, p. 252.

67 A descrição detalhada das obras líricas nacionais compostas no Rio de Janeiro nesse período encontra-se no terceiro capítulo dessa obra.

Consequentemente, se os gêneros oriundos da Europa se instituíram como um modelo ideal, também os compositores europeus eram constantemente citados como exemplos para os artistas nacionais. No mesmo artigo comentado acima, publicado na Revista Popular, o colunista faz a seguinte avaliação sobre Carlos Gomes:

> [...] Aos vinte anos de idade ostenta já uma grande inteligência musical: a ovação, que ele acaba de receber, foi um justo prêmio da obra excelente do seu gênio. [...] Meu velho, dize, repete mil vezes a Carlos Gomes que estude, estude muito e sempre, para que o estudo vença, pois que pode vencer, a distância que o separa dos mestres como Rossini, Donizetti e Meyerbeer.[68]

A comparação entre Carlos Gomes e compositores europeus aparece também em outro artigo, publicado na mesma Revista Popular, em 10 de setembro de 1861. O texto versa sobre a estreia da ópera "Noite no Castelo", e, em contraste com a maioria dos artigos publicados no período, traz uma crítica mais estruturada em relação à música e ao libreto:

> O autor da nova ópera mostrou demasiada aptidão musical, pois que conseguiu sem esforço assimilar, na frase dos químicos, alguns motivos e cadências dos melhores mestres, e compor uma peça sumamente deleitosa, embora ressinta-se aqui e ali da falta de inspiração própria. [...] O autor lutou com uma dificuldade terrível de ser debelada; não teve um libreto: pelo menos assim não pode ser classificado o trabalho do Sr. A. J. Fernandes dos Reis.[69]

---

68 *Revista Popular. Noticiosa, Scientifica, Industrial, Histórica, Litteraria, Artística, Biographica, Anecdotica, Musical etc.*, Tomo XII, ano terceiro, outubro-dezembro de 1861, p. 251.

69 *Revista Popular. Noticiosa, Scientifica, Industrial, Histórica, Litteraria, Artística, Biographica, Anecdotica, Musical etc.*, Tomo XI, ano terceiro, julho-setembro de 1861, p. 381.

Embora critique o que chama de falta de inspiração própria, o autor da coluna elogia a capacidade do compositor em emular a música dos grandes mestres. Analisando os dois trechos publicados em curto espaço de tempo, é possível depreender que o jovem compositor precisava desenvolver um estilo próprio, sem esquecer a inspiração dos "melhores mestres", ou seja, os compositores europeus cujas óperas transitaram pelos palcos da cidade durante o século XIX. Portanto, ao menos para os autores da maioria dos textos analisados, a música enquanto arte superior, capaz de contribuir para o progresso e civilização da nação, é exclusivamente europeia. Sendo assim, qual o espaço destinado às outras expressões no esforço para se desenvolver a arte musical no país e, consequentemente, contribuir para o progresso nacional?

Martins Pena empreendeu uma reflexão interessante a esse respeito, ao escrever uma crítica sobre uma apresentação da ópera "Belisário", do italiano Gaetano Donizetti, em texto publicado no Jornal do Comércio em 26 de Janeiro de 1847:

> Belisario não é ópera de grande reputação; Donizetti não foi nela pródigo de motivos originais e brilhantes; à exceção do dueto: *Sul campo della gloria* e do sonho de Belisário, pouca coisa ficará desta partição. Dizem os entendedores que Donizetti muito de propósito a escrevera assim para lhe dar cor local, porque seria absurdo fazer gorjear ao grave inventor de Pandctas, e a seus seguidores, motivos de valsas e contra-danças. Mas por que razão Belisário e seus lictores seriam menos harmoniosos que os druidas e sua sacerdotisa Norma? Ou Bellini se enganou, ou Donizetti não teve razão. Mas isto de cor local entende cada um como quer.[70]

---

70 PENA, Martins, *op. cit.*, p. 121.

Dessa forma, para Martins Pena – e também para outros autoresdo Oitocentos –, as reflexões sobre a "cor local" ou mesmoa inserção de traços nacionalistas não deveriam remeter necessariamente à estética musical das obras, crítica que fica ainda mais evidente quando o autor compara "Belisário" com a ópera "Norma", de Bellini. Uma das principais óperas nacionais do período, "O Guarani", composta por Carlos Gomes, é emblemática nesse sentido: se aos druidas de "Norma" era permitido cantar em italiano, os indígenas brasileiros deveriam também dançar ao som de "valsas e contra-danças".

Em outra crônica significativa, publicada em 1844 no jornal "A Borboleta", há uma tentativa em traçar uma linha divisória clara entre a música de inspiração europeia e outras possíveis experiências musicais, notadamente advindas da cultura negra:

> Apenas emudeciam os instrumentos, que um novo gozo se oferecia aos circunstantes. [...] Depois de um pequeno intervalo que se seguiu à execução da Norma, principiava um pedaço que me parecia da Anna Bolena... As minhas faculdades estavam suspensas, tanta era a solenidade dessa música!... Eis que horrível algazarra me faz saltar fora da cama sobressaltado... corro, esfregando os olhos, à janela... Era um magote de negros, que passavam carregados de café!!!... Malditos! Exclamei; até eles zombam da Polícia!!! Desleixada que é!!...[71]

Como pode ser observado, o autor do texto em questão descreve um sonho, embalado ao som de Bellini e interrompido pela passagem de alguns negros fazendo algazarra pela rua. Ao que tudo indica, se o trânsito de negros era censurado durante os concertos no Passeio Público, da mesma forma os ritmos que lembrassem a

---

71 *A Borboleta. Periódico Miscelanico.* V. 1, n. 02, 25 de Agosto de 1844, p. 7.

cultura negra eram considerados inadequados, capazes de perturbar um ideal de progresso artístico baseado em modelos estéticos europeus. Isso não significa, obviamente, que a execução de música de inspiração africana era proibida ou condenada de maneira irrestrita; é possível até mesmo encontrar no periódico "A Lanterna Mágica", por exemplo, algumas partituras de "lundus"[72] de relativo sucesso no período. No entanto, a publicação desses "lundus", e mesmo a posterior introdução de trechos de músicas de origem popular ou africana em composição a serem apresentadas nos palcos da cidade, não indicam uma valorização dessas expressões musicais. Como visto no primeiro capítulo, tais inserções têm um apelo exótico e satírico, distantes dos objetivos postulados para a criação de uma música nacional.[73] Em outras palavras, as referências à música de origem africana funcionam como um negativo do quadro desejado para o desenvolvimento da atividade musical no país.

É possível sintetizar essa tensão na comparação feita por um cronista, em artigo publicado na "Revista Guanabara", em 1852. No texto, que tem por objetivo fazer um balanço da situação das artes no Brasil e cobrar maiores atenções à área, mais uma vez encontramos a junção entre progresso artístico e nacional. Para o autor, não existiria país civilizado onde as artes não progredissem e se

---

72 Lundu é uma dança brasileira de natureza híbrida, criada a partir dos batuques dos escravos bantos trazidos para o Brasil e de ritmos portugueses.

73 Como indica Cristina Magaldi na obra "Music in Imperial Rio de Janeiro", antes de 1870 a introdução da figura do negro nos palcos da cidade possuía um apelo exótico, produzindo um contraste entre a cultura negra e a identidade almejada pela elite cultural da época. Para a autora, é possível estender a análise também para a música, ou seja, a inserção de ritmos africanos possuía um caráter exótico e depreciativo. "Before the 1870s the presence of Afro-Brazilian music in the theater reflected more a fashion that tied Cariocas to Paris and to the Parisian curiosity about exotic cultures, rather than a need to represent the local Afro-Brazilian culture. (...) When present at all, the black chacacteres received minor parts, appearing either as stereotypes of faithful and pitiful slaves, or as immoral and disruptive individuals, but rarely as representatives of their own culture." MAGALDI, Cristina, op. cit., p. 126.

Música e civilização 121

desenvolvessem, raciocínio que se estendia, logicamente, à música. No caso específico do teatro lírico, o cronista adverte:

> O brasileiro que plantar a ópera no seu país e fizer dela um fruto nacional, venceu uma batalha, fez uma conquista, e merece o prêmio de vencedor: os combates de uma época que contra uma grande porção da mesma época, que retrata um mal passado, são vitórias civilizadoras, são conquistas perduráveis, se a nação onde se agitam essas pelejas sabe remunerar tais serviços [...].[74]

O texto continua cobrando maior atenção do governo para com as artes e maior eficiência na sua administração:

> Sejamos sinceros [...] e mudemos a direção do nosso espírito, já alguma coisa disposto para isso, pois há um partido salvador que se levanta no meio dos partidos de todas as cores: vamos ao real, ao verdadeiro progresso, que é o de nacionalizar as artes, e de promover a propriedade material.[75]

Do contrário, adverte o autor, o país sofreria com a estagnação das diversas artes e continuaria confundindo, ainda por muito tempo, "as cordas da lira celeste com as do machete do catiretê".[76] A oposição entre um instrumento de origem clássica, a lira, e outro de origem popular, utilizado em um dança africana, é significativa:

---

74 Guanabara, Revista Mensal Artística, Científica e Literária. 16 de Outubro de 1852, p. 154.

75 Ibidem, p. 154.

76 Guanabara, Revista Mensal Artística, Científica e Literária. 16 de Outubro de 1852, p. 152. O "machete", instrumento citado, consiste em um pequeno cordofone de mão, de caixa em forma de oito, usado em Portugal pelo menos desde o século XVIII e pertencente à família das violas de mão; "Catiretê" é uma dança brasileira de origem africana.

o primeiro, símbolo da civilização, representaria progresso nacional; o segundo, traços do atraso e da barbárie.

Portanto, a ligação entre música e civilização permeia grande parte da crônica musical do período: se o grau de desenvolvimento da música indica o grau de desenvolvimento da nação, a música, na forma dos concertos e óperas, funcionava como um sinal claro do progresso alcançado. Fiéis a essa concepção, para os autores que escreveram acerca da atividade musical, os aspectos exteriores ao palco não eram meros complementos descritivos, mas parte integrante do espetáculo apresentado; em um quadro ideal, onde a música europeia aparecia como sinal de progresso, civilidade e padrão estético a ser alcançado, espectadores e demais elementos do espetáculo também deveriam representar um papel adequado. Nesse projeto de desenvolvimento da música nacional, outras experiências artísticas, principalmente aquelas de origem "popular", aparecem como fatores dissonantes, elementos que deveriam ser excluídos da identidade que então se queria construir. A preferência pela estética musical europeia como modelo fica ainda mais evidente através das características postuladas por alguns cronistas para a composição de uma ópera nacional: a partir do teatro lírico, principalmente o italiano, uma ópera nacional deveria ser cantada em língua portuguesa, composta por autores do país e ainda tratar de um assunto nacional.

Capítulo 3.
Música e civilização: a criação de um teatro lírico nacional

> "Depois abriu o estojo dos assuntos, sacou para fora o teatro lírico. Que tal achavam a companhia? Na opinião dele era excelente, menos o barítono; o barítono parecia-lhe cansado. Sofia protestou contra o cansaço do barítono, mas ele insistiu, acrescentando que, em Londres, onde o ouvira pela primeira vez, já lhe parecera a mesma coisa. As damas, sim, senhora; tanto a soprano como a contralto eram de primeira ordem. E falou das óperas, citava os trechos, elogiou a orquestra, principalmente nos Huguenotes... Tinha visto Mariana na última noite, no quarto ou quinto camarote da esquerda, não era verdade?"
>
> (Capítulo dos Chapéus – Machado de Assis)

As concepções relativas à vida musical na capital fluminense, analisadas no capítulo anterior, têm uma amplitude significativa: para além de juízos estéticos propriamente ditos, destacam-se a preocupação com o ambiente dos teatros e outros aspectos, como o comportamento do público e a formação de músicos e cantores de qualidade igual ou superior aos estrangeiros. Mais do que mero divertimento, a música aparece como elemento fundamental para o progresso da nação e, nesse sentido, a necessidade de desenvolvimento de uma produção musical nacional constitui-se como uma das tópicas mais importantes do período. No entanto, esse nacionalismo musical postulado pelos autores possuía características bastante específicas, pois privilegiava o teatro lírico italiano como um dos gêneros mais adequados para a expressão de traços nacionais. Em outras palavras, cumpria realizar uma nacionalização da ópera italiana, com a inserção de elementos como o idioma e os assuntos tratados no libreto. Uma vez que no capítulo anterior foram traçados os principais parâmetros para a produção musical de inspiração nacionalista, no presente capítulo faremos uma análise das obras líricas produzidas no Rio de Janeiro ao longo do Oitocentos.

Tal análise, porém, tem por objeto apenas os libretos das obras líricas, e tal escolha se justifica por dois motivos: em primeiro lugar, alguns libretos não chegaram a receber uma partitura, como foi o caso dos textos escritos por ocasião do concurso realizado pelo diretor do Teatro Provisório, em 1854;[1] além disso, uma vez que as reflexões sobre a produção musical nacional no período privilegiaram principalmente aspectos extra-musicais, os libretos, por si só, constituem um conjunto importante de fontes para a identificação dos principais elementos de inspiração nacionalista presentes no gênero. Por fim, a análise possibilitará cotejar os dois principais conjuntos de fontes da pesquisa, ou seja, os libretos e a crônica musical do período. No entanto, longe de estabelecer uma causalidade – entre crônica musical e libretos – a comparação tem por objetivo buscar uma relação de complementaridade, identificando, assim, os principais parâmetros para a atividade musical no Rio de Janeiro oitocentista, principalmente aquelas referentes à produção da música nacional. Dito isso, passemos à análise.

Em contraste com a curva ascendente da produção musical iniciada na segunda metade do século XIX, cujo auge se deu com a fundação da Imperial Academia de Música e Ópera Nacional, há uma escassez de óperas compostas nas primeiras décadas do século XIX. Como notado nos capítulos anteriores, e embora seja possível detectar a existência de reflexões acerca da necessidade de

---

1 Com exceção de Moema e Paraguassú, representada em 1863.

Música e civilização   125

uma música de inspiração nacionalista ainda na década de 30 do Oitocentos, medidas mais efetivas nesse sentido tomaram forma apenas no final da década de 40. Essa escassez, no entanto, refere-se apenas as obras nomeadamente nacionais, ou seja, àquelas que possuíam entre seus objetivos a fundação de um teatro lírico nacional.

Ainda assim, a análise das obras produzidas nesse período permite identificar outros aspectos não menos importantes, principalmente relacionados aos parâmetros para a produção lírica iniciada nas primeiras décadas do século XIX. Mas antes de analisar as obras propriamente ditas, vale destacar dois artigos críticos encontrados no jornal "O Patriota", o primeiro deles publicado em outubro de 1813, por ocasião da apresentação do drama lírico "O Juramento dos Numes", na inauguração do Real Teatro São João:

> É tão importante o assunto desse drama, que mal nos permite fixarmos a nossa atenção no seu desempenho. Este trabalho vem mesmo a ser inútil, quando o Poeta na sua advertência declara que nas composições deste gênero não se deve exigir o severo cumprimento dos preceitos dramáticos, haja vista Voltaire etc...[2]

O trecho acima é uma resposta do redator da revista a uma advertência colocada pelo autor de "O Juramento dos Numes", D. Gastão Fausto da Câmara Coutinho, no início do libreto da referida obra:

> Este drama é alusivo à peça que há de representar na noite da abertura do Real Teatro de S. João, que tem por título "O Combate do Vimeiro" e serve como de prefação à mencionada comédia. É desnecessário lembrar aos leitores judiciosos que nas composições deste gênero, que servem mais para deleitar que para instruir, não se deve exigir o severo

---

2   *O Patriota, jornal litterario, político, mercantil etc.* Rio de Janeiro, outubro de 1813, p. 92.

126   Renato Aurélio Mainente

> cumprimento dos preceitos dramaticais: hajam
> vista a Voltaire, Metastasio, Molière, Goldoni, e
> outros, que sendo aliás tão prolixos na exata
> perfeição das suas grandes obras o não quise-
> ram ser naquelas de que trato.
> Se me criminarem acerca do estilo que susten-
> to um tanto levantado, e porventura impróprio
> da poesia dramática, responderei que a locução
> rasteira é vergonhosa na boca de uma divinda-
> de, e que os objetos grandes devem ser grande-
> mente tratados.[3]

O primeiro trecho acima reproduzido, publicado em "O Patriota", ataca diretamente a execução do drama, considerando--o inadequado. O autor do texto não entra no mérito da conceituação dos gêneros feita pelo escritor, embora seja possível notar sua discordância em relação ao declarado pelo autor dos versos. A crítica do redator gerou uma réplica de D. Gastão Fausto da Câmara Coutinho,[4] na qual o dramaturgo acusa o autor da coluna de desconhecer alguns preceitos básicos de composição poética. Em janeiro de 1814, uma tréplica é publicada no mesmo "O Patriota", ocupando cerca de dez páginas do jornal, com duras críticas ao libreto da peça e a seu autor.

A polêmica descrita acima chama a atenção pela tentativa de conceituação do gênero, principalmente por parte do redator de "O Patriota". Assim, em sua tréplica lê-se a seguinte passagem:

> Os italianos têm chamado ao poema lírico,
> ou espetáculo em música, Ópera – este termo
> foi adotado em francês. Neste artigo se leem

---

3   COUTINHO, Gastão Fausto da Câmara. *O Juramento dos Numes*. O texto utilizado para a análise desta obras consiste em versão publicada por Paulo Murgayar Kuhl, no endereço: <http://www.iar.unicamp.br/cepab/libretos/libretos.htm>.

4   A réplica de D. Fausto da Câmara Coutinho é mencionada pelo redator de "O Patriota" no texto aqui analisado, embora não tenha sido possível encontrá-la nas edições anteriores do periódico.

magistralmente tratados os dois momentos bem distintos do drama lírico, a saber, o momento tranquilo e o momento apaixonado; situações que produzem o recitativo e a ária. E estou persuadido que ali se aprende como e quando tem lugar as árias, que de ordinário se semeiam ao acaso: admiram-se os milagres de Metastasio; à luz desse brilhante astro se vê a criação (por assim dizer) do poema lírico; estudam-se as importantes regras de evitar discursos extensos e ociosos e a necessidade de imitar Homero no *semper eventum festinat*; e finalmente concorda-se com Grimm (autor desse precioso artigo) que o poema lírico deve ser uma cadeia de situações interessantes, tiradas do fundo do assunto, e terminadas por uma catástrofe memorável. Lembrarei de passo que o estilo de semelhante poema deve ser enérgico, natural e fácil; com graça, mas fugindo da elegância estudada.
Leio depois o artigo Lyrique, que é de M. Marmontel, a quem o poeta concederá algum conhecimento da matéria. Os modernos (diz ele) tem outra espécie de poema lírico que os antigos não tinham, e que merece melhor esse nome porque realmente é cantado: é o drama chamado Ópera. No artigo Ópera do mesmo autor se acha igualmente explicada esta espécie de drama. E o autor refere-se a sua poética francesa acerca das qualidades desse poema.[5]

No restante do artigo, o redator lança mão de várias outras referências, para, ao final, concluir com uma opinião categoricamente desfavorável ao texto do libreto; a composição não mereceria, assim, o epíteto drama ou tragédia, em razão da baixa qualidade do texto,

---

5 *Patriota, jornal litterario, político, mercantil etc. do Rio de Janeiro.* Janeiro/Fevereiro de 1814, p. 66-67.

nem tampouco de ópera, principalmente devido à necessidade do teatro lírico respeitar os preceitos dramáticos de outros gêneros.

Não é objetivo desse trabalho, no entanto, empreender uma análise estética ou averiguar a "veracidade" das avaliações contidas no artigo citado. Importa notar, a partir do trecho acima, que as composições nacionais no período não podem ser consideradas óperas, merecendo antes o título de dramas líricos ou mesmo cantatas. As óperas apresentadas ficaram restritas a algumas obras de Marcos Portugal, embora "Il Due Gemelle", reputada ao padre José Mauricio Nunes Garcia, seja considerada como pertencente ao gênero.[6] Ainda que não possam ser consideradas óperas, os libretos de tais obras permitem identificar características importantes da produção musical nacional, principalmente pela recorrência do modelo e temas escolhidos para as composições.

Ainda em 1810, o mesmo D. Gastão Fausto da Câmara Coutinho teve outra de suas composições encenada no Real Teatro do Rio de Janeiro,[7] intitulada "O Triunfo da América". Classificada como drama, a composição é estruturada em sua maior parte por diálogos e recitativos, porém, em alguns pontos, traz a indicação de trechos que deveriam ser cantados pelos atores. Segundo informações de Paulo Mugayar Kuhl, a obra foi apresentada em 13 de maio de 1810, como parte das comemorações do casamento de D. Maria Teresa com D. Pedro Carlos de Bourbon e Bragança; embora não conste no libreto informações sobre o compositor, Cleofe Person

---

6   Há dúvidas em relação a autoria dessa ópera; Ayres de Andrade cita um documento do arquivo nacional, a respeito de uma ópera que estaria sendo composta por Jose Mauricio, e daí conclui que tal obra só poderia ser Il Due Gemmele. ANDRADE, Ayres. *Francisco Manuel da Silva e Seu Tempo*. Rio de Janeiro: Tempo Brasileiro, 1967, p. 68-69.

7   Antigo teatro, de propriedade de Manoel Luis, suplantado depois pelo Real Teatro São João.

de Matos indica José Mauricio Nunes Garcia como autor da música que acompanhou a apresentação.[8]

O enredo, por sua vez, é assaz simples e tem por único objetivo saudar Dom João. A ação se inicia na cidade do Rio de Janeiro, com um diálogo entre a Vingança e a América, cena em que a primeira declara sua intenção em impedir a chegada de Dom João aos trópicos. Todavia, através da interferência da Poesia e da Gratidão, o monarca português consegue desembarcar nas praias fluminenses. Os versos finais, declamados pelo personagem do Fado, resumem de maneira clara as intenções do autor na composição do drama:

> Príncipe excelso, cujo cetro de ouro
> Dócil governa, e meiga felicita
> Ambas as casas dos Etontes fulvos:
> Herói sagrado, que baixaste à Terra
> A bem dos teus, a bem da glória tua,
> Goza ditoso em paz serenos dias;
> Faze feliz um povo que anelava
> Ver-te, gozar-te, e triunfar contigo.
> Tempo virá, (que o Fado é competente
> Futuros revelar) em que risonho
> Volvas do Tejo às lúcidas areias;
> Lá te esperam mandando avista aos mares
> Teus generosos filhos que não sabem
> Jamais degenerar, que de ti dignos,
> E apartados de ti, jamais souberam
> Riscar teu nome dos briosos peitos;
> Anima os tristes c'um sorriso ameno:
> Adoça o fel, que n'alma lhes geraram

---

8   A informação é citada por Paulo Murgayar Kuhl, na edição do libreto em questão; ainda segundo o autor, a obra foi apresentada em 13 de maio de 1810, como parte das comemorações do casamento da princesa da Beira, D. Maria Teresa, com D. Pedro Carlos de Bourbon e Bragança, e também aniversário de nascimento de D. João. Não existem referências ao compositor ou à música, mas no texto há indicações de alguns personagens que cantam. A *Gazeta do Rio de Janeiro* de 19/05/1810, ao comentar a festa, informa: "À noite houve ópera, a que foram convidados todos os membros do corpo diplomático, e coros de música debaixo das janelas do Real Palácio."

De te haverem perdido, agras suspeitas;
Co' a presença de um deus, co' a imagem tua,
Os rebeldes castiga, e anima, e preza
A grã fidelidade portuguesa. (*Vai-se.*)[9]

Além de homenagear Dom João, em outros momentos do texto o autor estabelece uma ligação entre a civilização portuguesa e sua continuidade nos trópicos; nessa caracterização, a transferência da corte aparece como um sinal de progresso para a América, que "ainda pouco dormia no seio da selvática bruteza".[10]

Essa imagem relacionada à chegada da família Real ao Rio de Janeiro é recorrente nas composições do período. Em 1811, por ocasião das comemorações do aniversário do Príncipe Regente, outro drama acompanhado de música é apresentado no Real Teatro, dessa vez de autoria de Antonio Bressane Leite e intitulado "A União Venturosa", tendo ainda o maestro Fortunato Maziotti[11] como responsável pela música. A estrutura da peça é idêntica à anterior, ou seja, é um drama em ato único, com determinados trechos acompanhados de música; as diferenças mais significativas referem-se à menor duração dessa obra e ao fato de possuir mais trechos musicados. O título, obviamente, faz referência à união entre Portugal e Brasil, representados no drama pelos gênios Americano e Lusitano; mais uma vez a América aparece como personagem principal, cuja grandeza encontra-se adormecida. Já nos primeiros versos, o Gênio Americano declara:

Mensageiro do deus que os bons premeia
Baixamos sobre vós, povos ditosos.
Eu sou o sacro Gênio, a quem foi dada

---

9 COUTINHO, Gastão Fausto da Câmara. O *Triunfo da América*. O libreto analisado consiste em versão divulgada por Paulo MurgayarKuhl, no endereço: <http://www.iar.unicamp.br/cepab/libretos/libretos.htm>.

10 *Ibidem*.

11 Músico da Real Câmara e da Real Capela.

Música e civilização   131

> A glória de reger vossos destinos.
> Sim, povos do Brasil, vós que noutra ora,
> A cerviz inclinando a negras aras,
> Só cumpríeis as leis que vos ditavam
> Do báratro horrendo as ígneas Fúrias;[12]

Em seguida, o personagem faz uma saudação ao heroísmo português, portador da luz da razão para os povos americanos. Já na segunda cena, a união entre as partes do império luso é saudada, como pode ser notado no trecho abaixo, que consiste na descrição do cenário e dos primeiros versos da segunda cena:

> Sai a América em um carro majestoso puxado por americanos; o coro e os Gênios a vão receber e, descendo do carro, diz:

> A ninguém mais do que eu, Gênios divinos,
> Pertence a alta glória deste dia,
> Dia, que o deus imenso consagrara
> Ao maior dos mortais, ao nosso Augusto,
> Para nele unir meu vasto império
> Em laços ternos ao império luso.[13]

Mais abaixo, ainda na fala da personagem América, a mesma imagem destacada na peça "O Triunfo da América" é novamente invocada, através dos versos "ao facho aceso da razão divina, das trevas da ignorância me arrancaram!",[14] em uma alusão à ação civilizadora dos europeus. Para além da homenagem ao Príncipe Regente, interessa notar que a estrutura dessas peças conta invariavelmente com a inclusão de personagens míticos e coros para

---

12 LEITE, Antonio Bressane. *A União Venturosa*. O libreto analisado consiste em versão divulgada por Paulo MurgayarKuhl, no endereço: <http://www.iar.unicamp.br/cepab/libretos/libretos.htm>.

13 Ibidem.

14 Ibidem.

comentar a ação, uma clara influência do classicismo. Além disso, a recorrência da imagem de Portugal, e de Dom João em particular, como agentes civilizadores da "selvageria" dos trópicos não é gratuita, já que se relaciona com as ações do monarca português logo após o desembarque no Rio de Janeiro, haja vista a fundação de instituições como a Capela Real.

Esses traços característicos da produção lírica do período encontram-se também na obra "O Juramento dos Numes", já referida, cuja apresentação deu-se na inauguração do Real Teatro São João. A música, como indicado no início do libreto, ficou a cargo de Bernardo José de Souza e Queirós, compositor do mesmo teatro. A estrutura segue como a mesma descrita anteriormente, ou seja, trechos recitativos, com música intercalada no decorrer da peça. Já o enredo não faz referência direta à presença do monarca português nos trópicos: a ação ocorre no Monte Etna e no Templo do Heroísmo; os numes ou divindades do título são Vênus e Vulcano, que se empenham em proteger Dom João das atribulações decorrentes da invasão francesa. Ainda assim, em determinados trechos há caracterização da heroica travessia para o Brasil:

> É do SEXTO JOÃO, que após de tantos,
> De tantos e tais reis eleva o cetro
> De assombrosos prodígios carregado,
> Quando pensavam que na história lusa
> Não teriam lugar feitos mais nobres;
> É ele o que primeiro aos reis ensina
> A curtir as tormentas fadigosas
> Que a fúria de Netuno assanha e aumenta,
> Transpondo ileso os trópicos chuvosos,
> Limites entre os quais Febo passeia;[15]

---

15 COUTINHO, Gastão Fausto da Câmara. *O Juramento dos Numes*. O libreto analisado consiste em versão divulgada por Paulo Murgayar Kuhl, no endereço: <http://www.iar.unicamp.br/cepab/libretos/libretos.htm>.

Da mesma maneira, na exaltação final à figura do Príncipe Regente, a imagem de um monarca cujo reino se estende pelos dois hemisférios também é invocada:

PRÍNCIPE excelso, que regeis clemente
O mundo antigo e novo,
Da plaga ocidental ao Sol oriente
De variado povo,
Volvei benigno os paternais luzeiros
Às ínclitas falanges d' Ulisséia,
Vereis heróis guerreiros
Que afrontando a terrível morte feia
Gritam destros co' a espada sempre em uso
VIVA o SEXTO JOÃO REGENTE LUSO.[16]

A descrição e análise dos três libretos referidos até o momento tornam patente a recorrência da estrutura e de certos temas nas peças musicais do período. No entanto, algumas variações podem ser observadas, como é o caso da obra "Augurio di Felicità", encenada na Quinta da Boa Vista em 7 de novembro de 1817, por ocasião da chegada de D. Leopoldina ao Rio de Janeiro.[17] Diferentemente das anteriores, esta obra não consiste em um drama, mas sim

---

16 Ibidem.

17 PORTUGAL, Marcos. Augurio di Felicitá. O libreto analisado consiste em versão divulgada por Paulo Murgayar Kuhl, no endereço: <http://www.iar.unicamp.br/cepab/libretos/libretos.htm>. Nessa mesma edição encontra-se reproduzida um trecho das memórias do Padre Perereca, com referências a apresentação do drama: "Na noite deste dia deu Sua Majestade, em aplauso do feliz consórcio de Suas Altezas Reais, uma magnífica serenata na sua Real Quinta da Boa Vista, para cuja função foram convidados o corpo diplomático, e os grandes do Reino. [...] começou a grande serenata na casa da audiência com uma sinfonia muito melodiosa, composta por Inácio de Freitas, músico da Real Câmara; depois o sereníssimo senhor Príncipe Real cantou uma ária, e as sereníssimas senhoras princesa D. Maria Teresa, e infanta D. Isabel Maria cantaram outras. Dadas por Suas Altezas estas reais demonstrações de júbilo, seguiu-se a execução do drama intitulado Augurio de [sic] Felicità, arranjado pelo célebre Marcos Portugal, compositor da excelente música, que foi perfeitamente desempenhada pelos músicos da Real Câmara; e terminou esta real função com um elogio também em italiano, recitado por um dos melhores músicos de Sua Majestade". Santos, Luiz Gonçalves (Padre Perereca), Memórias

em uma serenata, conforme indicação do próprio autor, Marcos Portugal; por esse motivo, os recitativos ou trechos sem acompanhamento musical são inexistentes. O autor afirma ainda que tanto a música como a poesia são de sua autoria, mas inspiradas livremente um texto original de Metastasio.[18] Já o enredo se limita a prestar homenagem ao casamento de Dom Pedro e a Arquiduquesa austríaca D. Leopoldina, por meio de sucessão de cantos e árias, entoados por personagens como Amore, Fama, Gloria, Virtù, Genio Lusitano etc.;. Embora a imagem presente nas obras anteriores não seja diretamente invocada, o desenvolvimento dos cantos tem por objetivo ilustrar a ligação entre o casamento então consumado e os elevados ideais da Virtude, objetivo assaz perceptível pela escolha dos personagens. Ao final, o compositor ainda introduz alguns versos com o intuito de prestar uma homenagem à Dom João.

A primeira das obras descritas acima estreou em 1810, e a última, em 1817, e ambas se inserem na curva de desenvolvimento ascendente da música fluminense, que se iniciou com a chegada da corte portuguesa em 1808. Malgrado o caráter declaradamente áulico dessas quatro obras, sua inserção no panorama do teatro lírico fluminense permite traçar algumas importantes considerações. Primeiramente cumpre notar que todas as obras analisadas não são óperas, mas apenas composições lírico/dramáticas com árias e outros trechos musicados; soma-se a isso o fato de que o período entre 1808 e 1813 é marcado pela inexistência de óperas estrangeiras no Rio de Janeiro, exceto por três obras apresentadas ainda

---

para servir à História do Reino do Brasil, Belo Horizonte, Itatiaia, São Paulo, Edusp, 1981, t. II, p. 138.

18 Logo no início do libreto há um esclarecimento acerca da relação da obra com a composição original de Metastasio: "A poesia também é so referido Maestro, que confessa e declara que tem geralmente se servido, em muitas situações, dos versos do imortal Metastacio [sic], e todas as vezes, ele foi capaz de ter sucesso encontrar um objeto apropriado às circunstâncias" Como visto no primeiro capítulo, a adaptação de textos de Mestastasio era comum. (Tradução do autor).

em 1808.[19] Em 1809, o padre José Mauricio Nunes Garcia aparece como compositor de duas óperas, "Ulissea" e "Due Gemelle", além do já citado drama "O Triunfo da América".[20] Outra obra lírica que pode ser reputada a um compositor fluminense intitula-se "A Verdade Triunfante", de 1811, com libreto de Antonio Bressane Leite, embora não haja indicação do autor da partitura.[21] As demais obras listadas são de autoria de Marcos Portugal, a partir de libretos originais italianos de G. Caravita e Metastasio, apresentadas em 1811 e 1812, logo após a chegada do compositor português ao Rio de Janeiro.[22] O panorama começa a alterar-se a partir de 1817 com a apresentação de óperas de Antonio Salieri, Ferdinando Paer e Vincenzo Pucitta, além de quatro obras de Marcos Portugal.[23] Ainda entre as obras relacionadas acima, apenas duas têm como compositores nomes que não estariam diretamente vinculados à estética operística italiana, o próprio José Mauricio Nunes Garcia e Bernardo José de Souza Queiroz.

O rol de obras listadas acima vem apenas corroborar o exposto nos primeiros capítulos, ou seja, o predomínio do gênero lírico

---

19   Todas as referências de apresentações líricas no período segue levantamento realizado por Paulo Murgayar Kuhl, em sua "Cronologia da Ópera no Brasil – século XIX (Rio de Janeiro). Assim, das três apresentações, uma não possui indicação do compositor; as outras duas foram compostas respectivamente por D. Cimarosa e G. Millico. KUHL, Paulo Murgayar. *Cronologia da Ópera no Brasil – século XIX (Rio de Janeiro)*. Campinas: Cepab/Unicamp, 2003, p. 3.

20   Existem controvérsias a respeito da apresentação das duas óperas de Jose Mauricio Nunes Garcia, e mesmo em relação a autoria das mesmas. Ayres de Andrade afirma que Jose Mauricio compôs apenas uma ópera, "Due Gemelle", por ocasião do aniversário de D. Maria I. ANDRADE, Ayres, *op. cit.*, p. 68-69.

21   A respeito da obra, Paulo Murgayar Kuhl informa que o libreto se encontraria no IEB-USP, embora não tenha sido possível localizá-lo. Além disso, não há referência sobre a apresentação da obra, apenas da publicação do libreto, informação colhida na Gazeta do Rio de Janeiro. KUHL, Paulo Murgayar, *op. cit.*, p. 17.

22   Ibidem., p. 3.

23   São elas: "Merope", com libreto de M. Boturrini; "O Sapateiro", com libreto de G. Foppa.

italiano na cidade do Rio de Janeiro nos anos posteriores à chegada da corte portuguesa. Mesmo destacando-se a presença do idioma português em três dos libretos descritos, importa notar que a partir de 1817 as composições em vernáculo praticamente desaparecem dos palcos. Aliás, é emblemático que esse ano marque também a apresentação de "Augurio de Felicità", de Marcos Portugal: contrastando com as obras anteriores, a serenata do compositor reinol foi composta em italiano, embora possuindo uma temática de teor patriótico.[24] A partir disso, o Real Teatro São João passa a ser o palco por excelência de temporadas líricas estrangeiras, e o nome de Marcos Portugal aparece como único representante "nacional" entre os europeus Rossini e Pucitta.[25]

Ainda assim, se a relação das obras e compositores permite destacar o predomínio do teatro lírico italiano, algumas considerações são necessárias para matizar o desenvolvimento do gênero no Rio de Janeiro. Primeiramente, é necessário destacar que o teatro lírico italiano já havia se consolidado na Europa, e o enorme sucesso de Giacomo Rossini e outros compositores daquele país nos teatros europeus atesta tal fato.[26] Por outro lado, ainda que a ópera italiana fosse cultivada e reconhecida em Portugal, as dificuldades materiais encontradas pela corte no Rio de Janeiro com certeza inibiram qualquer tentativa de estabelecimento imediato de temporadas líricas.[27] Diante desse quadro, instituições como a Capela Real e o Real

---

24 O termo patriótico aqui se refere à exaltação da figura de Dom João VI e pela exaltação do reino português e sua missão civilizadora nos trópicos.

25 O nacional aqui se refere à condição de Marcos Portugal como indivíduo radicado no Rio de Janeiro; as obras do compositor, no entanto, seguem o padrão da ópera italiana. Vale destacar ainda que a menção a uma obra de Jose Mauricio Nunes Garcia, "Due Gemelle".

26 Ver nota 27, capítulo 1.

27 A maioria dos temas relacionados às dificuldades materiais foram citados nos capítulos anteriores, e podem ser simbolizadas pela falta de instrumentos, compositores, cantores e mesmo teatros com condições mínimas.

Teatro São João, fundadas ou auxiliadas diretamente pelo poder público, foram necessárias para o surgimento de condições mínimas para a produção e manutenção da atividade musical. Assim, se em um primeiro momento essas obras de caráter áulico foram compostas no idioma pátrio, o estabelecimento de teatro, compositores e músicos mais afeitos à estética operística italiana suplantaram definitivamente tais composições. Aliás, convém notar que as ações do monarca português em favor do desenvolvimento da atividade musical no Rio de Janeiro encontram ressonância nas temáticas das obras analisadas acima, principalmente através da imagem de um monarca civilizador dos trópicos.

Por outro lado, é certo que a imagem de Dom João construída e veiculada nos libretos decorre diretamente dos objetivos proclamados por seus respectivos autores, ou seja, são obras líricas produzidas para datas comemorativas relativas à Família Real, com aspirações marcadamente áulicas. É inegável, porém, que tanto na temática das obras quanto no próprio desenvolvimento da atividade musical na capital fluminense existe uma necessidade urgente de se estabelecer uma continuidade das instituições europeias nos trópicos. Em outras palavras, a ação civilizadora postulada para a atividade musical do período tem como vetor, em um primeiro momento, a necessária presença do teatro lírico italiano na cidade, como fator de progresso das artes nacionais.

Essa estreita ligação entre música e um ideal de progresso e civilização já foi referida em diversos momentos, constituindo-se um dos tópicos mais importantes para os homens de cultura do período. Nesse sentido, cumpre destacar que a estrutura e a temática dos libretos analisados até o momento, inclusive no que concerne ao caráter áulico dos mesmos, também são reiterados ao longo do Oitocentos. Dessa forma, em 1837, no período marcado pelo recesso das temporadas líricas no Rio de Janeiro, o Teatro Constitucional

138   Renato Aurélio Mainente

Fluminense assiste à apresentação de uma obra escrita por Manoel de Araújo Porto Alegre, com música do maestro Cândido Inácio da Silva, intitulada "Prólogo Dramático".

A obra em questão foi apresentada em homenagem ao aniversário de Dom Pedro II, em dois de dezembro de 1837. Ainda que seja possível identificar semelhanças em relação aos libretos anteriores, algumas diferenças significativas merecem destaque. Primeiramente, como o próprio título indica, a ênfase da obra encontra-se em seu aspecto dramático; no entanto, a indicação de um compositor no frontispício do libreto indica que a música desempenha papel importante no espetáculo, o que permite a inclusão do mesmo no conjunto de textos selecionados para a análise. Merece atenção, também, o fato de a obra ter sido escrita em língua portuguesa, característica que se relaciona antes com as dificuldades enfrentadas pela atividade musical do período, do que com um ideal patriótico.[28]

Já em relação ao enredo do "Prólogo Dramático", cumpre notar novamente o objetivo declarado do autor, ou seja, uma homenagem ao aniversário de Dom Pedro II, o que permite relacioná-la diretamente com as obras analisadas anteriormente. O libreto, por sua vez, não é extenso, e mesmo o rol de personagens listados no início do texto não deixa dúvidas a respeito do motivo patriótico da obra: Anjo da Verdade, Brasil, Satã e a Folia como personagens principais, acrescidos de Gênios Infernais, duas Províncias e figuras alegóricas representando a Ciência e as Artes. O enredo é bastante simples e subordinado ao motivo declarado do autor; ainda assim, uma análise mais detalhada se justifica pelos ideais associados à figura de Dom Pedro II. Caracterizado como uma jovem nação, o

---

28   Como visto nos primeiros capítulos, o período foi marcado pela ausência das temporadas líricas e decadência da atividade na capela real. O tema do teatro lírico cantado em português e como fator preponderante para sua consideração como obra arte nacional, aparece com mais vigor a partir do final da década de 50 do Oitocentos.

Brasil é abordado por Satã e suas hostes infernais, os quais buscam corromper a unidade e o progresso do país. Para alcançar tal meta, e entre os vários vícios invocados, aparece a personagem da Folia como principal articuladora da derrocada do "Jovem Brasil, que agora enceta a marcha das nações".[29] Obviamente o personagem principal resiste ao apelo infernal, sendo abençoado pelo Anjo da Verdade em sua marcha rumo ao progresso, acompanhado de um elogio ao Imperador:

> Uma leve lição. Ah não manchemos
> Este dia feliz em que nascerá
> Aquele que te aguarda um bom futuro;
> Não cubramos de dó terna esperança,
> Q'o porvir nos volteja em torno ao trono.
> Trata de conservar, que ele zeloso
> Mil canais traçará sobre teu solo,
> Abrirá seu palácio e peito augusto.
> As Ciências e as Artes e áurea Indústria.[30]

Ainda que o valor artístico de tal obra seja questionável, a descrição do enredo e do trecho reproduzido acima evidencia a oposição entre o progresso das artes e indústrias no país e os entraves a esse processo, representados pela personagem da Folia. Essa alegoria tem relação direta com o postulado para a atividade musical do período, principalmente na desconsideração de manifestações mais lúdicas ou festivas.[31] A oposição, portanto, não é gratuita, principalmente considerando sua veiculação em uma manifestação musical destinada ao elogio da figura imperial e encenada em data festiva. Além

---

29 PORTO ALEGRE, Manuel de Araújo. *Prólogo Dramático*. O libreto utilizado consiste em versão publicada por Paulo MurgayarKuhl, disponível em: <http://www.iar. unicamp.br/cepab/libretos/libretos.htm>.

30 *Ibidem*.

31 Como visto nos capítulos anteriores, não foram poucas as manifestações contra os exageros do entrudo e caracterização depreciativa da música praticada por negros ou escravos.

disso, se nas obras anteriores a figura de Dom João aparece como destinada a civilizar os trópicos, no libreto de "Prólogo Dramático" o novo imperador tem por missão garantir a continuidade da marcha do país rumo ao progresso.

É certo que as obras citadas até o momento respondiam a propósitos bastante específicos, ou seja, são cantatas ou dramas líricos com objetivo de homenagear figuras reais por ocasião de aniversários ou outras datas comemorativas. Nesse aspecto, a estrutura utilizada pelos autores em suas composições não poderia apresentar uma variação significativa, e mesmo os temas deveriam se submeter ao objetivo declarado; em resumo, são obras cujo caráter áulico sobrepõe-se a qualquer outra intenção dramática ou artística. Não obstante essa particularidade, tal condição não desqualifica uma série de regularidades identificadas nesse conjunto de textos, associadas principalmente com a representação dos imperadores e figuras da corte, e mesmo com a própria atividade musical. Assim, é significativo que, mesmo depois de um intervalo considerável de tempo, em cantatas e dramas líricos de diferentes autores e dedicados a louvar figuras imperais distintas, subsista como missão a ação civilizadora nos trópicos, missão que possuía entre seus objetivos a reprodução de instituições do Velho Continente na "jovem nação". A estrutura praticamente invariável das obras, por sua vez, indica que no Rio de Janeiro do Oitocentos as formas musicais de origem europeia eram as mais adequadas para a expressão de "sentimentos" elevados; assim, é possível afirmar que as comemorações e representações referentes aos Imperadores encontram seu veículo por excelência nas cantatas e drama líricos criados a partir dos modelos europeus.

Mesmo em ocasiões em que o texto propriamente dito não fazia parte integrante da apresentação, a inspiração patriótica fazia-se presente sob outras formas. Foi o caso, por exemplo, de um balé intitulado "A União do Império", apresentado em 02 de dezembro de 1860, também em comemoração ao aniversário do Imperador Dom Pedro II. No programa publicado por ocasião da apresentação, são listados os personagens e o enredo da "mímica e baile", além do coreógrafo, José Luis Vecchy; não há indicação do nome do compositor. Por tratar-se de uma alegoria, os personagens representam a Corte e as Vinte Províncias, além dos numes da Providência, Discórdia etc. Sob o título de "argumento", a ação descrita no programa inicia-se com as reclamações das províncias a respeito da pouca atenção dispensada pela Corte às suas dificuldades. Esse conflito serve, no entanto, apenas para que a Corte afirme seus votos de dedicação junto a todas as regiões, indistintamente. Acompanhemos alguns trechos do argumento:

> O Anjo (a Providência) diz que o Núncio do Eterno que vela sobre o Brasil: que quando é preciso, ele sempre aparece; que as Províncias devem ter fé no Tempo; que tudo não se faz em um dia; que a Corte não há de suplantar as outras capitais, nem há razão para haver ciúme, nem ideia alguma de descentralização. Diz que – da união nasce a força – Que as Províncias estão em erro quando atribuem seus males à Corte. A capital do Império é o coração do corpo social: dele emana a vida e o vigor. [...]. Confiando em seus recursos, sem a Discórdia que as desorganize, correm as Províncias a abraçar a Corte; então o Tempo, regozijando-se disso, faz tudo para manifestar-lhes o brilhante futuro que as espera.[32]

Deve-se sublinhar, mais uma vez, que se trata de uma ocasião festiva, uma homenagem ao aniversário de Dom Pedro II. Ainda assim, a temática com referências ao contexto político e aos apelos à união das províncias parece dirigir-se antes ao público do que a

---

32 *A União do Império*. Rio de Janeiro: Tip. Paula Brito, 1860, p. 9-10.

Dom Pedro II. Em outras palavras, a ocasião serviu não apenas para a exaltação patriótica, mas também para a veiculação de uma mensagem "pedagógica" ou moralizante para os espectadores.

No entanto, ainda que a obra acima seja significativa para a indicação da existência de composições diversas das óperas e cantatas, deve-se reconhecer o predomínio do teatro lírico no período. Assim, a partir da retomada das temporadas líricas no final da década de 40 do Oitocentos e com o consequente aporte de artistas estrangeiros na cidade, o tema do idioma nacional também passou a figurar nas considerações acerca da atividade musical. No que tange aos libretos, o idioma italiano foi considerado, inicialmente, o mais adequado para tal composição, mesmo quando o objetivo era a criação de óperas ou cantatas de inspiração patriótica. Posteriormente, a presença do idioma nacional passou a figurar como necessária para a caracterização de uma ópera como nacional.

Assim, em um primeiro momento, predominaram obras como a cantata intitulada "Il GenioBenefico Del Brasile", datada de 1847. Embora o libreto não indique a data da apresentação ou se a mesma destinava-se a alguma homenagem específica, outras informações não menos relevantes podem ser destacadas. Em expediente comum no período, o libreto foi originalmente escrito em português, por Antonio José de Araújo e posteriormente traduzido para o italiano, para só então ser musicado. O trabalho de tradução coube a L. G. F. Vento,[33] ficando ao maestro Giacomo Gianini[34] a responsabilidade pela partitura. A cantata em questão apresenta personagens

---

33   Segundo Ayres de Andrade, Luis Vento foi "professor de canto, violão francês, violoncelo e vários outros instrumentos, ensaiador do coro do Teatro Provisório, e, de acordo com os anúncios, lecionou de 1848 a 1854." ANDRADE, *op. cit.* p. 245.

34   Giacomo Gianini, regente italiano, chegou ao Rio de Janeiro em 1846 e exerceu o cargo de chefe de orquestra em diversos teatros do Rio de Janeiro.

e desenvolvimento dramático[35] semelhante às obras analisadas anteriormente: com apenas três cenas, o enredo alegórico consiste em um embate entre o Gênio Maléfico e a Discórdia, de um lado, e o Brasil, de outro. Obviamente, os primeiros têm por objetivo impedir a ascensão do Brasil entre as grandes nações, situação essa resolvida graças à intervenção do personagem Gênio Benéfico. Ao final, além do já citado gênio, aparecem as personagens da La Verità, Amazzona e Nichteroy, proclamadas como guardiões e responsáveis pelo progresso da nação, acrescido ainda da inevitável menção ao Imperador Dom Pedro II:

Amazona
O Céu de ao Brasil
Em Dom Pedro um emblema de paz
Sem medo da astuciosa falácia
Grande seu reino sempre será.
(...)
Verdade
Olha o céu como resplandece
no brilhante hemisfério
o quinto astro Brasileiro
Por você brilha no céu.
Coro
Amazônia e Niteroi
Ofertam ao Gênio Brasileiro
O que está em seu poder
Tudo quanto em todo o mundo.[36]

---

35 De acordo com a definição de Jean Massin, na obra História da Música Ocidental, o gênero da cantata constituía-se de uma "peça vocal composta de várias partes, para uma ou mais vozes, incluindo por vezes, um coro e acompanhamento de cravo e orquestra, que se destinava a concertos ou à igreja, mas jamais ao teatro. (...) Na França, com a introdução de um elemento dramático na cantata profana, a cantate française tornou-se uma ópera em miniatura." MASSIN, Jean, op. cit., p. 25.

36 ARAÚJO, Antonio José. Il Genio Benefico Del Brasile. O libreto analisado consiste em versão divulgada por Paulo MurgayarKuhl, no endereço: <http://www.iar.unicamp.br/cepab/libretos/libretos.htm>. No original: "AMAZZONA. Il Cielo ti diede o Brasil/In Don Pedro l'emblemmadipace/Non temer dell'insidiafallace/

Além da reiteração das imagens encontradas nos demais libretos analisados até o momento, cumpre notar a inserção de dois personagens alegóricos de cunho indianista, como símbolos e guardiões da nação. Embora esse emprego de figuras indígenas no papel de divindades constitua um traço original de "Il Genio Benefico Del Brasile", tal originalidade se restringe obviamente à sua utilização em uma obra musical; ademais, a afirmação nacionalista por meio da utilização de motivos indianistas já era empregada na literatura do período.[37]

Aliás, considerando-se o volume de óperas nacionais então produzidas, a utilização de temáticas indianistas é expressiva. Ainda em 1852, João Antonio de Miranda, então diretor do Teatro Provisório, descreve suas iniciativas para a criação de duas óperas nacionais, em virtude das comemorações do dia 07 de setembro e 02 de dezembro, essa última relativa ao aniversário de Dom Pedro II. O projeto inicial, como já referido nos capítulos anteriores, visava a composição de "uma ópera em italiano, cujo assunto seja nacional",[38] mas acabou se transformando em uma cantata composta em português

---

Sempre grande iltuoRegnosarà.(...)VERITÀ. Mira in ciel come risplende/ Brillantissimoemisfero/Unquint'astroBrasiliero/Per te splende in/cielcosì. CORO. Amazzoni e Nichteroy/Offre al genioBrasiliero/Quanto resta in suo poter/Tutto quanto il mondo intiero." Il Genio Benefico Del Brasil, p. 3-4.

37   Segundo Antonio Candido: "A forma reputada mais lídima da literatura nacional foi todavia, desde logo, o indianismo, que teve o momento áureo do meado do decênio de 40 ao decênio de 60, decaindo a partir daí até que os escritores se convencessem de sua inviabilidade. Naquele momento, porém, encontrou em Gonçalves Dias e José de Alencar representantes do mais alto quilate. As suas origens são óbvias: busca de um específico brasileiro, já orientada neste sentido (como meia consciência do problema) pelos poemas de Durão e Basílio e as metamorfoses de Diniz, além duma crescente utilização alegórica do aborígine na comemoração plástica e poética. CANDIDO, Antonio. *Formação da Literatura Brasileira* (*momentos decisivos*). Belo Horizonte: Itatiaia, 1981, v. II, p. 18.

38   Ayres de Andrade cita diversos trechos dos relatórios enviados pelo diretor do Teatro Provisório a Dom Pedro II, informando o andamento dos trabalhos. Para melhor ilustrar as expectativas em torno da criação de uma ópera nacional, reproduzimos aqui os diversos excertos, retirados da obra "Francisco Manuel da Silva e Seu Tempo." ANDRADE, Ayres, op. cit. p. 83.

Música e civilização 145

e intitulada "Véspera dos Guararapes". No mesmo relatório enviado ao imperador, em que relata o projeto destinado às comemorações da Independência, o diretor do Teatro Provisório informa ainda que: "O mesmo sucederá para o dia 02 de dezembro; mas para esse dia pretendo animar o zelo dos nossos literatos oferecendo-lhes um prêmio".[39] Estabelecido o concurso para composição do libreto da ópera destinada a subir aos palcos em dezembro, nos relatórios posteriores, também enviados ao imperador, são informados os progressos alcançados na execução do projeto; assim no de 26 de agosto lê-se o seguinte:

> Tenho a satisfação de depositar nas Mãos Augustas de Vossa Majestade Imperial a inclusa ópera por cópia, intitulada "Moema e Paraguaçu". Ela foi composta pelo Dr. Francisco Bonifácio de Abreu. Não o pude ler ainda, nem portanto apreciá-la. Hoje recebi outra, composta por Miguel Alves Vilela, cujo título é "Moema". Vou mandá-la copiar, a fim de fazê-la chegar ao Alto Conhecimento de Vossa Majestade Imperial. Esses dois autores tiveram o mesmo pensamento. Seus trabalhos vão ser remetidos ao Conservatório Dramático.[40]

No relatório subsequente, de 06 de setembro, outra composição é mencionada: "Lindoia, nova ópera nacional. Recebi hoje essa ópera de Ernesto Ferreira França Filho, que se não havia inscrito. Vou dar-lhe o mesmo destino que as outras."[41]

O "mesmo pensamento" dos dois primeiros autores, citado acima pelo diretor do Teatro Provisório como mera coincidência, indica que a temática de inspiração indianista não era critério para a

---

39   Ibidem, p. 86.

40   Ibidem, p. 87.

41   Ibidem, p. 87.

admissão dos libretos; ainda assim, os três autores escreveram seus textos a partir dessa temática, elegendo-a como o traço fundamentalmente "nacional" de suas óperas. A iniciativa de João Antonio de Miranda, porém, não surtiu o efeito desejado, uma vez que apenas um dos libretos foi efetivamente encenado: segundo Ayres de Andrade, "Moema e Paraguassu" chegou de fato a ganhar os palcos do Rio de Janeiro, em 29 de julho de 1861, em montagem realizada pela Imperial Academia de Ópera.[42]

Porém, em 1857, em lugar de concursos e apresentações esporádicas, o projeto de criação de uma ópera nacional se institucionalizou através da fundação da Imperial Academia de Música e Ópera Nacional. A criação da instituição mostra uma maior organização para o desenvolvimento da música na capital fluminense, mas os parâmetros para a produção musical permaneciam inalterados; a própria montagem de "Moema e Paraguassu", quase dez anos depois de sua composição, apenas reforça essa disposição. Aliás, os libretos do referido concurso foram também impressos no período de funcionamento da Imperial Academia, ação que visava, de maneira evidente, a adoção desses textos em espetáculos organizados pela instituição. Mesmo sem ter sido representado, o primeiro libreto publicado foi "Lindoia", em 1859, seguido de "Moema" e "Moema e Paraguassu" no ano seguinte.

Na edição de 1860 do libreto de "Moema e Paraguassu", que traz como subtítulo "episódio da descoberta do Brasil", a obra é classificada como ópera lírica em três atos, escrita por Francisco Bonifácio de Abreu, e vertida para o italiano por Ernesto Ferreira França.[43] A edição em questão possui as duas versões da obra, o

---

42 ANDRADE, Ayres, op. cit. p. 105.

43 Ver nota 27, primeiro capítulo. Ainda que a Itália tenha alcançado a supremacia no gênero operístico durante o barroco, segundo Jean-François Labie os compositores italianos ainda eram, no início da era romântica, "senhores da ópera, e que a eles apenas conseguiam resistir uma certa tradição francesa e aqueles *nouveaux venus*,

Música e civilização 147

texto original em português e a tradução para o italiano; além disso, o autor incluiu também uma introdução intitulada "apontamentos históricos", com esclarecimentos sobre o episódio no qual se baseou para a composição do libreto.[44] O libreto da ópera de Ernesto Ferreira França não apresenta nenhuma novidade significativa, ficando a inspiração patriótica restrita à escolha do assunto; o desenvolvimento dramático segue, em geral, os desdobramentos da narrativa na qual o autor se baseou. Dessa forma, no que tange aos libretos de "Moema e Paraguassú" e também de "Moema", cumpre notar apenas que os dois escritores foram buscar inspiração no poema épico do Frei Santa Rita Durão, "Caramuru", escrito em 1781.[45]

Já o libreto de "Lindoia", uma tragédia lírica em quatro atos escrita por Ernesto Ferreira França, foi publicado em 1859 e, diferentemente

---

os alemães que haviam recuperado com talento suas formas de teatro popular cantado, o *Singspiel* (...)." LABIE, Jean-François. A ópera de Cherubini a Rossini. In: MASSIN, Jean, op. cit., p. 648. No Brasil, ao menos no período destacado, o italiano ainda era considerado a língua ideal para o canto, como mostram as composições de óperas nacionais naquele idioma.

44 ABREU, Francisco Bonifácio. *Moema e Paraguassu*. Rio de Janeiro: Typ. Regenerador, 1860. Os apontamentos históricos narram de maneira sucinta os sucessos alcançados por Diogo após o naufrágio de seu navio nas costas brasileiras em 1532. Após o naufrágio, Diogo se salva dos indígenas graças às armas desconhecidas dos habitantes das Américas; utilizando-se delas, o marinheiro auxilia o da tribo, Tapyra, na batalha contra uma tribo inimiga. Devido ao auxílio nessa Vitório, Diogo recebe a filha do chefe indígena, Paraguassú, e outra jovem de nome Moema como esposas. Porém, por saudade da pátria, Diogo embarca em um navio ancorado na costa, levando consigo Paraguassú. Moema então, desesperada, joga-se na água em busca da embarcação e morre gritando pelo nome de Diogo.

45 Frei José de Santa Rita Durão nasceu em 1722 em Cata Preta, no distrito de Mariana, Capitania de Minas Gerais. Para Antonio Candido, "O Caramuru, embora seguindo os cânones da epopeia (ao contrário do "Uruguai", que os recria a seu modo) denota no embalo narrativo, na preocupação etnográfica, na fidelidade histórica, no sentimento das diferenças culturais, o escritor do século XVIII. Digamos, para resumir, que sendo o mais antiquado dos poetas brasileiro do 'grupo mineiro', Durão é um homem à parte, inclusive pela importância que atribui na sua obra à inspiração religiosa; à parte, todavia, mais das escolas que do tempo". CANDIDO, Antonio, op. cit. v. I, p. 178.

do anterior, apenas em português. Aliás, a publicação de "Moema e Paraguassu" em edição bilíngue indica que a tradução foi realizada para o italiano visando justamente a apresentação da ópera, uma vez que tanto "Lindoia" quanto "Moema" foram editados apenas em sua versão original. O fato das duas últimas não terem alcançado os palcos fluminenses, no entanto, não constitui obstáculo para sua inclusão no conjunto de fontes aqui analisados, visto que a própria publicação dos libretos constitui clara indicação do prestígio reservado ao teatro lírico e aos esforços em direção à criação de uma ópera nacional. Para tanto, o assunto tratado no texto de "Lindoia" não poderia ser mais adequado, já que se trata de uma tragédia lírica de inspiração histórica, ambientada nas Missões do sul do país durante a segunda metade do século XVIII.[46] Diferentemente dos dois libretos anteriores, cabe uma descrição mais detalhada do libreto de "Lindoia" devido ao fato de algumas cenas possuírem pendor patriótico mais acentuado. Como personagens principais, além dos indígenas Guayacambo, Cepé e Lindoia, são indicados Frei Lourenço, dois comandantes das esquadras portuguesa e espanhola, respectivamente Andrade e Menezes, e demais integrantes da missão. O primeiro ato inicia-se com uma reunião dos missionários, ocasião em que o autor, por meio da fala inicial de Frei Lourenço, traça um dos vetores do desenvolvimento da peça:

> Ei-la a mensagem que enviou-me o chefe
> Das coligadas forças, transmitindo
> Ordens que em Portugal lhe foram dadas,
> Mais críveis de esperar de iníquo mouro
> De que um rei piedoso. Oh! Quão mudados.[47]

---

46 FRANÇA, Ernesto Ferreira. Lindoia. Leipzig, 1859, p. 9.

47 O libreto de Ernesto Ferreira França foi inspirado pelo poema épico "Uruguai", de Basílio da Gama. Segundo Antônio Candido, "o assunto é a expedição mista de portugueses e espanhóis contra as missões jesuíticas do Rio Grande, para executar as cláusulas do tratado de Madri, em 1756; [...]" CANDIDO, Antônio, op. cit., p. 127.

A esses primeiros versos, segue-se um extenso monólogo de Frei Lourenço em que enaltece a Igreja e condena as ações empreendidas por Portugal e Espanha que visavam à expulsão dos jesuítas e o desmantelamento das missões. Esse contexto, por sua vez, é utilizado por Ernesto Ferreira França como entrave à união dos dois protagonistas, Lindoia e Guayacambo, caracterizados a partir de convenções românticas; assim, embora destinados a se unirem sob a benção da Igreja, o amante de Lindoia é obrigado a partir a pedido de Frei Lourenço, portador de uma mensagem à esquadra que se aproxima. O segundo ato se inicia com um dueto dos dois protagonistas, interrompido pelos sinos que anunciam a aurora e, consequentemente, a partida de Guayacambo. Ainda no decorrer do segundo ato, o personagem Cepé é introduzido na trama, descrito como rival de Guaycambo na conquista de Lindoia. O terceiro ato começa com uma conferência entre Andrada e Menezes, no acampamento das forças invasoras; no diálogo, os índios são mencionados como guerreiros orgulhosos e hábeis, sendo possível subjugá-los apenas pela força das armas. Nesse ponto, Andrada faz uma comparação explícita entre a bravura dos índios e a dos cavaleiros europeus:

> Mas tente-se primeiro os doces meios
> De brandura e de amor; se isso não basta,
> Farei a meu pesar um último esforço.
> Repugna-me, porém, devoto povo
> E ignaro exterminar, o qual na vida
> Preço não põe algum, e cujos filhos
> Sabem morrer em sua rudez simples
> Como da Europa o esplêndido guerreiro.[48]

No mesmo diálogo entre os dois comandantes, Menezes descreve as diversas tribos como pertencentes a uma mesma nação:

---

48 FRANÇA, Ernesto Ferreira, op. cit. p. 62.

Árduo assunto abordai, General: devo
Dizer-vos que são meras conjecturas
Ao que atingir se pode com os dados
Que reunir possível me tem sido.
Não duvido porém, segundo entendo,
De que os Brazis são uma nação, todos,
Que dividida em hostes avassala
A maior área das regiões desse austro.[49]

A descrição das tribos continua, e quando a atenção volta-se para os índios ocupantes da missão jesuítica, o autor empreende uma curiosa comparação entre Lindoia e Helena de Troia:

Com efeito, se crédito devemos
Das às informações que recolhidas
Hão sido ultimamente, nova Helena,
Lindoia venustissima a discórdia
Tem semeado nos campos de Agramante
Com formoso luzir dos puros olhos.[50]

Após o diálogo entre Andrade e Menezes, em que transparece a relutância dessas personagens frente à guerra com os gentios, o terceiro ato prossegue com o encontro entre os emissários vindos da missão jesuítica e os comandantes da esquadra. A ação portuguesa encontra, assim, sua justificativa nos seguintes versos:

Valoroso inimigo, é toda engano
A crença em que viveis sobre o bondoso
Propósito do Rei que aqui me envia.
Não é a escravidão e a miséria
Que ele, benigno, quer que o fruto seja
Da sua proteção. Esse absoluto
Império ilimitado que exercitam
Em vós os padres, como vós vassalos;
É império tirânico que usurpam.

---

49 FRANÇA, Ernesto Ferreira, op. cit. p. 62-63.

50 Ibidem, p. 65.

Nem são senhores, nem vós sois escravos:
O Rei é vosso pai; quer-vos felizes,
Não sendo aqui, em outra qualquer parte;
Mas deveis entrega-nos estas terras,
Ao bem público cede o bem privado,
O sossego da Europa assim o pede;
Assim o manda o Rei. Vós sois rebeldes,
Se não obedecerdes.[51]

Após a defesa dos dois emissários da liberdade dos povos que ali vivem e a negativa em submeter-se a autoridade do Rei, as duas partes fazem uma declaração formal de guerra e prometem encontrar-se novamente no campo de batalha.[52]

O último ato apresenta, em seu início, as orações de Frei Lourenço e os demais eclesiásticos, juntamente com Lindoia, quando são interrompidos pelos relatos que chegam do campo de batalha; ao final, a missão é conquistada e os personagens Guayacambo e Cepé acabam mortos. O drama da personagem principal, no entanto, ocupa lugar marginal no desfecho da obra, já que a ária em que Lindoia expressa sua dor não consiste na cena final da ópera. Ao contrário, a peça termina com um sermão de Frei Lourenço, ocasião em que o autor insere uma citação do padre Filinto Elisio:[53]

Que espetáculo grandioso se me antolha?!
Brotam cidades do ermo...
Nações gigantes o Universo admira...
Neste limpo terreno
Virá assentar seu trono
A sã filosofia mal aceita,
E leis mais brandas regerão o mundo,

---

51 *Ibidem*, p. 73-74.

52 *Ibidem*, p. 74-79.

53 Filinto Elísio, pseudônimo do padre Francisco Manuel do Nascimento (1734-1819), foi um poeta português; Ernesto Ferreira França não indica de qual obra foi retirado o trecho citado.

Quando homens mais humanos
Com o raio da Verdade a luz espalhem.[54]

Por fim, antes de cair o pano, há uma obrigatória menção ao Imperador Dom Pedro II:

Eu vejo, eu vejo um Príncipe
De essência Divinal
Erguer o solio olímpico
De um cetro sem rival.
Delle ao abrigo a América
Da guerra se esquece
E reina a paz esplêndida
Neste hemisfério seu.[55]

Como fica evidente pela descrição do enredo e pelos trechos reproduzidos, Ernesto Ferreira França pretende compor, sobretudo, uma obra de caráter patriótico; em outras palavras, o desenvolvimento da ópera fica antes subordinado à necessidade de exaltação da nação, e, consequentemente, da figura do Imperador, do que aos aspectos dramáticos relativos aos protagonistas.

Essa característica, encontrada também nas obras anteriores, justifica-se pelas circunstâncias em que tais libretos foram compostos, ou seja, em resposta ao concurso instituído pelo diretor do Teatro Provisório. Aliás, a edição de "Lindoia" aqui referida tem como anexo os pareceres emitidos pelo Conservatório Dramático, datados de 13 de fevereiro de 1852. Ainda que não exista um consenso entre os avaliadores, os cincos pareceres possuem pontos em comum que merecem ser mencionados, permitindo avaliar as expectativas da comissão em relação à composição de uma ópera nacional. O primeiro parecerista defende o libreto de "Lindoia" como vencedor,

---

54 FRANÇA, Ernesto Ferreira, op. cit. p. 107. O trecho reproduzido é indicado como de autoria de Filinto Elisio.

55 Ibidem., p. 107-108.

mas sem se estender nas análises ou comparações. E mesmo essa obra, assinala o autor do parecer, possuiria defeitos cuja correção seria necessária para que a correta montagem fosse possível:

> Qualquer um dos três mostra em seus autores não muito estudo das composições lírico-dramática: "Lindoia" tem cena mui longas e pedaços imensos; será difícil achar uma dama que se encarregue do papel de Lindoia, se tudo quanto está escrito for posto em música; mas ao maestro ficará fazer a redução em justas proporções. Também para o arranjo teatral talvez conviesse mudar o final: ou este há de ser a morte de Lindoia ou a retirada dos padres: ambas as coisas parecem-me demais. E todavia a cena final é tão boa, que de modo nenhum proponho a sua supressão: o maestro que se arranje como pode.[56]

O parecer seguinte, embora também exalte as qualidades dramáticas de "Lindoia", considera "Moema" o melhor libreto, fazendo ao primeiro as mesmas objeções relativas à extensão do texto, considerado incompatível com a "arte de Rossini". Nessa segunda avaliação há, além de uma descrição mais detalhada das obras, os critérios que orientaram o concurso e a avaliação dos textos:

> O concurso de que se trata, segundo espírito da Direção do Teatro, não é dramático, mas lírico; não é o de uma tragédia, mas sim o de um libreto: a direção, querendo nacionalizar a ópera, quer com este promover os progressos da arte de fazer libretos, que tem que trabalhar ainda muito até que chegue a consertar a língua portuguesa para este fim, e ajuntar um grande número de frases harmônicas e melódicas, que

---

56 Pareceres sobre as três composições líricas Lindoya, Moema e Moema e Paraguassu, apresentadas ao Conservatório Dramático em Sessão de 13 de fevereiro de 1852. In: Op. cit., p. 111.

não entrecortem asperamente a melodia da música: a melopéia é uma arte.[57]

Após elencar mais algumas dificuldades para a adaptação do idioma português para o teatro lírico, o autor comenta aspectos de outra obra, "Moema e Paraguassu"; nesses comentários, destaca-se a crítica relativa aos "anacronismos" cometidos pelo escritor do libreto:

> Nada direi de Moema e Paraguassú por me parecer mais abundante de anacronismos de ideias. Não é permitido, segundo as leis de arqueologia dramática, a um selvagem do tempo de Caramuru, falar em coisas de que não pode ter ideias e muito menos saber-lhes os nomes. Nos sujeitos primitivos há sempre a imensa dificuldade de não confundir os tempos, e de fazer sempre atuar-se o mundo do coração no cimento de suas ideias; sem isto não há fisionomia própria, o caráter do homem primitivo e as feições americanas.[58]

Mas não apenas a falta de uma adequada caracterização do "homem primitivo" é censurada; a própria constituição do "quadro" histórico não mereceu, segundo o avaliador, a devida atenção dos escritores: "os nossos três poetas deixaram um tanto a margem o fundo de seus quadros, que é sempre um grande complemento da ação, e a característica que o localiza e remata histórica e poeticamente."[59] Ainda que a tais libretos faltasse a partitura, o reparo feito à caracterização dos personagens e à ambientação revela

---

57 Pareceres sobre as três composições líricas Lindoya, Moema e Moema e Paraguassu, apresentadas ao Conservatório Dramático em Sessão de 13 de fevereiro de 1852. In: FRANÇA, Ernesto Ferreira, op. cit., p. 112-113.

58 Ibidem, p. 113.

59 Pareceres sobre as três composições líricas Lindoya, Moema e Moema e Paraguassu, apresentadas ao Conservatório Dramático em Sessão de 13 de fevereiro de 1852. In: FRANÇA, Ernesto Ferreira, op. cit., p. 114.

Música e civilização

um traço significativo da produção musical do período, a saber, a inserção de caracteres locais no texto das óperas, para que as mesmas fossem consideradas nacionais.

Os demais pareceres seguem o padrão descrito até o momento, ou seja, avaliam o libreto de "Moema" como mais apto para ser posto em música, sem, no entanto, deixar de exaltar as qualidades poéticas dos demais textos. Cumpre notar apenas que, na última avaliação, há uma exposição mais detalhada dos critérios utilizados para o julgamento, principalmente aqueles referentes aos aspectos técnicos. Assim, ao comentar a estrutura dos duetos e árias dispostos no decorrer da peça, o parecerista adverte:

> Além disso deve-se notar neste mesmo ato uma inconveniência, que é a de um dueto logo em princípio, de muita força, entre Tupinambá e Gupena, que exige música extremamente animada e vigorosa, tendo de seguir-se a ária de Moema, que requer música de um gênero diametralmente oposto. Esta peça é inteiramente sacrificada. Diogo principia o segundo ato por uma grande ária, entra logo em um dueto com Tupinambá e outro com Moema; três peças sem repouso! Fora deste dueto tem logo Moema uma ária com coros! Esta peça também há de perder muito do efeito pela vivacidade da precedente.[60]

Ao final, o avaliador tece uma dura crítica aos três autores, recomendando a recusa dos três libretos pelo Conservatório, bem como a abertura de novo concurso:

> Neste libreto, o recurso da supressão de um ou outro pedaço, não pode ser usado sem prejudicar gravemente a marcha da ação, o efeito

---

60 *Pareceres sobre as três composições líricas Lindoya, Moema e Moema e Paraguassu, apresentadas ao Conservatório Dramático em Sessão de 13 de fevereiro de 1852.* In: FRANÇA, Ernesto Ferreira, op. cit., p. 118.

dramático, como sucedeu quando se quis que o maestro Mario Aspa escrevesse música para um libreto com as mesmas cenas traçadas por Victor Hugo para o seu drama Maria Tudor. Também não se pode recorrer a recitativos, por que além de esfriar o drama, são impróprios de uma tragédia lírica, aborrecem o espectador e hoje somente são tolerados nas óperas bufas. Fora deste inconveniente o libreto tem cenas de que o maestro poderia tirar muito partido. E pois, em minha opinião, nenhum dos libretos deve ser aprovado pelo Conservatório; restituídos a seus autores com as cópias dos pareceres das pessoas que a respeito dessas composições foram consultadas, poder-se-ia abrir novo concurso.[61]

Como mencionado anteriormente, dos três libretos apenas "Moema e Paraguassu" chegou aos palcos, e isso cerca de dez anos após o concurso instituído pelo diretor do Teatro Provisório. Além disso, pela análise dos pareceres, vê-se que entre as dificuldades encontradas para a criação da ópera nacional, encontrava-se, indubitavelmente, a falta de um libreto adequado e de uma compreensão mais acurada acerca das características do gênero, além, é claro, de artistas qualificados para o teatro lírico.

Para grande parte da crônica musical do período, tais dificuldades seriam dissipadas, entre outras medidas, por meio da criação do Conservatório de Música e de instituições nos moldes da Imperial Academia de Música e Ópera Nacional. De fato, a partir de sua criação, em 1857, e, principalmente, após sua reformulação em 1860, a instituição logrou êxito na montagem de diversas óperas, entre elas "A Noite de São João", tida como a primeira composição do

---

61 Ibidem., p. 119.

gênero a ser montada.[62] Como local de formação de novos músicos, a Imperial Academia também alcançou sucesso importante, uma vez que o nome mais significativo da música nacional do Oitocentos, Carlos Gomes, iniciou sua carreira na instituição.

Assim, antes de alcançar o sucesso nos palcos de Milão com "Il Guaray", Carlos Gomes compôs a partitura de duas óperas, "A Noite do Castelo", de 1861, e "Joana de Flandres", de 1863. Para compor sua primeira ópera, o músico utilizou um libreto de autoria de Antonio José Fernandes dos Reis, que, por sua vez, se baseou em um poema de Antonio Feliciano de Castilho. Segundo Ayres de Andrade, a obra subiu aos palcos do Teatro Lírico Fluminense na noite de 04 de setembro de 1861, sendo reapresentada mais oito vezes nos três meses seguintes.[63] Em 15 de setembro de 1863, foi a vez de "Joana de Flandres", segunda ópera de Carlos Gomes, a estrear nos palcos do Rio de Janeiro, dessa vez a partir do libreto de Salvador de Mendonça; a segunda ópera, porém, não alcançou o sucesso observado com "A Noite do Castelo".[64]

Embora compostas em português, requisito necessário para as composições nacionais produzidas pela Imperial Academia, os temas tratados nos dois libretos aparentemente se distanciam de qualquer aspiração patriótica. Essa contradição, no entanto, encontrava-se dentro das expectativas do período, uma vez que os critérios

---

62 O epíteto de primeira ópera nacional pode ser relativizada, já que Joaquim Manoel de Macedo havia montado seu "Fantasma Branco" alguns anos antes, e "Marília de Itamaracá" havia sido publicada em 1854 em sua versão completa, texto e partitura.

63 Ainda segundo o autor, a quantidade de apresentações constitui evidência inegável do sucesso da obra. Mesmo argumentado que a quantidade de apresentações não é comparável ao volume das óperas europeias, a estreia de Carlos Gomes foi saudada por grande parte da imprensa como sinal de progresso da arte musical no país. ANDRADE, Ayres, op. cit., p. 100-102.

64 Ayres de Andrade justifica esse fracasso pelo ambiente tumultuado na imprensa, somado ao fato da maioria dos cantores serem italianos, cantando em português. Ibidem, p. 108.

para a produção musical orientavam-se para aspectos diversos; mais do que a produção de uma música nacional, tratava-se antes de nacionalizar o teatro lírico através da produção de libretos, partituras e mesmo de cantores líricos nacionais. Dessa forma, a ausência de uma temática nacionalista como inspiração para o libreto poderia ser relevada, desde que os outros aspectos – nesse caso, o idioma – estivessem presentes.

O libreto de "A Noite do Castelo" foi escrito em 1859, conforme indica uma carta de Antonio José Fernandes dos Reis, publicada juntamente com o texto completo da obra em 1861. Na carta, o autor dedica a ópera a D. José Amat, então diretor da Imperial Academia de Música e Ópera Nacional, e esclarece os motivos – razões de ordem patriótica segundo o próprio autor – que o levaram a escrever um texto no gênero lírico:

> Meu amigo, Sr. Amat,
> Eis aqui a Noite do Castelo nos estreitos limites que o meu amigo me traçou, em atenção ao limitado pessoal que pode por ora dispor.
> Entrego-lhe o libreto; faça dele o uso que julgar conveniente, é sua propriedade.
> Brasileiro como sou, muito estimarei que esse trabalho possa um dia contribuir a bem da patriótica instituição por cuja prosperidade faço os mais ardentes votos.[65]

O trecho vem apenas ressaltar uma inegável inspiração patriótica em contribuir para o desenvolvimento da atividade musical, ainda que tal inspiração não se expresse no tema do libreto. Merece destaque também a menção aos "estreitos limites" utilizados para a composição do texto, indicando que as dificuldades materiais da instituição não permitiam a montagem de obras mais extensas.

Na edição datada de 1861, além de já constar o nome de Carlos Gomes como compositor, a obra vem classificada como "ópera lírica em três atos". A ação, ao que tudo indica, se passa na região da

---

65   REIS, A. J. Fernandes dos. *A Noite do Castelo*. Rio de Janeiro, 1861, p. 2.

Espanha na época das primeiras cruzadas, e seu enredo é bastante simples: Henrique, dado como morto, retorna das cruzadas e encontra sua esposa, Leonor, prestes a se casar com Fernando. Ao final, Henrique consegue vingar-se de Fernando, porém acaba morto de maneira trágica, acompanhado de Leonor. Essa breve descrição é o suficiente para evidenciar a ausência de qualquer motivo patriótico ou "cor local" no libreto, substituído por uma temática relativa ao medievo europeu.

No caso de "Joana de Flandres", o próprio Salvador de Mendonça também esclarece os motivos que o levaram a escrever o libreto, em uma carta dirigida a Carlos Gomes e publicada como preâmbulo da edição aqui analisada; após citar a obra "A Noite de São João", o escritor faz um breve comentário sobre a relação entre o libreto e a partitura da ópera:

> Primeiro, que só o reflexo brilhante do teu gênio criador derramou nesta tela esboçada o convinhável colorido.
>
> Segundo, que muito há de agradar a tua música, se andas-te a exemplo de Rossini, porque o elemento exigido neste caso, ao sabor de Mery, para a sublimidade da inspiração, não te faltou sequer um momento.
>
> Terceiro, que por tua conta e risco corre o bom ou mau êxito da presente ópera, que não pela conta do fazedor de versos, que para isso em tuas mãos abdicou tempo, ideia e personalidade. Quarto, finalmente que o praxista da matéria em questão parece ter preestabelecido os sérios apuros em que puseram os meus frágeis moldes essas torrentes avassaladoras das tuas sempre virtuosas concepções.[66]

---

66 MENDONÇA, Salvador. *Joana de Flandres ou A Volta do Cruzado*. Rio de Janeiro, 1863, p. II-III.

160   Renato Aurélio Mainente

O autor segue enumerando outras dificuldades para a composição de um libreto, ressaltando ainda que os exageros desse gênero de poesia são injustificáveis em matéria de arte, salvando-se apenas pelo complemento da música.[67] A música, aliás, deveria remeter a parâmetros bem específicos, como bem indica a citação a Giacomo Rossini como modelo ideal para a composição da partitura.

A ação de "Joana de Flandres" ou "A Volta do Cruzado", como indicado no subtítulo, se passa na região pertencente à atual França, em 1225, ou seja, trata-se de um drama lírico que utiliza como temática o passado medieval europeu, nos mesmos moldes da ópera anterior de Carlos Gomes. O enredo, por sua vez, desenvolve-se a partir do retorno de Balduíno, Conde de Flandres, e da traição de sua filha, Joana, que havia se casado e assumido o trono pertencente ao pai. Não há necessidade de uma descrição detalhada das situações dramáticas da obra, bastando assinalar seu desfecho trágico, com a morte da Condessa de Flandres, como, aliás, é comum nesse gênero de composição.[68] O único aspecto digno de atenção encontra-se nas cores patrióticas empregadas nos conflitos descritos na ópera; assim, a traição da Condessa de Flandres não se dirige unicamente ao Conde, mas também à pátria francesa; essa característica é ainda mais ressaltada devido aos constantes apelos patrióticos dispostos no decorrer do texto. Em outras palavras, mais do que um drama romântico, em muitos momentos a ópera reveste-se de uma exaltação e defesa de condutas patrióticas. Apenas a título de exemplo, cabe a reprodução de alguns desses versos para melhor compreensão dos conflitos que

---

67   *Ibidem*, p. III-IV. Entre outras considerações, Salvador de Mendonça avalia que apenas o libreto de Don Juan, ópera de Mozart, merece o título de obra poética por si só. Além disso, não deixa de tecer algumas críticas ao compositor italiano Giuseppe Verdi.

68   Wilson Martins assim avalia a segunda ópera de Carlos Gomes: "Em 1863, Carlos Gomes continuo fiel ao seu romantismo gótico, com Joana de Flandres, ou A Volta do Cruzado, 'tragédia lírica' em cinco atos, libreto de Salvador de Mendonça." MARTINS, Wilson, op. cit., p. 190.

movem a ação dramática do texto; o trecho em questão consiste em uma fala de Huberto, cavaleiro leal a Balduíno:

> Ouvi, senhores. Unidos todos,
> Aqui juramos nos libertar
> Do jugo infame que a pátria oprime,
> E os negros crimes por nós vingar;
> Melhor fortuna, mais leda sorte
> O céu propício nos quer mandar.[69]

Já a ópera de Henrique Alves de Mesquita, "O Vagabundo", embora também se situe em um passado mítico medieval, possui características diversas. A obra estreou em 24 de outubro de 1863, no Teatro Lírico Fluminense, e foi a última obra inédita de um autor nacional montada pela Imperial Academia de Música e Ópera Nacional. Escrita originalmente em italiano por Francisco Gumirato, o texto foi posteriormente vertido para o português pelo italiano Luis Vicente De Simoni. Na edição de 1863, a obra vem caracterizada como um melodrama semisério em três atos e um prólogo, e possui como subtítulo "A infidelidade, sedução e vaidade punidas". Aliás, o subtítulo já mostra de maneira clara os temas abordados pelo autor do libreto, e, ainda que a obra não possua um motivo nacional como inspiração, cabe uma rápida descrição do seu enredo e personagens.

Como referido acima, a ação mais uma vez se situa na Europa, primeiramente em Bordeaux, no ano de 1600, e posteriormente em Auvergne, em 1618. O enredo apresenta temas recorrentes nas composições românticas, como o amor impossível entre Adele e Sauvigny, retratado logo no prólogo, trecho que termina com este último ferido e com o suicídio da jovem apaixonada. Ao prólogo, seguem-se três atos, ao longo dos quais Sauvgny planeja vingar-se pela morte de Adele, em meio a inúmeras reviravoltas, com forte

---

69 MENDONÇA, Salvador, op. cit., p. 3.

apelo melodramático. A descrição minuciosa do desenvolvimento da peça é desnecessária, bastando sublinhar que, ao final, as personagens cujas condutas apresentaram qualquer traço de imoralidade são severamente punidas. Não é exagero afirmar, portanto, que a preocupação do autor consiste fundamentalmente na proposição de um fim moral para a obra.[70] Outro aspecto que se destaca na edição do libreto, aqui analisado, é a descrição minuciosa do andamento dos diversos trechos da ópera, ou seja, no decorrer dos três atos os versos são divididos em diversas seções, com indicação do tipo de peça musical que deveria ser executada: recitativo, semirrecitativo, ária, andante, romanza etc. Entre os libretos aqui analisados, os textos de De Simoni são os únicos que trazem estas informações, evidenciando a tentativa de composição de um libreto mais afeito ao teatro lírico e ao acréscimo de música.[71]

Ainda no que tange às óperas com libretos marcados por assuntos épicos/históricos europeus, merece menção a montagem de "Pipelet", cujo libreto é de autoria de Machado de Assis, com música do maestro italiano Serafino Amedeo Ferrari. O assunto tratado na ópera foi retirado do livro "Os Mistérios de Paris", de Eugene Sue.[72] Embora exista

---

70　O tema do teatro, seja lírico ou dramático, como fator de moralização do público esteve presente em diversos textos publicados nos periódicos do Oitocentos, como foi possível observar no segundo capítulo. A esse respeito, é possível lembrar do texto de Quintino Bocaiuva, intitulado "Lance d'olhos sobre a comédia e sua crítica": "Hoje o povo e os literatos simultaneamente hão compreendido que, que o teatro não é só uma casa de espetáculos, mas uma escola de ensino; que seu fim não é só divertir e amenizar o espírito, mas, pelo exemplo de suas lições, educar e moralizar a alma do público." In: FARIA, João Roberto de, op. cit., p. 449.

71　O Vagabundo e Marília de Itamaracá. Essa hipótese é ainda confirmada pelo autor do libreto, De Simoni, ser músico e maestro da Imperial Academia.

72　Para Wilson Martins a obra de Machado de Assis consiste apenas em uma tradução de um libreto original: "Com o libreto de Pipelé, ópera em três atos tirada dos Mistérios de Paris pelo maestro Ferrari, o jovem Machado de Assis continuou, em 1859, o seu aprendizado da literatura por meio de traduções e adaptações. A singularidade ortográfica do título deixava suspeitar que ele não havia trabalhado sobre o texto de Eugene Sue e, dado engano, provavelmente nem o conhecia: a forma Pipelet

Música e civilização 163

uma imprecisão em relação à data exata da sua estreia, o dia 24 de novembro de 1859 parece ser o mais correto; essa primeira apresentação teria ocorrido no Teatro São Pedro de Alcântara, em montagem realizada pela Imperial Academia de Música e Ópera Nacional. O libreto da referida obra encontra-se perdido, mas a inspiração em Eugene Sue não deixa dúvidas a respeito da temática empregada na composição do libreto; aliás, a ópera em questão parece mais uma tradução do que uma composição própria de Machado de Assis.[73]

Assim, embora encenadas no âmbito da Imperial Academia, tais obras possuem uma peculiaridade que as difere da maior parte das óperas do período: não contam com um assunto nacional nos libretos. Em outras palavras, temas de cunho indianista ou mesmo do passado histórico brasileiro são preteridos em favor do medievo europeu. Ainda assim, tais obras mereceram o epíteto de óperas nacionais, pois tais características não se chocavam diretamente com os parâmetros postulados para a produção da música nacional do período. Esses parâmetros, como bem mostra a descrição feita até o momento, não constituíam um programa fechado, ou mesmo como um modelo fixo ao qual os compositores deveriam se reportar. Se em um primeiro momento as composições em italiano eram aceitas, recebendo inclusive apoio de instituições oficiais, com a criação da

---

foi restaurada pelos jornalistas da época, para maior confusão da história literária. As pesquisas de Jean-Michel Massa confirmaram, com efeito, que, quatro anos antes, o maestro Serafino Amedeo Ferrari havia musicado o libreto de Raffaele Berninzone, Pipelè, ossia Il Portinaio di Parigi, levado com enorme sucesso na cidade de Veneza; é razoável supor que, transferindo-se para o Brasil, Ferrari haja trazido consigo o texto que serviu de inspiração a Machado de Assis, cujo libreto, por ironia generosa da história, se perdeu. MARTINS, Wilson, op. cit., p. 86-87.

73 Ayres de Andrade apresenta a data de 12 de fevereiro de 1860; já Wilson Martins, 24 de novembro de 1859. O segundo autor parece estar mais correto, já que em sua coluna no jornal "O Espelho" de 30 de outubro de 1859, Machado de Assis escreveu o seguinte: "Abre-se segunda feira a ópera nacional com Pipelé, ópera em três atos com música de Ferrari e poesia do Sr. Machado de Assis, meu íntimo amigo, meu alter ego, a quem tenho afeto, mas sobre quem não posso dar opinião nenhuma." A ópera estreou, portanto, ainda em 1859.

Imperial Academia as exigências deslocam-se também para o idioma do libreto; no entanto, em alguns casos, o fato dos libretos terem sido escritos no idioma português, tornava desnecessária a presença de traços ou temas nacionalistas no desenvolvimento dramático. Ainda assim, a estética do teatro lírico italiano permanece como padrão e mesmo inspiração para os compositores nacionais, que deveriam emular os motivos dos grandes mestres italianos.

Mas se os temas tratados nos libretos poderiam se afastar de inspirações nomeadamente nacionalistas, é inegável também que tal inspiração serviu de motivo para diversos escritores na composição de seus textos. Em uma variação da utilização de temática indianista, outros autores buscaram se utilizar de episódios da história nacional como assunto principal de suas obras. Nesse aspecto, cumpre lembrar que na origem do concurso instituído por João Antonio Miranda estava o projeto de uma ópera a ser apresentada no dia 07 de setembro; a intenção não se concretizou, e em lugar de uma ópera se apresentou uma cantata, intitulada "Vésperas dos Guararapes", baseada em um episódio da guerra contra os holandeses em Pernambuco.[74] Os autores da cantata foram Manuel de Araújo Porto Alegre e o maestro Giacomo Gianini, responsáveis pelo libreto e partitura, respectivamente; infelizmente, a obra encontra-se perdida, mas a utilização de um episódio histórico evidencia as cores patrióticas da peça.[75]

A busca de uma caracterização nacional por meio da utilização de temas históricos nos libretos, porém, alcançou resultado interessante com a ópera intitulada "Marília de Itamaracá ou A Donzela da Mangueira", obra, aliás, também citada por João Antonio Miranda

---

74 ANDRADE, Ayres, op. cit., p. 83-84.

75 Ayres de Andrade reproduz alguns trechos de jornais, com saudações à iniciativa e expectativas em relação a futura criação de uma ópera nacional, porém sem indicar a data e o título dos periódicos.

em seus relatórios mensais enviados ao Imperador Dom Pedro II. Na ocasião, o diretor do Teatro Provisório escrevia:

> Quatro homens se hão alistado para a confec-
> ção de um trabalho para o dia 02 de dezembro.
> São eles: Dr. Francisco Bonifácio de Abreu, pa-
> dre Miguel Alves Vilela, Augusto de Sá e H. X. Y.
> Z. Não tenho idéia do indivíduo a que respei-
> tam essas iniciais. O nome de Augusto de Sá me
> parece suposto. Um alemão, que me asseveram
> ser ótimo poeta e compositor de música, tra-
> balha em uma ópera, que me oferecerá instru-
> mentada. Tenho esperança de que mais alguns
> se inscrevam. A semente está lançada na terra.[76]

Trata-se, evidentemente, do concurso referido anteriormente, do qual resultaram os três libretos de temática indianista aqui analisados. A sequência dos relatórios, porém, informa que ao final o libreto de "Marília de Itamaracá" não foi inscrito no concurso; além disso, a ópera não chegou a ser devidamente encenada, sendo executada apenas a abertura sinfônica, em 1855, no Teatro Lírico Fluminense.[77] O libreto da ópera, escrito por Luis Vicente De Simoni e classificado como drama lírico em quatro atos, foi publicado ainda em 1854, e, embora a peça não tenha sido devidamente montada, a edição indica também o nome do compositor da partitura, Adolpho Maersch.

A edição traz as versões da obra em português e italiano, e tem uma extensa apresentação de Luis Vicente De Simoni, esclarecendo questões técnicas, como versos suprimidos por Adolpho Maersch em razão da adequação do texto à música, além de justificativas em

---

76 ANDRADE, Ayres, op. cit., p. 86.

77 "Dessa ópera foi executada a abertura sinfônica, sob regência do maestro Gianini, como número inicial do segundo concerto do pianista Thalberg, a 03 de agosto de 1855, no Teatro Lírico Fluminense." ANDRADE, Ayres, op. cit., p. 86.

166   Renato Aurélio Mainente

relação à inclusão de um ato adicional aos quatro originais. Em determinado momento, o autor expõe o processo de feitura do libreto:

> As diferentes cenas e trechos desse drama foram por nós compostos primeiramente ora em italiano, ora em português, fazendo depois a versão para outra língua. Deixamos à perspicácia dos leitores o adivinharem em qual das duas línguas foi cada um deles primeiramente escrito.[78]

A justificativa para tal procedimento, segundo o autor, reside na "quase igualdade das vantagens respectivas"[79] entre as duas línguas, e mais uma vez o idioma aparece como importante tema na composição de um libreto. Como fica patente nos pareceres do Conservatório Dramático, ao menos no que se refere à música, o idioma italiano gozava de um estatuto superior em relação aos outros idiomas. A quase "equivalência" defendida por De Simoni, no texto introdutório à peça, ganha cores de defesa da utilização do idioma português no âmbito do teatro lírico.

A introdução prossegue com outras considerações acerca das vantagens métricas e melódicas dos versos nos idiomas português e italiano, chegando o autor a sugerir, inclusive, que o libreto de "Marília de Itamaracá" possui emprego original da métrica em alguns trechos.[80] Em outro momento, há uma defesa explícita da utilização da língua italiana em composições ditas nacionais, defesa que

---

78 SIMONI, Luiz Vicente de. *Marília de Itamaracá ou A Donzela da Mangueira*. Rio de Janeiro: Typ. Dois de Dezembro, 1954, Introd. p. IV.

79 *Ibidem*, Introd. p. IV.

80 O tema é demasiado específico; basta notar que De Simoni menciona a utilização de versos octonários em italiano, expediente pouco utilizado naquele país. "Os italianos, nosso patrícios, acharão também nesse drama, no seu idioma natal, uma pequena novidade, a respeito de uma qualidade de versos octonários de que eles não usam e de que muito usam os brasileiros e portugueses; [...]." *Ibidem*, p. VI.

pode ser estendida ao próprio desenvolvimento do teatro lírico no Rio de Janeiro:

> Por eles e pelo que acabamos de dizer, verão os brasileiros e portugueses, que os princípios que nos levam a ousarmos lhes propor e inculcar alguma mudança e novidade, são os mesmos que nos anima para com os nosso mesmos patrícios,[81] e que nisto seguimos a máxima: que o bom e verdadeiro patriotismo não consiste em viver cega e obstinadamente alferrado aos usos e costumes do país, repelindo como o selvagem toda inovação, melhoramento e progresso, mas sim em respeitar e conservar de seu país o que é bom e realmente útil, e em aproveitar dos outros o que realmente também o é.[82]

Por fim, De Simoni ainda menciona outra composição de sua autoria, um drama apresentado em 1820, com música do tenor da companhia italiana que então se apresentava no Real Teatro São João. Ao comentar sobre as características da peça, o autor faz uma reflexão sobre o nacionalismo presente nas duas obras; o trecho é um pouco extenso, mas sua reprodução é sem dúvida válida para detalhar os aspectos relevantes da produção musical nacional oitocentista para os seus contemporâneos:

> Essa ópera nada tinha de nacional brasileiro senão o lugar em que ela nascia porque, além de ambos os autores, poeta e músico, serem estrangeiros, também o eram o assunto e os personagens; não apresentava, portanto, à ideia e coração dos brasileiros e portugueses um interesse especial, que falasse aos seus sentimentos nacionais e patrióticos. A presente, porém, se quanto aos seus autores se

---

81   Lembremos que De Simoni era italiano e Adolpho Maersch, alemão.

82   *Ibidem*, p. VII.

acha na mesma circunstância daquela, assim não é quanto ao seu assunto e personagens, que todas são brasileiras e portuguesas, e sobretudo, quanto ao fato tradicional que ela versa e aos sentimentos e entusiasmo patriótico que nela jogam em cena. Lisonjeamo-nos, portanto, de que, se não outras, ao menos essas qualidades, e a circunstância de ser obra feita no país a recomenda a atenção e benignidade dos leitores e espectadores cordatos, dos quais somente, e não dos mais, ambicionamos o conceito e indulgência. Contamos com a fortuna de que essa gente, mui digna e capaz de julgar sem prevenção e com justiça, pondo-se ao uníssono com a Constituição do Império, que considera como nacionais e brasileiros os indivíduos nascidos no território do Brasil, qualquer que seja sua origem e casta, só pelo simples fato de terem o seu nascimento no país, não deixará de olhar e haver como nacional e brasileiro o que, nesta ocasião é feito aqui no país, por um desejo sincero de agradar e ser útil a este, e de concorrer de algum modo para os progressos e glórias dele, do seu teatro lírico e da sua língua, à qual, por todos os esforços possíveis à nossa mui limitada capacidade, diligenciamos por e mostrar, pelo fato evidente e por juízo geral e incontroverso, é havida como a mais apta e prestável para o canto.[83]

Como fica evidente na leitura do excerto acima, e mais ainda se compararmos com os outros trechos retirados da introdução, o desenvolvimento da música estava diretamente ligado à produção de obras do gênero lírico no país.

Em seguida, há outra seção introdutória ao drama intitulada "Legenda acerca do fato ocorrido na Ilha de Itamaracá, de 1632 a 1655, no reinado de Felipe de Castella, assunto do drama

---

83   SIMONI, Luiz Vicente de, op. cit., p. IX.

Marília de Itamaracá." Essa seção contém, além da narrativa que originou o libreto, apontamentos históricos sobre o período e a região em que a ação ocorre, ou seja, Pernambuco, nas datas acima mencionadas. A narrativa possui um claro teor ficcional, embora o autor não o declare abertamente; o caráter lendário da narrativa, a propósito, somente é mencionado de maneira marginal, quando o personagem do então governador de Pernambuco, Mathias de Albuquerque é citado e De Simoni julga necessário esclarecer que "esta é a única personagem histórica mencionada na legenda, e que nominalmente aparece no nosso Drama."[84]

A trama inicia-se na Ilha de Itamaracá, quando o jovem Fernando declara seu amor à Marília; no entanto, mesmo a jovem declarando igual afeição, seu irmão Antonio Pereira de Souza proíbe a união dos dois amantes. Diante da recusa, Fernando alista-se nas fileiras do governador, alcançando sucesso na carreira militar, combatendo os holandeses então estabelecidos em Pernambuco. Nota-se, de início, que o episódio da presença holandesa tem importante lugar no desenvolvimento do enredo; o segundo ato da ópera, inclusive, se passa quase que inteiramente durante uma batalha travada contra os invasores. Apenas a título de ilustração, segue um pequeno trecho do segundo ato, com a obrigatória alusão patriótica:

> O sargento com espada à cinta e com espingarda na mão correndo apressado e todo aceso em entusiasmo patriótico.

> Sarg. – Sim, armas, armas,
> Pernambucanos;
> Vamos unir-nos
> Com os lusitanos.

---

84 *Legenda acerca do fato ocorrido na Ilha de Itamaracá, de 1632 a 1655, no reinado de Felipe II de Castella, assunto do drama Marília de Itamaracá.* In: SIMONI, Luiz Vicente, op. cit., p. XII.

Cinja-se a espada,
Mãos ao fuzil,
Limpo dos Bátavos
Fique o Brasil.
Coro – Sim, será limpo,
E paz terá;
Ao prisco estado
Ressurgirá.[85]

Ao longo do segundo ato e mesmo em outros trechos da ópera, versos com motivos patrióticos e nacionalistas são bastante comuns. Ao final do segundo ato, Fernando é dado como morto em batalha, notícia que chega a jovem Marília que a recebe em meio à grande consternação. A morte de Fernando, porém, foi apenas um engano; em meio a dúvidas em relação aos seus sentimentos por Marília, o jovem entra para o colégio dos jesuítas em Pernambuco, ordenando-se membro da ordem. Após um período em Portugal, Fernando é enviado de volta a Pernambuco, com a missão de realizar uma "cruzada contra a bárbara ignorância do sertão".[86] Tais acontecimentos são narrados no terceiro ato, ficando para o quarto e último o retorno ao Brasil e o reencontro com Marília. O desfecho é deveras trágico, pois a jovem morre de maneira instantânea, no momento em que reencontra Fernando.[87]

Além do romance entre os dois protagonistas e o claro pendor patriótico, o libreto de De Simoni possui ainda uma referência à tradição local, simbolizada pela narrativa que originou o enredo da obra. Essa explicação vem após a morte de Marília, quando Fernando trata de providenciar os serviços fúnebres. Abaixo segue

---

85 SIMONI, Luiz Vicente de, op. cit., p. 39.

86 Os versos em questão fazem parte de um grande diálogo entre Fernando e seu superior; esse último envia-o de volta para o Brasil, com a missão específica de civilizar e educar os "bárbaros", promovendo o progresso destas terras.

87 Na mesma introdução já referida aqui, o autor diz que esse fato ocorreu ou "por surpresa, ou julgando ser talvez uma visão." SIMONI, Luiz Vicente de, op. cit. p. IX.

um trecho retirado da introdução, em que se encontra a razão para o subtítulo "donzela da mangueira":

> Foi sepultada nas mesmas terras da fazenda, pois que as fazendas para o norte costumam ter capela da missa e seu cemitério particular, onde são enterrados os cadáveres; prestando--lhes os ofícios religiosos o mesmo amante, então padre jesuíta como dito acima, que, depois de concluir tudo, lançou na terra um caroço de manga para marcar o lugar em que tinham ficado intumados os restos da sua amante, cujo fato deu a esse lugar o nome que ainda conserva, de Mangueira do Jasmim, nesta ilha.[88]

O libreto de De Simoni tem ainda, como apêndice final, um importante texto intitulado "Acerca das personagens do drama lírico Marília de Itamaracá; dos caracteres, que lhes são próprios e do espírito com que foram ideados e postos em cena". Trata-se de uma explicação do autor sobre a composição dos personagens do drama, como o próprio título informa. Nesse sentido, o primeiro esclarecimento que o autor julga necessário fazer refere-se ao próprio nome da personagem principal:

> Não nos tendo a legenda, que tivemos, transmitido o nome da infeliz moça de Itamaracá e na escolha de um que lhe déssemos, preferimos aquele, que, por ser o mais frequente entre as mulheres católicas, maiores probabilidades tinha de haver sido o dela; e poetisamo-lo, modificando-lhe a terminação, dando-lhe assim uma feição pastoril em certo modo apropriada a uma moça do campo, habitante ainda de uma ilha ainda na primeira época de sua civilização

---

88   Ibidem, p. X.

> e cultura, cujos moradores eram colonos e levavam uma vida rural e de pastores.[89]

O nome escolhido buscaria, portanto, maior verossimilhança, embora, em seguida, o autor esclareça que a Marília do drama "é um mito apoiado na tradição ou a ela encostado".[90] A descrição desta Marília idealizada constitui um dos trechos mais significativos do texto:

> É brasileira porque nasceu no Brasil. Não julgamos necessário fazê-la cabocla, crioula ou mestiça, para fazê-la mais brasileira. É descendente da raça e nação europeia, que veio trazer ao Brasil sua população branca e com elas os primeiros bens da civilização, que ela teve a glória de encetar em seu solo. Ela tem alguma educação e cultura e muita virtude, porque, filha de pais bem educados, virtuosos e ao mesmo tempo abastados, que quiseram, souberam e puderam dar-lhe ou inspirar-lhe com os preceitos e exemplos; e estas qualidades estão em harmonia com sua posição social, civil e de família e com as circunstâncias de sua época, bem como seu sexo e condição de solteira.[91]

A descrição, bastante extensa, segue elencando as qualidades morais da personagem, como a devoção e a submissão irrestrita à autoridade do irmão; sua devoção, entretanto, é contaminada pelas crenças do "vulgo do país, no meio do qual vive, principalmente da

---

89 *Explicação e Observações acerca das personagens do drama lírico Marília de Itamaracá, dos caracteres que lhes são próprios, e do espírito com que foram ideados e postos em cena.* SIMONI, Luiz Vicente de, op. cit., p. 199.

90 Ibidem, p. 199.

91 *Explicação e Observações acerca das personagens do drama lírico Marília de Itamaracá, dos caracteres que lhes são próprios, e do espírito com que foram ideados e postos em cena.* SIMONI, Luiz Vicente de, op. cit., p. 201.

população escrava", o que a faz acreditar em fatalidades e em maus agouros.[92] Por consequência, e devido aos caracteres elencados, o autor assim resume a personagem:

> Ela é a heroína do amor e não da pátria. É o tipo de moça sensível e virtuosa, infeliz no mundo por um destino seu particular, e não por sua culpa. É um ente tão malfadado e lastimável, quão belo e amável por todas as suas qualidades físicas e morais, que o distinguem.[93]

Em seguida, De Simoni faz uma comparação entre sua Marília, a de Itamaracá, e Marília de Dirceu, personagem do poema de Tomás Antonio Gonzaga, comparação que deixaremos de lado por não trazer mais novidades acerca da protagonista da ópera.

No caso de Fernando, o autor busca sublinhar principalmente seu caráter de jovem apaixonado, bem como suas elevadas qualidades morais e amor à pátria:

> [...] Porque o coração que lhe bate no peito é brasileiro e foi educado por brasileiros, pouco abastados sim, mas virtuosos, que nele instalaram o amor da pátria e da liberdade. Animado por este, ele é um verdadeiro herói: bate-se, vence, e triunfa no conflito como um Heitor, e fora dele é um Orfeu a chorar sempre por sua Eurídice [...].[94]

Esse texto final de De Simoni possui uma descrição particularizada de cada uma das personagens e de suas respectivas funções no desenvolvimento do drama. Não há necessidade, porém, de uma exposição detalhada de cada uma delas. Basta assinalar que, de

---

92 Ibidem, p. 201-202. A descrição dos caracteres ocupa cerca cinco páginas do apêndice em questão.

93 Ibidem, p. 202.

94 Ibidem, p. 206.

maneira geral, os dois protagonistas funcionam como duas ideias complementares: Marília simbolizando todas as virtudes e qualidades morais do sentimento amoroso e Fernando, a dedicação extremada à pátria.

Dessa forma, "Marília de Itamaracá" reúne de maneira clara muitos dos temas que perpassaram o desejo de criação de um teatro lírico nacional. Composta no idioma português, o autor do libreto foi buscar inspiração em uma tradição ou lenda regional, tema que ainda facultou à ópera um caráter de drama histórico e nacionalista, visto que a batalha pela expulsão dos holandeses possui função fundamental na trama. Por sua vez, a caracterização de Marília, proposta por De Simoni, e a consequente valorização de suas qualidades morais têm uma função evidentemente pedagógica, ou seja, de moralização do público. Além disso, essa mesma caracterização não deixa dúvidas quanto ao modelo de civilização e progresso postulado pela obra.

Em defesa de tais ideais presentes na ópera e principalmente na definição das características das personagens, o autor ainda propõe uma discussão em torno do papel que a arte deveria desempenhar; essa defesa se encontra no apêndice final em uma nota referente à composição da personagem Marília. Segue um pequeno trecho dessa nota explicativa, em que a concepção da atividade artística presente nas palavras de De Simoni, pode, de maneira geral, ser estendia para a produção musical do período:

> Engana-se quem pensa que pintando e expondo as coisas e os fatos tais e quais ele são ou foram realmente, produz-se uma obra artística bela e perfeita. A missão da arte não é a de copiar e retratar servilmente o belo, que já existe, mas sim a de produzir e apresentar o belo, ornando-a ela mesmo, pela escolha e junção dos primores da beleza, que a natureza oferece,

Música e civilização

175

a maior parte das vezes espalhados cá e lá em diferentes objetos.[95]

Ao se recusar a retratar os fatos "tais quais ele foram", o autor poderia ajustar o quadro apenas com o "bom" e o "belo" das situações; daí a escolha de De Simoni em retratar Marília como uma "descendente da raça e nação europeia, que veio trazer ao Brasil sua população branca e com elas os primeiros bens da civilização, que ela teve a glória de encetar em seu solo."[96]

No caso de "Marília de Itamaracá", o traço da "cor local" não aparece como tema privilegiado, já que o caráter histórico/patriótico acaba sobrepujando esse aspecto. Outras composições, no entanto, elegeram como inspiração fundamental tradições e costumes locais, no intuito de conferir a tais obras um aspecto nacional. Nesse sentido, uma iniciativa bastante significativa, na tentativa de criação de uma ópera nacional utilizando o tema da "cor local", partiu de Joaquim Manuel de Macedo, autor do libreto de uma ópera cômica em três atos, intitulada "O Fantasma Branco". A importância dessa obra reside em três fatores fundamentais: primeiramente, essa ópera chegou a ser efetivamente encenada ainda em 1851, diferentemente das outras tentativas empreendidas, ocorridas na década de 50 do Oitocentos; além disso, o libreto foi escrito originalmente no idioma português, e não passou por um processo de tradução para o idioma italiano; por fim, a ação situa-se em uma fazenda no recôncavo do Rio de Janeiro, em época posterior a 1823, justificando, assim, o traço nacional na composição da ópera. Segundo Wilson Martins, a obra estreou

---

95 *Explicação e Observações acerca das personagens do drama lírico Marília de Itamaracá, dos caracteres que lhes são próprios, e do espírito com que foram ideados e postos em cena.* SIMONI, Luiz Vicente deIbidem,. cit., p. 200. No trecho ainda é possível notar uma tensão entre a concepção do autor relativa à arte e os pressupostos defendidos pelos românticos.

96 Nota-se que o autor declara que sua intenção é caracterizar Marília como descendente de europeus, portadores do progresso e civilização.

nos palcos do Teatro São Pedro de Alcântara em 22 de junho de 1851, com música de Dionísio Vega e, segundo esse mesmo crítico, alcançou grande sucesso junto ao público da época.[97]

Embora classificada como ópera, uma breve análise do libreto é suficiente para constatar que tal designação não é a mais adequada, uma vez que, embora possua uma série de trechos cantados, a maior parte do texto é composta por trechos sem acompanhamento musical. No enredo, os primos Maria e José estão apaixonados, porém não podem unir-se devido às desavenças familiares; essa situação se complica ainda mais em razão de Galatéa, mãe de Maria, desejar ver a filha casada com um dos dois filhos de seu irmão, Tibério. Para tentar contornar tais dificuldades, José se disfarça como o fantasma do título da peça, para ludibriar os familiares e conseguir se encontrar com Maria. A partir dessa situação, Joaquim Manoel de Macedo desfila diversas situações cômicas, explorando principalmente a figura de Tibério, velho militar e covarde. Além disso, para ficar próximo de Maria, José utiliza outros disfarces, como o de um velho italiano carregando um realejo; essa cena, aliás, contém um aspecto interessante, já que apenas os dois protagonistas possuem conhecimento do idioma italiano. Dessa forma, o autor extrai comicidade do fato do casal combinar encontros ou mesmo afrontar os demais personagens às vistas de todos. Pode-se concluir, portanto, que ao menos uma parte do público estaria familiarizada com o idioma italiano, pois, dentro da estrutura da peça, a cena só faria sentido se o público pudesse compreender de maneira clara o logro praticado e os insultos

---

97 "Na mesma linha de um teatro brasileiro e como tentativa de criação de uma ópera nacional e, também de uma ópera cômica, está O Fantasma Branco, de Joaquim Manuel de Macedo, que, com música de Dionísio Veja, estreou no São Pedro de Alcântara a 22 de junho de 1851. (...) O Fantasma Branco, ao contrário, obteve duradouro sucesso e chegou mesmo à glória suprema de criar um tipo: durante anos e anos, no testemunho de Sílvio Romero, 'era moda chamar ao mofino fanfarrão Capitão Tibério.'" MARTINS, Wilson. História da Inteligência Brasileira V. II (1794-1855). São Paulo: Cultrix, 1978, p. 445-446.

Música e civilização 177

proferidos pelos protagonistas.[98] A peça termina, obviamente, com a união de Maria e José e a reconciliação dos pais, que abençoam a união de seus respectivos filhos.

Apesar da estreia em 1851 e do consequente sucesso da obra nos palcos fluminenses, as expectativas em torno da composição de uma ópera nacional não foram atingidas pelo texto de Joaquim Manoel de Macedo, uma vez que, apesar da classificação, não se tratava propriamente de uma composição do gênero. Foi apenas em 1860, por meio da Imperial Academia de Música e Ópera Nacional, que o Rio de Janeiro assistiu à estreia da sua primeira obra do gênero, "A Noite de São João".[99] É certo que o epíteto de "ópera nacional" comportava antes uma série de expectativas em torno da nacionalização do teatro lírico do que propriamente um programa a ser observado na produção musical do período, como bem mostra a descrição das diversas obras apresentadas no decorrer do Oitocentos. Ainda assim, no caso de "A Noite de São João", essas diversas expectativas foram preenchidas, pois se tratava de uma ópera cantada no idioma pátrio, inspirada em assunto regional brasileiro e composta por autores nacionais.

A estreia da ópera ocorreu em 14 de dezembro de 1860, no Teatro São Pedro de Alcântara, integrando a temporada lírica da Imperial Academia de Música e Ópera Nacional, com partitura de Elias Alvares Lobo.[100] O libreto de "A Noite de São João", por sua vez, foi escri-

---

98 É certo supor também que uma parcela ou mesmo a maioria do público não detivesse tal domínio. Ainda assim, é significativo o emprego do italiano no texto da peça ou ópera em questão.

99 Ayres de Andrade não menciona a obra de Joaquim Manoel de Macedo em seu livro, o mesmo ocorrendo com outros autores. Apenas Wilson Martins faz referência a essa obra, e não como uma ópera. Ainda que não seja, a rigor, uma ópera, a peça parece ser estruturada para a inserção destacada de trechos cantados, o que a qualifica como pertencente ao panorama das demais obras analisadas.

100 Compositor natural de São Paulo; além de "A Noite de São João", compôs a partitura de "A Louca", ópera esta que não chegou aos palcos fluminenses. KIEFER,

178 Renato Aurélio Mainente

to ainda em 1857, por José de Alencar, ou seja, cerca de dois anos antes de sua primeira representação. Em texto introdutório, o autor esclarece os motivos que o levaram a escrever o libreto de uma ópera, gênero de composição no qual não tinha nenhuma intimidade:

> O que vai aí, não sei se verdadeiramente o que é: chamei-lhe ópera cômica, outros dirão que não passa de uma coleção de maus versos, sem metrificação, sem harmonia.
>
> Não importa. Se algum dos nossos jovens compositores entenderem que isto merece as honras do teatro, a melodia da música disfarçará a dissonância da metrificação.
>
> Se me resolvi a publicar este trabalho incorreto e feito as pressas, foi unicamente para facilitar a leitura àqueles mesmo que o quiserem aproveitar; não tive outro fim, nem tenho outra aspiração senão dar aos talentos musicais um pequeno tema para desenvolverem.
>
> Não espero nada de semelhante publicação; pois ninguém ignora que a poesia lírica de uma ópera fica inteiramente obscurecida pela música.[101]

Depois de uma breve consideração sobre o ofício de libretista em países como a Itália, José de Alencar continua a justificar-se acerca da qualidade do texto, reafirmando, mais uma vez, o seu objetivo ao escrever a obra:

> Ao contrário, fazer uma ópera deve ser, e é, para um homem que tenha um pouco de gosto literário, um sacrifício; sacrifício de tempo, sacrifício de ideia, sacrifício de personalidade; porque

---

Bruno. *História da Música Brasileira: dos primórdios ao início do século XX*. Porto Alegre: Ed. Movimento, 1976, p. 104.

101 ALENCAR, José. *A Noite de São João*. O libreto utilizado consiste em versão divulgada por Paulo Murgayar Khul, no endereço: <http://www.iar.unicamp.br/cepab/libretos/libretos.htm>.

Música e civilização   179

> nesse gênero de drama é muitas vezes preciso que o pensamento do autor se modifique, para subordinar-se à inspiração do professor. Entretanto é mister que aqueles que amam a música façam esse sacrifício; outros, segundo me consta, já deram o exemplo; seja-me também permitido pois apresentar também minha pequena oferenda no templo das artes.[102]

Após um pequeno aparte a respeito do assunto tratado no libreto, trecho que será analisado mais adiante, o autor conclui esse breve texto introdutório com as seguintes palavras:

> Eis o que julgo necessário dizer àqueles a quem dedico esta ópera; aos literatos não me dirijo, porque já adverti que isto não é um trabalho feito com esmero; é uma simples tela em branco que o compositor se incumbirá de colorir. Finalmente, tendo sido meu desejo, escrevendo isto, somente o ver uma ópera nacional de assunto e música brasileira, cedo de bom grado todos os meus direitos de autor àquele que a puser em música o mais breve possível.[103]

É possível que José de Alencar exagere ao declarar seu desejo desinteressado nas possíveis glórias advindas da obra; no entanto, a própria composição e o trecho final da introdução revelam certa demanda relativa à composição de libretos de óperas e, mais ainda, libretos que contivessem traços nacionais. Nesse sentido, o próprio autor menciona o fato de a peça não ter sido escrita para nenhum compositor específico, cedendo seus direitos para o primeiro artista que aceitasse tal tarefa. Ainda mais, com base no concurso realizado nos anos anteriores e pelo próprio expediente utilizado pela Imperial

---

102 ALENCAR, José, op. cit.

103 Ibidem.

Academia na maioria das apresentações, essa prática foi bastante comum, principalmente a partir da década de 50 do Oitocentos.

Assim, as expectativas em torno da criação de uma ópera nacional, com assunto e música brasileiros, foram alcançadas de maneira inequívoca com a estreia de "A Noite de São João". A respeito da música, cumpre destacar mais uma vez a predominância da estética italiana, fato atestado pelos inúmeros textos e comparações entre os compositores nacionais e os expoentes do teatro lírico italiano.[104] Quanto ao libreto, segundo a denominação encontrada na edição em questão, trata-se de uma "ópera cômica em um ato", cuja ação se situa no Rio de Janeiro, mais precisamente em Botafogo, no ano de 1805. A ópera não é extensa, o que se reflete na própria composição dos personagens, já que além do coro são listados apenas dois protagonistas e dois coadjuvantes. O traço mais importante da obra, porém, reside no assunto tratado no libreto; a esse respeito, José de Alencar, na introdução referida acima, explica a escolha do tema nos seguintes termos:

> Agora duas palavras sobre o motivo e a ideia dessa composição.
> O enredo é o que há de mais simples e de mais natural naqueles tempos de boas crenças que já lá vão. É uma lenda muito conhecida sobre a noite de São João.
> Em Portugal a flor sibilina era a alcachofra, tão cantada por Garret e pelos outros poetas portugueses; mas a crença popular lá e aqui no Brasil dava a mesma virtude a outras plantas, sobretudo ao alecrim, talvez pela facilidade de

---

104 Mais uma vez é importante reafirmar que a predominância do teatro lírico italiano não significa a inexistência de apropriações ou mesmo a inserção de pequenos trechos de ritmos nacionais nas peças. Ainda que tal fato possa ser observado, é inegável que as reflexões acerca do nacionalismo dessa expressão artística não passavam pela da estética musical propriamente dita.

Música e civilização   181

transplantar-se por galho, o que fazia que a sorte agradasse a todos. Pode ser que notem alguns muita inocência e muita ingenuidade no amor que forma a pequena ação desta ópera; mas se refletirem que a cena se passa em 1805 no Rio de Janeiro, então colônia, em época de abusões, de prejuízos, de crenças e tradições profundas, ainda não destruídas pela civilização, de certo não estranharão como defeito aquilo que só é naturalidade.[105]

O enredo da ópera toma, portanto, uma tradição fundada no costume popular para dotar a obra de "cor local", justificando, assim, a sua classificação como ópera nacional.[106]

Essa tradição associada com a noite de São João, aliás, tem importante lugar dentro do desenvolvimento da ópera, notadamente em seu desfecho. A trama da peça gira em torno do amor entre Carlos e Ignez e os entraves para a união dos mesmos, devido aos compromissos assumidos: Carlos tenciona a carreira militar por amor à pátria e a jovem sente-se obrigada a ingressar em um seminário por temor a Deus. Aconselhados por uma cigana chamada Joana, os dois jovens recorrem à tradição popular para encontrarem melhor sorte e resolverem o impasse em que se encontram, cantando os seguintes versos:

Filha, à meia noite irás
Sozinha lá no jardim:
De joelhos colherás
Um raminho de alecrim.
Plantarás mesmo ao relento:
Se o raminho florescer,

---

105 ALENCAR, José, op. cit.

106 Em relação à "cor local", convém citar mais uma vez um trecho do texto de Macedo Soares, "Considerações Acerca da atualidade de nossa literatura", reproduzido por Antonio Candido: "Os costumes são, se assim me posso exprimir, a cor local da sociedade, o espírito do século". In: CÂNDIDO, Antonio, op. cit., p. 11.

> Conseguirás teu intento:
> E feliz terás de ser.
> Às vezes vem um anjinho
> Bafejar a linda flor;
> Ele te dirá baixinho:
> - Deus protege o teu amor.[107]

A tradição popular, portanto, figura com um importante elemento na trama escrita por José de Alencar, já que graças à intervenção da velha cigana e à adoção de seus conselhos é que os desencontros entre os dois protagonistas são solucionados. Além disso, em diversos outros momentos, encontram-se referências à tradição popular da noite de São João, como mostra a cena da abertura e os primeiros versos do libreto:

> Cena I.
> FAMÍLIAS, MOÇOS, MOÇAS que vão à festa,
> VOZES DESTACADAS.
> Viva S. João
> Santo folgazão!
> CORO DE RAPAZES E MOÇAS.
> Ao clarão das fogueiras
> Meus amigos, brinquemos!
> Alegres companheiras,
> S. João festejemos.
> CORO DE RAPAZES.
> Boa sorte, moça gentil,
> Boa sorte lhe dê o fado;
> E que se case em abril
> Com quem for do seu agrado.
> CORO DE MOÇAS.
> Boa sorte, gentil senhor,
> Hoje lhe dê S. João;
> Que não veja maio em flor
> Sem ter preso o coração.[108]

---

107 ALENCAR, José, op. cit.

108 ALENCAR, José, op. cit.

Além da utilização de uma tradição local como tema principal, outro aspecto da ópera merece destaque, representado pela caracterização dos personagens. Na trama, os dois protagonistas são vítimas de um desencontro amoroso devido à nobreza de caráter que possuem, mas uma nobreza simbolizada por duas atitudes bastante específicas: Carlos pretende seguir carreira militar para defender a pátria, enquanto Ignez pretende entrar no seminário por amor a Deus e à religião. O desfecho da peça, ou seja, a união dos dois jovens, tem estreita ligação com uma ideia de recompensa por essas qualidades morais envergadas pelos protagonistas. Aliás, não apenas na ópera de José de Alencar, mas na grande parte dos libretos analisados, existe uma finalidade moral marcante, seja através da exaltação à pátria ou mesmo por meio de uma condenação explícita a determinados comportamentos, como no caso da ópera de Henrique Alves de Mesquita.

Após a estreia de "A Noite de São João", outras óperas nacionais ainda foram representadas nos palcos do Rio de Janeiro, sempre por intermédio da Imperial Academia de Música e Ópera Nacional. É natural, portanto, que o encerramento das atividades da instituição, em 1863, tenha significado uma queda brusca das composições do gênero na cidade, e mesmo a alteração dos parâmetros e das expectativas em torno da atividade musical no Rio de Janeiro. Ainda em relação à criação de uma ópera nacional, é significativo que os esforços nesse sentido tenham rendido frutos mais expressivos apenas alguns anos após a extinção da Imperial Academia, e não em território nacional, pois foi na Itália que Carlos Gomes compôs a partitura de "O Guarani", com libreto baseado na obra homônima de José de Alencar. A obra, de evidente motivo nacionalista, já que inspirada por um romance indianista, estreou no Teatro Alla Scala de Milão, em 19 de março de 1870; dez anos depois, em 02 de dezembro de 1880, Carlos Gomes apresenta pela primeira vez sua ópera no Rio de Janeiro. Nas duas ocasiões, tanto público e crítica recepcionaram a obra com inegável entusiasmo, o que revela que, mesmo quinze anos depois da extinção da Imperial Academia, ainda existia espaço para a execução de óperas nacionais.[109] Aliás, é emblemático que a consagração de Carlos Gomes tenha ocorrido apenas na Europa, nomeadamente na Itália, uma vez que o modelo mais evocado para o desenvolvimento da atividade musical no país derivava da música europeia, principalmente do teatro lírico italiano. Nesse sentido, Wilson Martins faz um comentário interessante a respeito do desenvolvimento estético da obra de Carlos Gomes, argumentando que qualquer possibilidade de aproveitamento de ritmos ou gêneros musicais autóctones em sua estética musical foi interrompida a partir da mudança para a Itália.[110]

Como dito anteriormente, os parâmetros para a produção da música nacional não se constituíram como um esquema invariável, embora possuísse alguns traços bem específicos. O desenvolvimento dessa arte esteve ligado, primeiramente, à presença de companhias líricas estrangeiras, notadamente italianas, no Rio de Janeiro; mesmo as apresentações de obras nacionais, ocorridas nas primeiras décadas do século XIX, parecem representar mais uma exceção do que um projeto definido de nacionalização da música. Por sua vez, quando a

---

109 Apesar do inegável declínio desse gênero de espetáculos, substituídos nos teatros pela ópera cômica francesa; como visto no primeiro capítulo, as operetas e o teatro de revista possuíam objetivos e parâmetros que se distanciavam em grande parte do postulado para a atividade musical nacional até meados da década de 60 do Oitocentos.

110 O autor cita uma passagem de Luís Heitor para reforçar essa avaliação: "Na ópera de 1863 (Joana de Flandres), escreve Luís Heitor, 'há reflexos de musicalidade brasileira, esparsa na espantosa floração de modinhas da época, em muitas páginas da partitura que o compositor escreveu para o sombrio dramalhão imaginado por Salvador de Mendonça'. Essa 'tentativa primaveril' ficaria truncada para sempre com a partida do compositor e subsequente integração numa corrente musical que, precisamente por estar no apogeu, já havia iniciado o seu período de declínio histórico." MARTINS, Wilson. *História da Inteligência Brasileira V. III* (1855-1877). São Paulo: Cultrix, 1977, p. 307-308.

necessidade de desenvolvimento da música nacional começa a figurar com mais frequência em textos e artigos do período, o modelo do teatro lírico italiano permanece como o ideal almejado. Mais do que a criação de uma música nacional, cumpria realizar a nacionalização do teatro lírico; esse fato, aliás, justifica a inclusão tardia do idioma português como tema de discussão, já que apenas no final da década de 60 do Oitocentos observa-se a produção de libretos que privilegiavam o idioma pátrio. A temática utilizada nos libretos, por sua vez, apresenta uma variação entre a inspiração indianista, a utilização de temas históricos, a inserção de "cor local" ou mesmo a recorrência ao passado medievo europeu, o que impossibilita encontrar um parâmetro único para a atividade musical do período. Isso não nos impede, porém, de afirmar que tal atividade estava intimamente ligada a um ideal de progresso e de civilidade, simbolizado nos próprios temas tratados nos libretos e no estatuto privilegiado do teatro lírico italiano no Rio de Janeiro oitocentista.

Considerações finais

> *"Se o canto, pois, é o atributo ainda dos povos mais selvagens, com mais forte razão o é dos povos civilizados. A música, com efeito, é a inseparável companheira da civilização; com ela progride e se desenvolve, recebendo e comunicando alternadamente seus caráter e influência."* [1]

A chegada da corte portuguesa ao Rio de Janeiro produziu alterações nas mais diversas áreas. Na esfera musical não foi diferente, principalmente devido aos incentivos do monarca português a esta expressão artística, tanto no apoio que deu à sua vertente sacra, por meio da fundação da Capela Real, ou na promoção de temporadas líricas estrangeiras, no recém inaugurado Real Teatro São João. Como motivação para essas medidas, estava o desejo de adequar a cidade aos novos habitantes, reproduzindo nos trópicos instituições capazes de fomentar o progresso da população a partir de modelos europeus. Assim, nessa "cruzada civilizatória" empreendida na nova capital do Império, a música deveria desempenhar importante função, sendo considerada como veículo portador de uma mensagem pedagógica e moralizante para o público. No decorrer do Oitocentos, devido ao aumento da atividade musical na cidade, a convergência entre a promoção de gêneros musicais específicos e um ideal de nação se tornou ainda mais evidente; instituições como o Conservatório de Música e a Imperial Academia de Ópera foram criadas com o objetivo de promover a formação de artistas líricos,

---

1   SILVA, Francisco Manuel da. "Discurso para a inauguração do Conservatório de Música", 13 de agosto de 1848. In: ANDRADE, Ayres, *op. cit.*, p. 253-260.

e, consequentemente, o estabelecimento de um teatro lírico de inspiração nacionalista.

Essa concepção voltada para a valorização de gêneros musicais europeus, conforme descrita anteriormente, esteve também presente nas páginas de diversos jornais e revistas do período, que se consolidaram ao longo do século XIX como um espaço privilegiado para que diversos autores promovessem atividade musical na cidade, atividade essa vinculada à uma função social específica: uma arte capaz de moralizar a população e contribuir para o progresso nacional. Como bem expressou Francisco Manuel da Silva em seu discurso inaugural do Conservatório de Música, o progresso da nação pressupunha necessariamente o desenvolvimento e aperfeiçoamento da arte musical. Por sua vez, como ilustrado pela análise dos textos oitocentistas, esse desenvolvimento deveria ocorrer a partir de parâmetros restritos, uma vez que os gêneros importados do Velho Continente se apresentavam como os únicos aceitáveis para servir de modelo para a produção musical nacional.

Assim, devido aos ideais cultivados pelos homens de cultura do período em relação à atividade artística, e à música em particular, qualquer aspecto capaz de prejudicar o desenvolvimento musical da nação mereceu atenção nas páginas de jornais e revistas. Em outras palavras, além das considerações estéticas propriamente ditas, a crônica musical oitocentista ocupou-se da descrição das condições estruturais dos teatros, de problemas administrativos, do financiamento das instituições dedicadas à música, da presença de companhias líricas estrangeiras na cidade, do comportamento do público dos teatros, entre outros. Mais do que meras avaliações críticas, é possível identificar nos textos oitocentistas a busca um modelo ideal de atividade musical, contemplando, inclusive, aspectos que ultrapassavam quaisquer critérios estéticos.

Além de constituir uma das principais tópicas presente nas crônicas musicais, essa concepção esteve presente também como motivo para a fundação e manutenção dediversas instituições no período. Se para Dom João, o objetivo primeiro de sua "cruzada civilizatória" era adequar a cidade à nova condição de centro do império, nas décadas posteriores tornou-se urgente a criação e promoção de instituições com condição de "fundar" uma música nacional. Não era outro o objetivo do Conservatório de Música, criado em 1848, instituição idealizada como espaço de formação de artistas nacionais para a arte do canto e do teatro. Entretanto, a instituição mais emblemática do período foi a Imperial Academia de Música e Ópera Nacional, criada em 1857, para atender aos desejos de um teatro lírico de inspiração nacionalista. Malgrado as dificuldades enfrentadas, em seu breve período de funcionamento a instituição atendeu, ao menos em parte, às expectativas criadas em torno de sua fundação: além da montagem daquela que foi considerada a primeira ópera nacional, "A Noite de São João", a Imperial Academia assistiu também aos primeiros trabalhos do jovem Carlos Gomes, compositor que alcançaria sucesso alguns anos depois na Itália com a ópera mais representativa do período, "Il Guarany".

Embora o cenário musical fluminense não se restringisse ao teatro lírico, essa manifestação cultural impôs-se como modelo privilegiado para a produção musical nacional. Nas crônicas musicais do período, os espetáculos líricos de companhias estrangeiras recebiam atenção especial, inclusive com a defesa do financiamento do poder público para garantir tais apresentações. Para os autores desses textos, a arte só poderia progredir mediante a presença das grandes obras nos teatros, obras nas quais os artistas nacionais deveriam inspirar-se. Dessa forma, não é exagero afirmar que a presença da música europeia, e do teatro lírico italiano em particular, foram considerados como um sinal claro do progresso das artes no país;

diante disso, as reflexões em torno da necessidade de criação e desenvolvimento de uma música nacional voltaram-se especialmente para essa expressão musical, considerada o modelo ideal para a produção de uma arte de caráter nacionalista. É necessário esclarecer, porém, que dessa proeminência da estética europeia não decorre que gêneros de inspiração popular inexistissem; ainda que lundus e outros ritmos estivessem presentes na sociedade fluminense do período, tais gêneros não gozavam do estatuto privilegiado reservado às expressões artísticas europeias.

Além disso, a identificação de parâmetros específicos para a atividade musical do período não significa a existência de um modelo único, ou mesmo de um esquema invariável para a música produzida. O desenvolvimento da arte nacional esteve ligado, primeiramente, à presença de companhias líricas estrangeiras, principalmente italianas, no Rio de Janeiro. A necessidade da "fundação" de uma música nacional, aliada ao tema da criação de uma ópera nacional, começa a tomar forma apenas na década de 50 do Oitocentos, como fica evidente na criação de um concurso destinado à composição de um libreto com assunto patriótico, tentativa empreendida pelo diretor do Teatro Provisório, João Antonio de Miranda. É certo que após a chegada da corte ao Rio de Janeiro, em 1808, algumas obras de autores nacionais vieram à público. Ainda que tais obras possuíssem uma pretensão patriótica, simbolizado pelos elogios à figura de Dom João e ao império português, seria anacrônico relacioná-las com uma motivação nacionalista surgida apenas nas décadas posteriores.

Mesmo a composição de libretos no idioma português não pode ser considerada como uma expetativa permanente, uma vez que é possível observar, por exemplo, a composição de óperas em italiano, embora com um assunto nacional. Nesse aspecto, os trabalhos desenvolvidos pela Imperial Academia de Música e Ópera são também emblemáticos: se por um lado a entidade institucionalizou o idioma português nos libretos, por outro, os traços nacionais aí inseridos se diluíram, quando não foram abolidos totalmente. Entre as obras encenadas pela instituição é possível elencar uma de inspiração indianista, outras com utilização de um tema histórico-nacionalista ou de "cor local" e duas com uma temática voltada para o medievo europeu. Todavia, mesmo reconhecendo a inexistência de um parâmetro definido, a atividade musical no Rio de Janeiro oitocentista esteve ligada, de maneira recorrente, a um ideal de progresso e de civilidade, presente não somente nas instituições, mas também nas óperas e demais obras líricas encenadas, e, sobretudo, nas próprias expectativas presentes na crônica musical oitocentista.

Referências bibliográficas

ALENCASTRO, Luiz Felipe de. *Vida Privada e Ordem Privada no Império*. In: ALENCASTRO, Luiz Felipe de. (org). História da Vida Privada no Brasil, 4ª Ed. V. 2. São Paulo: Companhia das Letras, 1999.

ALMEIDA, Renato. *História da Música Brasileira*. Rio de Janeiro: F. Briguiet e Comp., 1926.

ANDRADE, Ayres. *Francisco Manuel da Silva e Seu tempo 1808-1865*. Rio de Janeiro: Tempo, 1967.

ANDRADE, Mário. *Música, Doce Música*. São Paulo: Martins, 1976.

_____. *Pequena História da Música*. São Paulo: Martins, s/d.

AZEVEDO, Luís Heitor Correia de. *Bibliografia Musical Brasileira (1820-1950)*. Rio de Janeiro: Inst. Nacional do Livro, 1952.

CANDIDO, Antonio. *Formação da Literatura Brasileira (momentos decisivos)*. Belo Horizonte: Itatiaia, 1981.

CARDOSO, Lino de. *O Som e o Soberano*: uma história da depressão musical carioca pós-Abdicação (1831-1843) e seus antecedentes. São Paulo, 2004, Tese Doutorado – FFLCH/Universidade de São Paulo.

CARVALHO, José Murilo de Carvalho de. *A Construção da Ordem: a elite imperial; Teatro das Sombras: a política imperial*. Rio de Janeiro: URFJ, 1996.

CAVALCANTI, Nireu. *O Rio de Janeiro Setecentista: a vida e a construção da cidade da invasão francesa até a chegada da corte*. Rio de Janeiro: Jorge Zahar, 2004.

COLI, Jorge. *A Paixão Segundo a Ópera*. São Paulo: Perspectiva/Fapesp, 2003

CONTIER, Arnaldo. *Música e Ideologia no Brasil*. São Paulo: Novas Metas, 1985.

DREYFUS, Hubert L. & RABINOW, Paul. *Michel Foucault: uma trajetória filosófica*. Rio de Janeiro: Forense Universitária, 2010.

ELIAS, Norbert. *Mozart: sociologia de um gênio*. Rio de Janeiro: Jorge Zahar, 1995.

FARIA, João Roberto. *Ideias Teatrais: o século XIX no Brasil*. São Paulo: Perspectiva/Fapesp, 2001.

FOUCAULT, Michel. *A Ordem do Discurso*. São Paulo: Loyala, 2007.

_____. *Arqueologia do Saber*. Rio de Janeiro: Forense Universitária, 2010.

_____. *Microfísica do Poder*. São Paulo: Edições Graal, 2010.

FRANÇA, Jean Marcel Carvalho. *Literatura e Sociedade no Rio de Janeiro oitocentista*. Lisboa: Imprensa Nacional/Casa da Moeda, 1999

GIRON, Luís Antonio. *Minoridade Crítica: a ópera e o teatro nos folhetins da corte*. São Paulo: Ediouro, 2004.

KIEFER, Ana Maria. *Comédia Musical Urbana*. In: *A Comédia Urbana: de Daumier a Porto Alegre*. Comédia Musical Urbana: CD encartado no catálogo da exposição "Comédia Urbana" (curadoria de Heliana Salgueiro). CD Akron / FAAP, São Paulo, 2003.

KIEFER, Bruno. *História da Música Brasileira: dos primórdios ao início do séc. XX*. Porto Alegre: Editora Movimento, 1976.

KUHL, Paulo Murgayar. *Cronologia da Ópera no Brasil – século XIX (Rio de Janeiro)*. Campinas: Cepab/Unicamp, 2003.

LIMA, Oliveira. *Dom João VI no Brasil*. Rio de Janeiro: Topbooks, 1996

MAGALDI, Cristina. *Music in Imperial Rio de Janeiro: European Culture in a Tropical Milieu*. Maryland: Scarecrow Press, 2004

MARIZ, Vasco. *A Música no Rio de Janeiro no tempo de D. João VI*. Rio de Janeiro: Casa da Palavra, 2008

_____. *História da Música no Brasil*. 2ª Ed., Rio de Janeiro: Civilização Brasileira, 1983.

MARTINS, Wilson. *História da Inteligência Brasileira V. II (1794-1855)*. São Paulo: Cultrix, 1977.

_____. *História da Inteligência Brasileira. V. III (1855-1877)*. São Paulo: Cultrix, 1977.

MASSIN, Jean. *História da Música Ocidental*. Rio de Janeiro: Nova Fronteira, 1997

MONTEIRO, Mauricio. *A Construção do Gosto: música e sociedade na Corte do Rio de Janeiro – 1808-1821*. São Paulo: Ateliê Editorial, 2008

PACHECO, Alberto José Vieira. *Castrati e outros virtuoses: a prática vocal carioca sob a influência da Corte de D. João VI*. São Paulo: Annablume; Fapesp, 2009.

PRADO, Décio de Almeida. *História Concisa do Teatro Brasileiro*. São Paulo: Edusp, 1999.

_____. *Seres, Coisas, Lugares: do teatro ao futebol.* São Paulo: Companhia das Letras, 1997.

_____. *Teatro de Anchieta a Alencar.* São Paulo: Perspectiva, 1993.

SANTOS, Antônio Carlos dos. *Os Música Negros: escravos da Real Fazenda de Santa Cruz no Rio de Janeiro 1808-1832.* São Paulo: Annablume, 2009.

SILVA, Maria Beatriz Nizzada. *Cultura e Sociedade no Rio de Janeiro (1808-1821).* São Paulo: Nacional, 1978.

SOUZA, Silvia Cristina Martins de. *As Noites do Ginásio: teatro e tensões culturais na corte (1832-1868).* Campinas: Unicamp, 2002.

SUSSEKIND, Flora. *As Revistas de Ano e a Invenção do Rio de Janeiro.* Rio de Janeiro: Nova Fronteira, 1986.

VEYNE, Paul. *Como se escreve a história e Foucault revoluciona a história.* Brasília: UNB, 1998.

_____. *Foucault: seu pensamento, sua pessoa.* Rio de Janeiro: Civilização Brasileira, 2011.

Documentos

Libretos de peças líricas:

Libretos disponíveis em: <http//www.iar.unicamp.br/cepab/libretos/libretos.htm>.

COUTINHO, Gastão Fausto da Câmara. *O Triunfo da América,* 1810.

LEITE, Antonio Bressane. *A União Venturosa,* 1811.

COUTINHO, Gastão Fausto da Câmara. *O Juramento dos Numes*, 1813.

PORTUGAL, Marcos. *Augurio di Felicitá*, 1817.

PORTO ALEGRE, Manuel de Araújo. *Prólogo Dramático*, 1837.

ARAÚJO, Antonio José. *Il Genio Benefico Del Brasile*, 1847.

ALENCAR, José. *A Noite de São João*, 1857.

Libretos consultados na Divisão de Música e Arquivo Sonoro da Biblioteca Nacional.

SIMONI, Luiz Vicente de. *Marília de Itamaracá ou A Donzela da Mangueira*, 1854.

MACEDO, Joaquim Manuel. *O Fantasma Branco*. Rio de Janeiro: Emp. Typ. Dois de Dezembro, 1856.

FRANÇA, Ernesto Ferreira. *Lindoia*. Leipzig, 1859, 1859.

A União do Império. Rio de Janeiro: Tip. Paula Brito, 1860.

Moema, 1860.

ABREU, Francisco Bonifácio. *Moema e Paraguassu*. Rio de Janeiro: Typ. Regenerador, 1860, 1860.

REIS, A. J. Fernandes dos. *A Noite do Castelo*, 1861.

MENDONÇA, Salvador. *Joana de Flandres ou A Volta do Cruzado*. Rio de Janeiro: 1863.

GUMIRATO, Francisco. *O Vagabundo ou A Infidelidade, Sedução e Vaidade Punidas*. Rio de Janeiro: Typ. do Comércio, 1863.

Periódicos e outras fontes

Coleção de Leis do Brasil de 1810 – Cartas de Lei, Alvarás, Decretos e Cartas Régias de 1810. Rio de Janeiro: Imprensa Nacional, 1890.

Coleção de Leis do Império do Brasil, Tomo X, Parte II. Rio de Janeiro: Typografia Nacional, 1848.

Coleção de Leis do Império do Brasil, Tomo XVIII, Parte II. Rio de Janeiro: TypografiaNacional, 1855.

Disponíveis em:

<http://www2.camara.gov.br/atividade-legislativa/legislacao/publicacoes/doimperio/colecao1.html. Acesso em: 01/11/2010>.

Viajantes

CALDCLEUGH, Alexander. Travels in South America, during the years 1819-1821. London, 1897.

DEBRET, Jean Baptiste. Viagem Pitoresca e Histórica ao Brasil. São Paulo: Martins Fontes, 1954

LUCCOCK, John. Notas sobre o Rio de Janeiro e partes Meriodinais do Brasil. Belo Horizonte: Itatiaia; São Paulo: Edusp, 1975.

Periódicos

ALENCAR, José de. Ao Correr da Pena. São Paulo: Instituto de Divulgação Cultural, s/d.

PENA, Martins. *Folhetins: a semana lírica*. Rio de Janeiro: Instituto Nacional do Livro, 1965.

O Patriota: jornal literário, político e mercantil do Rio de Janeiro (1813-1814).

O Espelho Diamantino: periódico de literatura, belas artes, teatro e moda (1827).

Revista Nitheroy (1836).

O Correio das Modas: jornal crítico e literário das modas, bailes, teatros etc. (1839).

O Gosto: jornal de teatros, literatura, modas, poesia, musica e pintura (1843).

A Borboleta: periódico miscelanico (1844).

O Belchior: político (1844).

A Lanterna Magia: periódico plástico-filosófico (1844/1845).

O Artista: publicação semanal sobre teatros (1849).

O Beija Flor: Jornal de Instrução e Recreio (1850).

Guanabara: artística, científica e literária (1850).

O Bodoque Mágico: periódico satírico original (1851).

O Clarim dos Theatros: publicação crítica (1851).

O Corsário Vermelho: jornal literário e de crítica teatral (1851).

O Montanista: publicação crítica sobre teatros (1851).

O Orsatista: publicação crítica sobre teatros (1850/1851).

Revista Brazileira: jornal de ciências, letras e artes (1857).

O Espelho: revista semanal de literatura, modas, indústria e artes (1859).

Jornal da Sociedade Philomatica (1859).

O Paiz (1860).

Revista Teatral: jornal diletante, variado e imparcial (1860).

Entreacto: jornal ilustrado com retratos e caricaturas (1860).

Revista Popular: noticiosa, cientifica, industrial, história, literária, artística etc. (1859/1862).

Dom Pedro II (1871).

Merrimac: publicação hebdomadária, humorística, crítica, satírica e literária (1873).

# Anexos

Lindoya
Tragédia lírica em quatro atos
Ernesto Ferreira França
Leipzig 1859
à majestade imperial
Senhor D. Pedro II
restaurador das letras pátrias
Ernesto Ferreira França

PESSOAS

Frei Lourenço, diretor da Missão
Frei Domingos
Frei Raphael
Lindoia
Guaycambo
Cepé
Pindô
Andrade
Menezes
Uma voz feminina
Os padres
Soldados
Coro de Indígenas: homens, mulheres e crianças

Lugar do acontecimento: as Missões do Uruguai
Época: a segunda metade do século XVIII

ATO PRIMEIRO

Uma igreja nas Missões: o interior de um templo magnífico, edificado em abóboda, (Uruguai, canto V); um altar simples, mas ricamente paramentado (Uruguai, fim do canto IV).

CENA I

Frei Raphael, Frei Lourenço e Frei Domingos.

Frei Lourenço (tendo em mãos vários documentos).
Ei-la a mensagem que enviou-me o chefe
Das coligadas forças, transmitindo
Ordens que em Portugal lhe foram dadas,
Mais críveis de esperar de iníquo mouro
Do que de um rei piedoso. Oh! quão mudados
Quão diversos os tempos vejo desses
De Castella em que os áureos estandartes
Com os lusos pendões rivalizavam
Em dilatar a fé e a observância
Da redentora Lei, de África e Ásia
Por vastíssimos reinos, e deste outro
E novo continente dividiam
Os católicos Reis e os Portugueses
O ubérrimo império, obedientes
Aos decretos da Igreja! Ó bem nascida
A forte gente então no que o Céu punha
A confiança invicta, e esforçada
Na divina palavra, cometia

Com patente denodo mais que humano,
Feitos de alto valor que ainda hoje soam
Onde quer que na terra. Pela boca
Dos servos do Senhor as nações dóceis
Da salvação à voz, os são preceitos
Da verdade infalível impetrando,
De duradouros bens avantajadas,
Ouviam venerandos. Sim! Ditosas,
Presentíssimas eras! Sob auspícios
Da militante Igreja florescia
O Império de Cristo e recobravam
Os povos a alheada liberdade.
Do vexilo sagrado à sombra pia,
As deprimidas letras, ressurgindo,
A glória do Senhor perduradouro
Monumento elevavam, derramando
Dos séculos pagãos na morta letra
Nova luz, nova vida, divulgando
O espírito celeste e expelindo
Com raio criador a fria treva
Que os corações impede. Ó bem nascida
A dura gente então, a forte gente!
Pios, felizes, fortunosos tempos,
Em que a cerviz real crinitas frentes
Do sublime Hildebrando aos pés curvavam!
Presentíssimas eras! Hoje os agros,
Os próprios ermos disputar-nos ousam
Em que, recente, a germinar começa
De novo o pão divino, o grão eleito
Da mal guardada Lei! Último abrigo,
Derradeiro despojo, estes retiros

Abandonar devemos, peregrinos
Nova seara confiar à terra,
Novos lares buscar, nova seara,
Mal florente, por ímpias mãos […],
Ávidas, incuriosas! – os ditames
Ouvis que nos transmitem os ausentes,
Usurpadores árbitros da sorte
De não cuidados povos, os que um dia,
Filhos da Igreja se chamavam; ímpios
Filhos de aflita mãe!

Frei Domingos.
E vós, ó Padre,
Que resposta lhes dai?

Frei Lourenço
Hoje Guayacambo
E mais Cepé enviarei a Andrada.
Nimio, é certo, em tais meios não confio;
Essas eras de nós estão já longe:
Mas convém ao possível abrir passos.
Vejam, pretendo que o império nosso
Só no bem destes povos tem o apoio,
E em seu amor a força.

Frei Domingos
Mas Lindoia
Hoje a Guayacambo unir não tencionáveis?

Frei Lourenço
Sim, hoje a ele prometi-a esposa:

Adoram-se ambos; o Senhor os cubra
De estremecidas bênçãos!
Par mais condigno e demais prendas posto,
Supor mal posso, ou já que mais do que este
Ver quisera feliz; porém primeiro
Interesse maior consultar devo.
Tarefa amável é fazer ditosos,
E o velho ancião dessa já só ventura,
(Perdoai-me Senhor!) se priva a custo.

Frei Domingos
Tal é do sacerdote o dever árduo:
Abnegação e amor; de que virtude.
Nestes infaustos e provados dias,
Vós, Padre, ora o exemplo edificante
Nos estais dando.

Frei Lourenço
Irmão, o mais indigno,
O derradeiro eu sou dos servidores
Dos servos do Senhor; quanto me falta
Agora eu vejo, nesta hora aziaga.
Ah! não; eu não me iludo:
Prenhe de casos o futuro avulta;
A mão da Providência descarrega
Seu peso sobre nós. É grande, é grave
O encargo em nós deposto!

Frei Raphael.
Abençoada a mão que nos humilha;
Só visita o Senhor os seus eleitos.

Frei Lourenço
Tu o disseste, irmão, bendita seja.

Frei Domingos
É pois verdade que as esquadras mistas
Nos acometem próximas?

Frei Lourenço
É certo.

Frei Domingos.
Quem jamais tal diria!
Espanha e Portugal virem conjuntos,
Sem resguardo de lei, ou de justiça,
O extermínio trazer a um povo insonte
Que o jugo do Senhor dócil acata!

Frei Raphael
Seja feita a vontade onipotente
Do Senhor das cortes: santo, santo
Santo, três vezes santo o seu nome!

Juntos
Sim, seja feita a vontade
Do Rei dos Céus e da Terra;
Dar-nos a paz também pode
A mão que nos deu a guerra.

Frei Raphael
Cobrai ânimo, ó Padre: com solércia,
Sobre nós sem cessar, o Céu vigia.

Frei Lourenço

Não, o temor não é de humanos males
O que a minha alma abate.
Bem diminuto é que a mesquinha vida,
Já na última hora,
Nas mãos do Criador entregue humilde,
Quem o Senhor por dilatados anos
Alimentou bondoso.
Trepida acaso o servidor antigo
Ao encarar os riscos que acompanham
A defesa do teto que abrigou-o,
Hospitaleiro, em foragidos tempo?!
Com quanto a carne tímida fraqueie
(Temeu Jesus a morte!)
Com este que me resta,
Já pouco sangue, fora glória minha
Selar a vida que empreguei indigno,
No culto do meu Deus. Mas estremece,
Move as entranhas minhas o perigo
Dos filhos que adotei, o povo agreste,
Mas sem ardil, inóxio
Que aos meus cuidados o Senhor confia.
Ah! filhos meus! Rudes, porém singelos!
Ver o extermínio desolar meus filhos,
O fogo e o ferro subverter os férteis
Meses que nós plantamos!
Ver em ruínas fumegar no ermo
Esta missão deserta!
Não, que eu não viva assaz para contemplá-lo!

Senhor, se uma única vítima
Aplaca o vosso rigor,
Poupai as mansas ovelhas,
Feri somente o pastor

Se acaso o dócil rebanho
Fugiu longe do cercado,
Foi porque era mal guardado
Foi culpa do guardador.

Frei Raphael e Frei Domingos
Senhor, vós que as avezinhas
Dais sustento e proteção,
Dai amparo ao vosso povo
Na hora da assolação!
(toca o sino, chamando à oração da manhã)

Frei Lourenço
Vamos, é hora de implorar do Eterno
Para o dia que enceta as almas bênçãos:
Possam os rogos deste povo graça
Achar antes os seus olhos.
Hoje o jejum dobre a nossa alma à prece.
Irmãos, orais comigo.

(vão para se aproximar do altar, e ouve-se a certa distância, tornando-se
cada vez mais distinto, o seguinte)

Coro
Mulheres
Surge, ó dia venturoso
Cinge o teu raiar mais belo;

Terno amor, longo desvelo
Verás hoje coroar.

Homens
Uma esposa amante e amada
É a mais subida joia;
De Guayacambo e de Lindoia
Aprendamos nós a amar.

Frei Lourenço
Não ditosa Lindoia, quantas mágoas
Hoje e suspiros te reserva esta hora!

Cena II

Os mesmos: Lindoia e Guaycambo, com louçania adornados. Alguns padres, o Coro. Os padres encaminham-se para o altar e vão entrando as mais pessoas desta cena: ajoelham-se simultaneamente. Há um momento de recolhimento: acesos o turíbulos, o órgão toca o hino *Veni Sancte Spiritus.*

Frei Lourenço
Ó vos cuja grandeza os céus proclamam,
Pai, refúgio, conforto, abrigo nosso;
Cumpra-se a vossa lei em toda parte,
Santificado seja o vosso nome.

Dai-nos, Senhor, o pão quotidiano,
E hoje ainda sejais vós o escudo
Que das paixões nos cubra, a fortaleza
Que para sempre do mal nos livre em tudo.

Deus de bondade, perdoai ainda
A nossa iniqüidade, não segundo
A face da Justiça, mas conforme
O pode a culpa deste frágil mundo!

Da morte quanto enfim ao pó tornados,
Ao lar etéreo revoar nossa alma,
Encontre em vós a triste humanidade
Misericórdia, paz, repouso e calma!
(o órgão toca o hino *Veni Creator*)

O coro

Homens

Habitadores do Orbe,
O Ser imenso adorai;
Lede o seu esplendor nos astros
E o hino sacro entoai.

Mulheres

O Senhor é o meu conforto,
Na hora da tribulação;
Ele dirige os meus passos
Na estrada da salvação

Homens

Seu nome é o onipotente,
Está escrito nos céus;
Ele se apraz na procela
Na fúria dos escarcéus.

Mulheres
Nos passeios vespertinos
O Senhor me há de guiar;
Como um pastor cuidadoso
Há de me ele alimentar.

Homens
Mal o Sol na aurora acorda
Surge a voz da adoração;
E ainda à noite a Lua narra
A história da criação.

Mulheres
O orgulho em suas forças
Confie se vão temor;
Eu a minha alma tremente
Ponho nas mãos do Senhor.

Homens
Até o silêncio mudo
Ergue no ermo o seu louvor;
Gentes que habitais a Terra,
Louvai, louvai o Senhor!

Mulheres
Feliz quem teme o Eterno,
Quem só ama a sua lei;
Ele será com a ovelha
Predileta em sua grei.
(o órgão toca *Laudate Deum, omnes gentes*)

Frei Lourenço
Luz de minha alma, só repouso dela,
Ó elemento, ó piedosa, ó sempre linda;
Ave, tu, em que o mal terreno finda
Ó doce Virgem, Virgem a só bela!

Ave, ó doce, ó piedosa flor singela
De modéstia, que o sol de amor alinda;
Ave, esperança minha, em quem a vinda

Se viu de todo o bem que o mundo anela!

Em asas de Anjo, ao som de um teu queixume.
Da eterna dor a ingente escuridade
Penetra raio do celeste lume.

Por ti á Terra veio a só beldade:
Vaso de graça, torre de perfume,
Achem meus ais sempre ante ti piedade!

O coro completo
Ave, ó Senhora, ó Virgem,
Amparo nosso e abrigo:
Ave, ó de graça cheia,
Seja o Senhor contigo!

Bendita és entre as filhas
Da incerta humanidade;
Bendito o fruto do alto
Seio da virgindade.

Ó santa, ó pura, ó doce
Mãe de clemência infinda,
Roga por nós na hora
Da nossa morte ainda.
(O órgão toca *Salve Regina*)

Frei Lourenço
Podeis-vos ir, ó filhos, retirai-vos:
Seja o Senhor convosco!
(o coro vai para sair; rumor)
Lindoia, e tu Guayacambo,
Ficai porém; tenho a falar-vos, vinde;
Cepé também: Cepé! Que é feito dele?
Uma voz feminina
Um sol há já que, abandonando o colmo,
Mais se não vê na aldeia.

Frei Lourenço
Misero! A quanto obriga
Um desmedido amor! Mas ouve, ó filha;
Guayacambo, inesperado
Sucesso lastimoso
De esposos ainda vos difere a dita.

O coro
Homens
Desditoso Guaycambo!

Mulheres
Lindoia infortunosa!

Juntos
(uns ainda dentro, outros já fora da igreja)
Que novo contratempo
Lhes guarda a sorte imperiosa?

Cena III

Os mesmos, menos o coro.

Guaycambo
O que dizeis, ó padre?

Lindoia
É pois verdade!

Guaycambo
Ó padre, padre!

Lindoia
Eu miseranda!

Frei Lourenço
Filhos, que vejo? Um só impedimento,
O obstáculo de um dia por tal modo
Pois vos pode afligir! [...] esforçai-nos!

Lindoia
Não, padre; ah! eu não temo
A tardança de um dia, mas antolho
Sucessos mil que o coração me agoura

Frei Lourenço
Confortai-vos, que breve haveis de juntos,
Tornar de novo ao mesmo altar que vedes...
Momentosa razão o quer e exige.
Que importa o curto espaço de alguns dias?
No infortúnio tocada,
Terá mais glória e dita,
Tem mais sabor a felicidade...

Lindoia
Quanto,
Quanto, porém, esse único momento
Não custa e tarda ao peito que amor sente!

Frei Lourenço
Eia! Guayacambo, eu te confio honrosa
Missa de alto momento;
Irá Cepé contigo; ambos primeiros
Sempre em tudo exceler vos viu a Aldeia.
Nele confio como em ti confio;
A partir tem te prestes...
Animo, digo! Pois assim te abate
Diminuto desgosto?
Olha essa imagem grave
(para o crucifixo)
Do Rei do céu crucificado e morto!
O que é todo o penar de um mundo frágil
Comparado ao martírio ingente, infando,
Daquele que por nós no fero lenho
Excelso Rei da glória,
Pôs voluntário a vida?

Guaycambo
Deus era, ó padre, humano
Valor não pode tanto.

Frei Lourenço
Não mais! Que o matutino albor primeiro
Longe amanhã, na estrada já te veja;
Entrementes a missiva
Aperceber irei: breve te aguardo.
Na hora que a sombra ao palmital encurta,
Em que se fecha o malmequer selvagem.
Virás, sem mais demora,
Buscar as ordens minha.
(Para frei Raphael)
Irmão, Cepé se busque e a mim trazei-o
(à parte)
Do amor mal pago mitiga-lhe as ânsias.
Dai-lhe conforto e alento. É foro sacro
Da suavidade a voz a quem padece:
Nem é mais grato o orvalho
Ao campo que abrasado foi na sesta,
Quando a noite vizinha
Verte o silêncio no ermo adormecido.

Cena IV

Guaycambo e Lindoia
Lindoia
Ó desditosa, ó triste,
Mesquinha, um só instante

Durou o bem que amante
Meu coração traçou!

Do meu porvir, ó mesta,
Cruel, magoada história!
A luz da minha glória,

Fatal nuvem toldou!
Guaycambo
Foi como um doce sonho.
Na veiga em flor sonhado!
Que ao despertar, ansiado,
Em ais se malogrou.

O dia fortunoso
Que a minha alma evocava,
Mal seu albor raiava,
Na treva se ocultou!

Ambos
Não sei que infaustas cenas
A Sorte me futura;
Sobre a nossa ventura
O sol nem se deitou!

Fim do ato primeiro.

ATO SEGUNDO

Um sítio agreste: uma floresta, uma clareira, duas sendas; à direita uma, e outra à esquerda. É noite, vai pouco a pouco amanhecendo.

Cena I

Lindoia e Guaycambo
Lindoia

(fora da cena, aproximando-se pela senda esquerda com Guaycambo; ambos aparecem no fim desta primeira e começo da segunda estrofe.)

Ó muito amado, a ida
Tua suspende ainda;
É noite, esta dos astros,
A claridade é linda.

Guaycambo
Ó existência minha,
Se eu [...] não consultara
Toda a teu lado a vida
Se me escoara!

A luz que o céu branqueia
É o arrebol da aurora,
Que formosa me increpa
Tanta demora.

Lindoia
Não e a luz da aurora,
É sim a lua,
Que serena me aclara
A feição tua.

Esta de noite amena
É a luz saudosa;
Vê, ainda o céu não doura
Matiz de rosa.

Oh! dá-me ainda
Mais este só momento:
Da ausência eu provo
Já o ínvido tormento.

Guaycambo
Sim, meu amor supremo,
É noite ainda
Eu é que me enganava;
A manhã linda
Nem mesmo assoma no horizonte extremo.
Cuidado vão me ansiava;
É que me importa
A honra, a vida, tudo
A par de um teu sorriso?!
Não me transporta
Sem ti o céu, e mudo
O deserto é contigo Paraíso.

Lindoia
Ah! vem, meu doce encanto;
Volve de novo ainda
Para mim a face que o prazer me entranha.
Eu te amo: em puro agrado,
Celeste, estreme, infinda,
De certo esta hora ao mundo o céu estranha.

Porém que vejo?! Ah! olha!
Vê! Da alva cor se aposta
Lá no confuso oriente,
A relva já não molha
O rocio, e na encosta
Ouve, o tié já ergue a voz cadente.

Guaycambo
Mais um único instante,
Ó cara amada minha,
Momentânea detença não me increpes
A luz que o prado acorda,
Não é a luz do dia,
É sim a luz macia
Da Estrela sem rival.

Cuidado meu, recorda:
Há um momento apenas,
[...] as minhas penas,
Tu não disseste-me [...].

Não vês? Repara como na campina
Reina ainda o silêncio.
Não são tais da alva os raios, são os astros
Que serenando a noite, a nossos olhos
Tornam lúcida a treva.
Mal as montanhas se distinguem dúbias
Na escuridão longínqua.

A voz que disse há pouco,
A encosta sonorosa,
Não é da ave formosa
O canto matinal:

Foi sim o grito louco
De um passarinho ignaro
Cuidando ver o claro
Albor raiar no vau.

Lindoia

Seja embora o que dizes, posso acaso
Duvidar quando te amo?
Nada o confirmaria: atenta a noite
Qual sobre o ermo paira,
E dos ingás em flor a sombra opaca
Avulta silenciosa sobre a relva!
Não, não é dia ainda.

Quanto é suave e mesto,
Delicioso o instante
Roubado ansioso, amante,
Aos ais de um apartar!

Como que a felicidade
Cobra maior doçura
Na mágoa da apertura
Que após vai provar.

De certo o próprio ar me gira em torno
Mais puro e quase etéreo.

Tudo respira paz, tudo é sossego;
Não me ouve um eco, um som; a noite adeja
Com invisíveis asas pela terra:
Mais um momento de inefável dita!
Não, não é dia ainda:
Convém dileto meu! Com os teus ditos
Minha alma reserena;
Repete ainda; ah! dize.

Ambos
A luz que o prado acorda,
Não é a luz do dia;
É sim a luz macia
Da Estrela sem rival.

A voz que disse há pouco,
A encosta sonorosa;
Não é da ave formosa
O canto matinal.

Foi sim o grito louco
De um passarinho ignaro,
Cuidando ver o claro
Albor raiar no vau.
(o sino ao longe toca a matinas)

Lindoia
Mas não... escuta! Ouviste?
Já iludir-nos mais não é possível.
É dia, adeus, é dia; é dia, ah! parte.
(torna a tocar o sino)

Atende! Ouve, é o sino
Que ao coro os padres chama
À matutina prece.
Oh! parte! E um Deus benigno
Lembre-te essa que te ama:
Jamais ela te esquece.
Oh! parte: adeus, sim, parte!
E a hora que te leva.
De quem em ti se enleva,
A mim tornado, nunca mais te aparte!

Guaycambo
Adeus! É justo, adeus! Já no horizonte
Do dia a cor ressumbra, adeus! Ah! quanto
Esta extremada pena mais me punge,
Cuja dor requintar vem a dor tua!

Não paga uma só lágrima
Desse magoado espanto
De mais precioso quanto
Homem neste orbe crê.

Quão fácil é que esplêndido
Formasse o céu brilhante
Quem deu ao teu semblante
Os dons que esta alma vê!

Adeus te digo...
Lindoia
Ah! não; tem mão, detém-te
Um só momento mais! Porém que insânia!

Não, parte, adeus! Ah! não possam
Ver-te ainda os meus olhos!

Esse que veste
No prado o lírio,
Piedade tenha
Do meu martírio!

Ele acompanhe
Sempre os teus passos.
E te devolva
Logo a meus braços.

Guaycambo
Em paz te fica; da minha alma deixo
Contigo a melhor parte!

Quando ditoso ao ver-te
O céu de azul se tingir.
Posso o teu lábio tremente
Um só suspiro entreabrir.

Quando no deserto as urzes
Gemarem ao teu passar,
Possa um instante o teu peito
O meu amor recordar.
Quando a sesta misteriosa
A planície embelecer,
Da calma a mudez te fale
De quem não sabe esquecer.

Lindoia

Quando a rola inconsolada
Acordar o ermo sertão,
A lembrança de quem te ama
Ressurja em teu coração.

Quando o suspiro da noite
For em tua alma pousar,
Ouve em seu pungir secreto
Querelas de um muito amar.

Quando perfluente arroio
Por entre pedras volver,
Recortem-te os prantos tristes
Que hão de estes olhos verter.

Ambos

Em quanto o sol recém-nado
For altos cumes dourar,
Não derem trevas as luzes,
E terra e céu perdurar:

Em quanto a lua a [...]
Amantes ondas beijar;
E da alva a estrela amorosa
Ao rosicler desmaiar:

Em quanto esta pouca vida
Um só alento animar,
Na ausência há de a imagem tua
Sempre em minha alma habitar.

CENA II

Lindoia

Estou só? Não é sonho? É pois verdade!
Aonde estás, cuidado meu, aonde?
Já te não vem os olhos que te viram?
De mim de foste, amigo? Ai! Sorte infinda!
Que tremendo poder rodou-me o berço
E os astros meus nativos e os esgares
Do mal lobrigou torvo?
Oh! duro apartamento! Amando, aonde,
Aonde estás que ouvir-me já não podes?
Em vão grito por ti, bem de minha alma?
Oh! quando, quando te verei ainda?
Jamais talvez? ... jamais! Não, não me engano!
O coração me diz, e diz-me a mente,
Prognostica de danos.
Jamais, meu Deus, jamais; e ontem de esposa,
Ontem, ontem somente,
Mal há um dia, [...], ontem apenas,
Me guardava no altar o nome lindo!
Ó mal ingente! Ó imprecável cura!
Cruciosa aflição! Senhor, conforto!
Ó Virgem, doce Virgem,
Imaculada e santa; anjo radiante
Da minha guarda, em tanta dor valei-me!

O bem que espero
Jamais virá:
Mal de saudade
Me acabará

Roube-me embora
Deus que me deu;
Mal esquecê-lo
Poderei eu?

Não, é debalde;
Nem mesmo o céu
Meu peito amante
Fizera réu.

A imagem desse
Que tanto amei,
Dentro desta alma
Conservarei:

Até que a mote
Triste de mim!
Ponha às saudades
E a vida fim.

O bem que adoro
Jamais virá:
Quem magoa tanta
Me lenirá!

Tornar, já o antevejo, ah! não, não há de.
Um pressagiar de males incessante
Me predestina infausto!
De negros homens se me tolda a mente;
Traja a minha alma luto.
Mais nunca ao lado meu hão de estes lumes

Garboso vê-lo como outrora, faustos,
Primar entre os mais belos:
Nunca mais o arco seu, entre os guerreiros,
No éter a seta há de embeber mais longe.
Feliz de um meu olhar! Mais nunca em puro
Rapto de amor o bem dirão meus olhos!
Porque, meu Deus, eu não morri nos anos
Da meninice ignara?
Contaram brandos dias só os claros
Tempos da minha mal crescida idade!
Morte, morte cruel, que infenso lance
Poupou-me a vida no encetar da aurora,
Qual flor que a primavera vê perdida
No prado florescido!
Morte, que te hei feito eu? Porque tão crua,
Meus anos te moveram? Mas que agouro
Num deleitoso horror, se me desvenda?
Como um clarão extremo, no meu peito
Uma esperança ainda
Na escuridão me anima:
Tal de queimada fértil
Vê-se o lume fulgir mais claro no ermo
Quanto é mais densa a treva.
Linda esperança bela,
Ó nume de meus pais que outrora amava.
Ao desditoso quantos bens não vertes!
Tu lhe destilas maviosa, grato,
O brando mel do olvido,
E ao prisioneiro que o suplício aguarda,
Doas sorrindo a vida.
Esperança gentil, embala esta alma.

Que há de tornar eu não, já não duvido!
Oh! dita, oh! glória inestimável minha!
Eu ditosa, eu feliz! Salve, benigna,
Peregrina esperança!

Céu, testemunha
De meu delírio,
Guarda a memória
De um tal martírio

E vós, ó Euros
Compadecidos,
Levai-lhes as queixas
Dos meus gemidos.

Dizei que sempre,
Nestes retiros,
Se ouviram érebros
Os meus suspiros.

Que as minhas penas
Só terão termo
Quando o guerreiro
Voltar ao ermo.

Tornarás, tornaras; presságio arcano,
Não sei que encanto esperançoso e triste
Aos prantos meus agora o certifica.
Dos pensamentos meus o rio eu sinto
A terras abordar que são só flores;
Por ti de mãe terei o nome ainda,

O nome amado que almejei sorrindo,
Quando inocente e imune,
Com incógnito afã meu ser corria
De medo e de esperança,
No sonho ansioso de um porvir sem nódoa:
E os filhos de meus filhos, em teus braços,
Gracis imagens tuas,
Há de embalar com meigas
Ledas cantigas tristes:
Então lembrando as horas do passado,
Tu me olharás sorrindo e eu contente,
Aos céus alçando as vistas,
A longa vida bendirei ainda.

Vós que isentas folgais nesta selva,
Jandas auras, ouvi meu reclamo;
Sobre os lábios daquele a quem amo,
Estes ais ide ao longe pousar.

Dizei que onde meus olhos o viram,
Nestes bosques, a vez derradeira,
Quero vê-lo também a primeira,
Quando torne ao meu fido aguardar.

Nestes sítios outrora formosos,
Que o seu gosto encantava algum dia;
Te que volva com ele a alegria,
Triste pranto a verter me há de achar.

CENA III
Lindoia e Cepé.

Lindoia
Cepé! ...

Cepé
Lindoia!... (amor!) Então é certo
Que hoje esposa ainda
Te não pertence o nome?

Lindoia
Mas não esperes, louca
Seria essa esperança: alto sucesso
Espaça a dita que a minha alma anseia.

Cepé
E tu de me dizer não te amerceias!
Eu sei que evento inesperado e grave
Me alonga a vida e te difere a glória.
Dos santos padres levo
A resposta aos injustos agressores
Da nossa liberdade, esses tiranos
Que a nudez nossa invejam!
Por companheiro a mim Guaycambo deram;
Feliz escolha; o venturoso e o triste!
Dúplice encargo e honra entre estranhezas
De uma agonia intensa sepultado,
Solicitar-me foi. Da aldeia a egrégia
Corte dos guerreiros me obedece:
Unicamente a mim Guaycambo cede.

Partir não quis sem ver-te — a derradeira
Vez se em presságios crer lícito fosse.
Um ominoso futurar me agoura,
Que me adita e me aterra juntamente,
(na vida ao menos contemplar-te logro!)
Contados dias tenho e já são poucos.
Este retiros, já defeso abrigo,
Vão carecer de paz e segurança:
Do encapelado céu, eu não me iludo,
Congregadas procelas se despenham.
Ah! felicíssimo eu! Se ensejo foram
Tais tempos de que a prova mais somenos
Me consentisses — (que de azares vejo
Cumularem os próximos sucessos!)
Exibir-te do meu amor supremo,
Não vã solicitude antes dissera.
Tem mão! — não me amesquinhes esta extrema
Mercê que, último bem, de ti depreco:
Ter não deves receio; há de bem pouco
A minha gratidão importunar-te.
Curar, velar por ti, zelar teus dias,
Glória indizível minha! Ah! não me negues!
O que devo fazer? — ordena, manda.

Lindoia
Não há na terra nada,
A não ser o olvidar-me
Em que Cepé me obrigue.

Cepé
Não basta o desamor, desdém lhe juntas!

Quem te impede? Persiste! Assaz ainda
Tu não ergueste do extermínio a obra:
Repete, amiúda os despiedosos golpes.

Serena felicidade
Na minha alma habitava!
Ao bem que me afagava,
Tu deste acerbo fim.

Morado no meu peito
Dispunha alta Ventura;
Encanto, paz, doçura,
Tudo acabou para mim.

O sol tinha reflexos,
A veiga tinha flores
A terra tinha amores,
Que hoje para mim não tem.

Ao meu porvir formoso
Tu deste um fero corte,
Já só me resta a morte,
Oh! céus!... e ela não vem.

Lindoia
Mortifica-te embora! A teus excessos
Acostumada eu estou. Ousas insano
Porfiar em empenho que é demência!
Que queres, que pretendes? Teus extremos
Assaz ainda repelir não soube?
Que mais exiges? Com notório aplauso

Não desfrutas mil bens, vulgar assunto?
À minha felicidade ainda te atreves!

Cepé
Sejam meus bens os teus, tuas as glórias!
Quejando o fado meu... mas não te enganas;
Venturas tens infindas que invejar-me:
Cuidados, ânsias, aflições, angustias
E mil pesares, tantos, que a minha alma
Prostraram de ansiedade: assim arbusto
Que ornava de verdor secreta fonte,
Hausta a próspera veia,
Na canícula ardente a sesta aflige.
Não foi para mim que o céu ornou de encantos
A sazão dos amores!
Deserto e solitário,
As vernais crenças minha, uma a uma,
Abandonando me hão, todas, quais frágeis
Pétalas de uma flor que os Austros batem
Desabrigada ao longe.
Folga, exulta, jubila e te compraze
Na iniquidade tua: atenta! dize!
Que maior mal neste mal ainda me resta!
Mal nascidos os dias que imprevisto,
Eu sem mesura, te votava e hoje,
Inúmeros me oprimem como os montes
Que pecadoras terras acabrunham!
Nefando, ingente peso! – árida, nua,
O gérmen de um só bem, uma esperança
Nesta alma devastada não abrolha.
Em agraço murchou minha ventura;

Desesperança e dor tenho por sina
No desabrido curso de meus anos.
Em má hora, em má hora se me antoja
A ideia que entre almejos e sorrisos,
Pela imagem de bens mil agitado,
Nidificante sopro consertara!
Da leda e tenra idade o companheiro,
Irmão, ou quase irmão, pois tal ele era,
Senão no sangue em partilhado afeto;
Foi quem primeiro a mim arrebataste!
Ódio por ele e amor lutam irados
Na que já foi ditosa, mente minha.
Ele amou-te, ou talvez benigna um dia...
Espíritos do mal assaz!... que sinto?...
Que intensa chama na minha alma arde?
Ódio disse o amor?... amor!... que digo!
Fúria sem par ao meu rancor o indica:
Se o teu amor para mim o não sagrasse...

Lindoia
Guaycambo te não tem; entre os guerreiros
Só repete o seu nome...

Cepé
Ele houvera vivido
Fraternal sangue contra mim bradara!
Do dano em dano resvalando a mente,
Horror!... em que atroz abismo despenhei-me!
Ele roubou-me quanto
Nesta existência infausta eu só prezava!

Lindoia
Ouve, Cepé! De sóis sem conta ainda
O cômputo feliz se te antolha:
Cobra alento. Preciso é pois que o diga?
Com entranhas de irmã eu sinto, eu vejo,
Ai! Sem poder valer às penas tuas
Não invejes um bem tão diminuto.
A preferência [...]
O que o acaso dispôs: esquece...

Cepé
Nunca...

Lindoia
Ânimo! Eia, Cepé! Quão longa a vida!...

Cepé
Maior minha agonia!

Lindoia
Do que tu quem mais apto ou mais idôneo
Para um peito gentil mover a amores?
Não superestime um fortuito caso
De precária ventura; é como um sonho:
Que transes o acordar, quem sabe, envolve!
Tu o dizes feliz: e o que há no mundo
Que felicidade seja,
O que há que permaneça?
Nasce a manhã serena e bonançosa,
E só um rápido instante
Traz a borrasca ao céu que anil cobria.

Jequitibá sem par, que a clara aurora
Vira emular com as nuvens,
Jazendo a noite o encontra na campina
E o sol pasma admirado!
Ao ver prostrada a coma a que alterosa,
Pusera o seu fulgor assedio inútil
Por diuturnos anos.
Tu o dizes feliz! – ó Deus supremo!
E distante, quiçá, de minhas vistas
Cruenta morte o aguarda!

Cepé
Ó filha de Cendy, ó mais bela
Entre as que ao longe o ermo embelecido
Proclama as mais formosas,
De um triplicado bronze o veste e ampara
Teu lastimoso prato.
Perigar pode acaso
Esse por quem tais votos aos céus mandas!
Se uma única das lágrimas que terna,
Contristada prateias fosse dada
A mim – (ah! eu mofino, eu miserando!)
Inerme e incerto, trepidante, imbele.
Meu coração recuara ante o prospecto
Remoto de um perigo só que fosse.
De alento em quanto me restar, te juro,
Um ânimo somente,
Hei de a dele escudar com esta vida.
Pudesses tu, é quanto peço, um dia
Um dia as vezes, no correr dos anos,
Num suspiro lembrar-me, um só e alegre
Há de minha alma bendizer do Eterno.

Ou juntos, ou só ele
Há de aos teus pés voltar:
O que aproveita ao triste
De incólume tornar?!

Não tenho eu um sorriso
Com que o meu partilhar,
Um lábio onde o meu lábio
Amor possa encontrar.

Junto ao lar solitário
Se enfim me hei de finar,
Com gloria sobre o campo
Mais quadra o acabar.

Sob o ingá do ermo,
Ninguém virá chorar;
Ninguém o meu deserto
Jazer há de adornar!

Lindoia
Não mais! – tem mão, desiste; sobre ainda
Que eu repita o que disse: enternecido
Com piedosa afeição, qual só me é dada
[...] o coração por ti eu tenho.
As sugestões de dor que é sem remédio
Rechaça de tua alma; a ti te vence:
Não dês que transitória mágoa e pouca
Do guerreiro sem medo o ânimo dobre.
Em ignomínias mil incorres; teme,
Teme que a ignávia se te lance sem rosto

De um peito mulheril com o pressuposto
De esforçadas ações acobertares.
Dos que armas vestem nestes largos campos,
Escol destas campinas,
Tu ornato e primo, varão sem pecha.
Não sejas visto de um pesar ao jugo
Curvar humilde o já soberbo colo.
Quem mais funda a zagaia ao longe [...]?
Quão fácil curva o cedro
Ante o teu braço armado!
Quem melhor doma o corredor no vasto?
Quem subjuga a novilha com mais força?
Na justa leve alguém houve algum dia,
Que te roubasse a palma?
Já te viram falhar no éter longínquo
O ralhador tiriba?
Acaso na alta sumaúma a arara
Zombou de tuas setas?
Quem das exúvias do leão das serras
Mais vezes adornou-se
Ouve! Pergunta às filhas do deserto
Qual o mais belo entre os mancebos que ama
A virgem dos combates!

Cepé
Subidos dotes que o amor granjeiam
Daquela a quem só amo!

Lindoia
Sim! Quem mais digno ou do que tu mais próprio
Para inspirar um brando e puro afeto?

Esforça-te; não deixes com deslustre
Que vã consternação assim se aposse
Do coração teu nobre.
Longa ante os olhos teus se espaça a vida;
Nem há nos prados gloria a que não possas
Aspirar sem vaidade.
Porque de odiandos nojos a nossa alma
Sem causa há de agravar-se! Infindas, tantas
Razões nos sobram de [...] mágoas
Que para deplorá-las nós devemos
Os prantos nossos reservar zelosos.
Crê-me, serás feliz; supera um breve,
Passageiro desgosto:
Não dês ao que o não tem, valor tão alto.
(fazendo menção de alongar-se)

Sim, entre nós em breve,
Eu te verei tornar;
E em vez da que o não deve,
Quantas não te hão de amar!

Outra de que eu mais bela,
Tu ainda hás de achar;
Dar-te a ventura há de ela
Que te não posso eu dar.

Cepé
Nunca jamais!...
Lindoia
Espera em Deus, e o tempo
Há de lenir teus males...

Cepé
Só a morte!

Uma voz feminina
(principia distante, aproxima-se e passando *propinquissima*, vai pouco a pouco sumir-se ao longe.)
Lindoia! Escuta! Ouve! Lindoia! Onde!
Que recesso te esconde...
Que só a selva... ao meu chamar...
Responde!

Lindoia
(afastando-se pressurosa)
Guie-te o céu por vias suas!

Cepé
Para!

CENA IV

Cepé
Ó virgem mais formosa do que quantas
A manhã linda com amor contempla,
Mais bela do que todas as que a noite
No regaço de flores adormece!
Ó maior de quantos bens se fosses menos
Rica de formosura, ou já mais dócil
Teu fero coração! – mas devaneio!
Revezo Nume! Quanto tempo ainda
O crédulo meu peito há de alentar-se

De falsas esperanças e mentidos
Espectros de ventura?
Que demência letal demora infanda
Nesta alma desvairada?!
Em empenhado repto para meu dano,
À desventura deu gages o Fado.
Eu já vivi meus dias,
Ralé de males mil, escolho deles
O infortúnio mareou por seus no livro
Fatal do alto Destino.

Qual viajante
Que naufragado,
Esperançado
Combate o mar:

Vai pouco a pouco,
Desfalecendo;
E esmorecendo,
Põe de lutar:

Larga os destroços
E quanto antes,
Os seus instantes
Pode acabar:

Tal desditoso!
No entumecido
Mar que, atrevido,
Quis navegar:

Eu já não tenho
Uma esperança:
Nem a bonança
Me há de salvar!

De certo um outro
Teus olhos belos
E os teus desvelos
Há de gozar!

E nem no acaso
De um dia ocioso,
Do infortunoso
Te hás de lembrar!

Fim do ato segundo.

ATO TERCEIRO

(veja-se o "Uruguai", canto II)
Acampamento das forças portuguesas e espanholas.

CENA I

As sentinelas tocam o grito de alerta que se perde ao longe: vai amanhecendo. Tambores e trombetas tocam a alvorada.

Andrada e Menezes

Menezes
É forte a posição que ocupa o corpo
Dos índios insurgidos, e denota
Experiência e estratégia: com perícia
Dispostos eles estão sobre uma larga
Vantajosa colina que de um lado
É coberta de um bosque, e de outro lado
Corre escarpada e sobranceira a um rio.
Ao que reputo, no seu campo ensejo
A lazer não se dá: os congregados
Padres acorrem das missões distantes
E os exercícios bélicos só cessam
Por orações comuns interrompidos.
Repetem-se as manobras mal [...]
Com [...] eficácia, nem apetrechos
De guerra lhes falecem. Consta mesmo
Que de excelente espírito animados,
Com fanático ardor a repelir-nos
Se tem apercebido e acham prestes.
Os padres reunido há grão conselho:
Cruzam-se os emissários; sem descanso
Cada qual se adopera e no alvoroço
Que fácil é entre eles discernir-se
Há não obstante incontestavelmente,
Ordem, alacridade e disciplina.
Em roda ao nosso acampamento vários
Cavalos tem já sido descobertos
Brancos de espuma e de cansaço arfando:
Ou buscam, ou reforço esperam em breve.

Senhor, nestes desertos encontramos
Mais do que se esperava, e me parece
Que só por força de armas podemos
Sujeitar estes povos.

Andrada
É possível:
Mas tentem-se primeiro os doces meios
De brandura e de amor; se isto não basta,
Farei a meu pesar o último esforço.
Repugna-me, porém, devoto povo
E ignaro exterminar, o qual na vida
Preço não põem algum, e cujos filhos
Sabem morrer em sua rudez simples,
Como da Europa o esplêndido guerreiro.
Vós, porém, que ao que infiro destas gentes
Com ardente interesse tendes feito
(disseste-me vós próprios, se não erro.)
Particular estudo, recontai-me
O que pensais e tendes coligido
Sobre os povos que habitam numerosos,
O meridião deste hemisfério nono.

Menezes
Árduo assunto abordais, General: devo
Dizer-vos que são meras conjecturas
Ao que atingir se pode com os dados
Que reunir possível me tem sido.
Não duvido, porém, segundo entendo,
De que os Brazis são uma nação, todos,
Que dividida em hordas avassala

A maior área das regiões deste austro.
Com certeza menor me é lícito ainda
Determinar as relações que existem
Entre estes povos e outros, bem que ponha,
Se em simples indução firmar-me é dado.
Ter deste continente a maior parte
Por uma outra nação sido habitada,
Cujo império a atual há subvertido:
No disputado solo suplantando
Os vencedores ao vencido, como
Inculcar a frequencia, presumira,
De ínfimos grupos de diversa língua.
Mas consona entre si, ou eu me engano,
Que ante as armas da hoste vitoriosa
Mantêm-se ainda em não ligados pontos.
Donde é, porém, uma provinda e outra?
Dificílimo fora o responder-lhe
A não ser que linguísticas pesquisas
Retraçar façam o perdido trilho,
O qual de língua em língua, recolhendo
Preciosos indícios, para o norte
E poente parece dirigir-se.
E falecer dissera-se ante o influxo
De uma nova invasão de um outro povo,
De diferente estirpe e menos rude
Que os anteriores íncolas morantes
A cometida terra, então levando
À força de armas, movimento deram
Que hoje ainda perdura, destas gentes
Ao complexo desta arte fracionado.

Andrada
Com efeito, as notáveis semelhanças
De costumes e língua, e o sistema
Dos hábitos e vida em tantas partes,
Já nuns, já noutros, na aparência mostra
De muitos deles a comum origem.
Mas em particular dos que ora ocupam
Estas Missões que nos disputam, tendes
Especial notícia? Manhas, traços,
Eventuais sucessos, regimento,
Quanto saibas me referi, vos peço;
Que índole e gênio seu mal explicar-me
Posso no embate de contrárias vozes.

Menezes
Ou nada ou pouco referir-vos posso
Que já patente não vos tenha sido.
O regime, os ritos, a doutrina,
Ordem, administração e escrupulosa,
Severa disciplina tanto quanto
É dado conhecer dos relatórios
Ministrados nos jazem manifestos:
Nem tenho a meu saber, que acrescentar-lhes.
Corre, porém, que já não é recente
A introdução de abusos, se bem quadra
Esta palavra, e aplicação ter pode
Em tão estrita regra; e que entre os padres
Harmonia maior há já reinado.
Não é estranho, pois, que em consonância
Com o que diz o prolóquio divulgado:
"a exemplo dos Reis compõem-se o mundo."

Com a lição também nisto conferido
Dos mestres santos, tenham os pupilos.
Com efeito, se crédito devemos
Dar às informações que recolhidas
Hão sido ultimamente, nova Helena,
Lindoia venustíssima a discórdia
Tem semeado nos campos de Agramante
Com o formoso luzir dos puros olhos.

Andrada
Assim referem. — Coronel, beleza
Achais, porém, que possa haver sujeita
Aos acidentes que esta raça ostenta.

Menezes
Árdua resposta, General: do lume
O ardor quem sentir pode como queima
Sem no estar em si próprio experimentando?
Mas se me permite, desta recente
Atual designação das novas lindas
Que ajuizais? — deste último tratado
O espírito, os motivos são-me arcanos.

Andrada
E a quem deixam de o ser! Eu igualmente
Não nos penetro, e averiguá-los, cuido,
Poucos o poderão; mas o futuro,
Oxalá me engane eu! Ostender há de
As acanhadas vistas que ditaram
Medidas tão improvidas. Receio
Que estes padrões ser hão de monumentos

Também do pouco aviso dos decretos
Que influição puderam no conjunto
Ter nos juízos que tal determinaram.
Do grão Marquês não são tais doutrinas,
Que assim jamais [...] exímio engenho.
Outras razões, razões estranhas foram
As que no ensejo atual predominaram.
Preconceitos de pátria não me movem,
Nem de injusta ambição lições consulto;
Mas há dados fatais, impreteríveis
Em certas circunstâncias que vedado
É não considerar, ou ter em menos.
Tais são as condições que dependentes
Fazem do seu complexo a vera glória,
Paz e prosperidade dos impérios.
Tais são os elementos que o obreiro
Na produção do seu labor coaduna,
E cuja concorrência indispensável
À perfeição é da esboçada obra.
Terríveis Albuquerques, Castros fortes,
Lamenta ainda hoje a pátria o desvario
Com que os vossos conselhos pôs no olvido!
Outras nações de certo há de segui-los
Arrebatando a gloriosa palma
Que nos tinha a fortuna destinado.
A grandeza de um reino é coisa pouca,
Pois de estreitos limites no recinto
Perfelizes ser podem os vassalos:
Não existem, porém, unicamente
Em relação a estes os estados,
Mas na história do mundo justo influxo

Lhes compete exercer, iluminados
Em sua direção pela consciência
Das gêneses fecunda dos eventos
Que o regimento do orbe manifestam
Esguardando estes fatos, cuido serem
Os impérios maiores que somente
Os deveres de Estado desempenham
Completamente, enquanto os mais restritos
A eles atender podem apenas
Na mais somenos parte. É veramente
Um grande Estado uma encarnada ideia
Da viva Humanidade, a qual atua
Na razão do Universo como do homem,
As díspares grandezas do diverso alcance,
Fator igual na limitada mente.
As ideias que heróis dos mortais fazem
Com a permanência válida, inflexível
Que em bem fadar não cansam os destinos,
As massas penetrando ou conduzindo,
São as que sagram as nações eleitas
Cujos nomes esculpe a Providências
Nas páginas da história quais divisas
Que jamais retrocedem ou se perdem,
Dos progressos sem par da humana prole:
Mas de colóquios tais o ensejo é outro.
Estes parámos e ermos me acabrunham
E a cada passo lembram o prospecto,
De a estes povos atacar com armas
A que, indefesos, resistir não podem
E tem de sucumbir: mas não sem penas
Dar sanguinosas por alheios erros!

Menezes
É com efeito duro caso e triste!
Mas ocorre dizer, dos prisioneiros
Que temos, General, que será feito?

Andrada
Ordenado hei que de vistosas cores
E das luzidas galas ataviados
Que tanto lhes apraz e mais deleita.
Dados à liberdade fossem todos
Sem dilação – Eis os que chegam: vede.

CENA II

Os mesmos; alguns indígenas vistosamente adornados em custódia de soldados.

Andrada
Ide, filhos; a liberdade eu dou-vos:
A vossos lares regressai e quero,
Se galardão mereço, unicamente
Que aos pais e irmãos digais, irmãs e filhas,
Que os portugueses tais não são quis dizem,
Tiranos opressores.
Mas terríveis na guerra e no combate;
E humanos após, mites, bondosos.
Podeis-vos ir em paz, torno, estais livres.
Os bons desejos meus vos acompanham.

CENA III

Andrade e Menezes

Menezes
Nímio não ganhareis; os mesmo que ora
Receberam os dons com que os prendastes,
Tocados de vergonha se pejaram,
Ao campo seu tornados.
De propícios nos ser, supondo mesmo
Que por nós grata lhes falasse (é raro),
Uma alma prevenida.

Andrada
Não duvido
Porém, com quanto a nossa causa temam
De favonear, ou seja que o não queiram.
Por si somente assaz o simples fato
De os ver tornados e gentil vestidos,
Em nosso abono aos mais por nós se exprime...

(entra um soldado)
O soldado (para Andrada)
Nos postos avançados vêm dois índios
Com visos de emissários, e presumem
A vós falar: alta embaixada, dizem,
Os traz ao nosso campo.

Andrada
Sem mais demora a mim guiai-os prestes.
(vai-se o soldado)
Coronel, que dizeis? O céu secundo

Parece aos nosso votos. Eu da própria
Situação das coisas tudo espero.
Seria não pode ser a resistência
Que se nos tem oposto e só intentam
Sondarem-nos, ajuízo, ânimo e mente.
Não concordais também: porém não vejo
O que os padres suadira a insânia tanta.

Menezes
É cedo ainda, General; é próprio
Aguardar e veremos: eu suponho
Lisonjear-vos nímio o generoso
Empenho bem nascido que vos move.

Andrada
Confesso, é certo, que daria muito
Para poder poupar essas ilusas
Turbas sem defensa antes que armadas.
Da mensagem, porém, avisto os núncios.
Que missiva trarão? É paz, é guerra?

Menezes
Incontinente o saberemos: ei-los.

CENA IV

Os mesmo; Cepé e Guaycambo, sem armas, introduzidos por soldados que se afastam.

Andrada
Glorio-me de ver-vos se é verdade,

Pregões sois dessa paz que tanto almejo.

Cepé
Ó poderoso Cabo, o teu desígnio
Tem alistado quanto gente bebe
Do soberbo Uruguai a esquerda margem.
Bem que os nossos avós fossem despojo
Da perfídia da Europa, e daqui mesmo
Com os vingados ossos dos parentes,
Se vejam branquejar ao longe os vales,
Eu desarmado e só buscar-te venho,
Tanto espero de ti! E enquanto as armas
Dão lugar à razão, senhor, vejamos
Se se pode salvar a vida e sangue
De tantos desgraçados.
O dilatar-se a entrega destas terras
Está em nossas mãos até que um dia
Informados os reis nos restituirão
A doce paz antiga.

Andrada
Valoroso inimigo, é toda engano
A crença em que viveis sobre o bondoso
Propósito do Rei que aqui me envia.
Não é a escravidão nem a miséria
Que ele, benigno, quer que o fruto seja
Da sua proteção. Esse absoluto
Império ilimitado que exercitam
Em vós os padres, como vós vassalos;
É império tirânico que usurpam.
Nem são senhores, nem vós sois escravos;

O Rei é vosso pai: quer-vos felizes.
Sois livres, como eu sou; e sereis livres
Não sendo aqui, em outra qualquer parte;
Mas deveis entregar-nos estas terras.
Ao bem público cede o bem privado,
O sossego da Europa assim o pede;
Assim o manda o Rei. Vós sois rebeldes,
Se não obedecerdes.

Cepé
Tu vês, Guaycambo; é certa
Essa malevolência que apregoa
Do mundo a voz; quando a cobiça fala
Emudece a Justiça!

Guayacambo
Ó General famoso, muito tempo
Pode ainda tardar-nos o recurso,
Com o largo oceano de permeio,
Em que os suspiros dos vexados povos
Perdem o alento. Mas se o rei de Espanha
Quer ao teu rei dar terras com a mão larga,
Que lhe dê Buenos Aires e Corrientes
E outras que tem por esses vastos climas;
Porém, não pode dar-lhes os nossos povos.
E ainda no caso que pudesse dá-los
Eu não sei se o teu rei sabe o que troca;
Porém, tenho receio que o não saiba.
Eu já vi a Colônia portuguesa
Na tenra idade dos primeiros anos,
Quando o meu velho pai com nossos arcos

As sitiadoras tropas Castelhanas
Deu socorro e mediu convosco as armas.
E quererão deixar os Portugueses
A praça que avassala e que domina
O gigante das águas e com ela
Toda a navegação do largo rio,
Que parece que pôs a Natureza
Para servir-nos de limite e raia?...
Será; mas não o creio. E depois disto,
Às campinas que vês e a nossa terra,
Sem o nosso suor e os nossos braços
que importarão ao teu Rei? Aqui não temos
nem ricas minas, nem os caudalosos
rios de areias de outro. O matutino
surgir no agreste colmo, a frugal mesa,
o canto, a pesca, a dança, a caça, e ledos,
um hino doce nos domingos santos,
são os nossos bens; a nossa lei é a vossa
temos o mesmo Deus que amamos juntos...
volta, senhor; não passes adiante:
que mais queres de nós? Não nos obrigues
a resistir-te em campo aberto; pode
custar-te muito sangue o dar um passo.
Não queiras ver se o cortam nossas flechas
Vê que o nome do rei não nos assusta.

Andrada
Generoso Guaycambo, ó alma nobre!
Digna de combater por melhor causa!
Vê que te enganam, risca da memória
Envelhecidos, mal fundados ódios;

Música e civilização

Por mim te fala o Rei: ouve-me, atende;
Eu sei que não sois vós, são os bons padres
Que vos dizem a todos que sois livres,
E se servem de vós como de escravos.
Armados de orações, vos põem em campo
Contra o fero trovão da artilharia,
Que os muros arrebata, e se contentam
De ver de longe a guerra, sacrificam
Avarentos do seu, o vosso sangue.
Eu quero à vossa vista despojá-los
Do tirano domínio destes climas,
De que a vossa inocência os fez senhores...
Dizeis que ao nosso Rei não tendes medo?
Porque está longe, julgas que não pode
Castigar-vos a vós e castigá-los?
Os Reis estão na Europa; mas adverte
Que estes braços que vês são os seus braços.
Dentro de pouco tempo um meu aceno
Vai cobrir este monte e essas campinas
De semivivos, palpitantes corpos
De míseros mortais, que ainda não sabem
Por que causa o seu sangue vai agora
Lavar a terra e recolher-se em lagos!
Não me chames cruel; em quanto é tempo
Pesa, medita e dize.

Guaycambo
Gentes da Europa, nunca vos trouxera
O mar e o vento a nós! Ah! não debalde
Estendeu entre nós a Natureza
Todo esse plano espaço imenso de águas!

Cepé
Ó General, Guaycambo eu quase o crera
Fez mais do que devia; todos sabem
Que estas terras que pisas, o céus livres
Deu a nossos avós; nós também livres
As recebemos dos antepassados;
Livres as hão de herdar os nossos filhos.
Desconhecemos, detestamos jugo
Que não seja o do céu, por mãos dos padres.
As flechas partirão nossas contendas
Dentro de pouco tempo; e o vosso mundo
Se nele um resto houver de humanidade,
Julgará entre nós; se defendemos
Tu a justiça, e nós Deus e a Pátria!

Andrada
Enfim, quereis a guerra? Tereis a guerra.
Podeis partir-vos; ide,
Que tendes livre o passo; mas primeiro
(cinge a Guayacambo a sua própria espada)
Guarda em lembrança esta constante,
Leal amiga e companheira fida
Quanto ela vale hás de saber em breve.
Olá!... trazei-me o arco
Poderoso e temido,
Aljava e setas que ao partir da vida,
Deu-me em batalha o grão Anhangauna.
(para Cepé)
Tu varão alteroso,
Da minha mão recebe este singelo.
(dando-lhe o arco e aljava que traz um soldado)
Dom que em valor realça a minha estima.

Cepé (sobraçando a aljava)
Ó General ilustre, eu te agradeço
As setas que me dás, e te prometo
Mandar-te bem depressa uma por uma,
Entre nuvens de pó, no ardor da guerra.
Tu as conhecerás pelas feridas
Ou porque rompem com mais força os ares.

Para frente da hoste intrépida,
Guerreiro magno, eu te aprazo;
La onde não pode o acaso,
Procura, tu me hás de achar.

A mim só abate a pálida
Imagem de um povo exangue:
Mas em vós recaia o sangue
Que a Ambição vai derramar!

Fim do ato terceiro.

ATO QUARTO

Uma vasta planície; no horizonte algumas colinas pouco elevadas; fisionomia da natureza correspondente ao lugar. O cemitério: ao longe, a uma certa distância, o templo e mais edifícios da Missão. Ouve-se de quando em quando o som abafado da artilharia e armas de fogo, de envolta algumas vezes com o clangor longínquo das trombetas.

CENA I

Frei Lourenço, Frei Domingos, Frei Raphael, e um número avultado de padres. O coro, velhos, mulheres, meninos e crianças.

Os padres (alternadamente)
Domine exaudi orationem meam, auribus
Percipe obsecrationem meam in veritate tua:
Exaudi me in tua justitia.
Et non intres in judicium cum servo tuo:
Quia non justificabitur in conspectutuo omnis vivens.
Quia persecutus est inimicius animan meam:
Humiliavit in terra vitam meam.
Collocavit me in obscuris sicu tmortuos saeculi:
Et anxiatus est super me spiritus meus,
In me turbatum est cor meum.
Memor fui dierum antiquorun, meditatus
Sum in omnibus operibus tuis: in factis manuum
Tuarum meditabar.
Expandi manus meas ad te: anima mea sicut
Terra sine aquat ibi.
Velociterexaudi me Domine: defecit
Spiritus meus.
Non avertas faciem tuam a me:
Et similis ero descendentibus in lacum.
Auditam fac mihi mane misericordiam
Tuam: quia in te speravi.
Notam fac mihi viam, in que ambulem
Quia ad te levavi animam mean.
Eripe me de inimicis meis Domini, ad te confugi:
Doce me facere voluntatem tuam
Quia Deus meus es tu.

Spiritustus bonus deducet me in terram
Rectam: propter nomen tum Domine,
Vivificabus me, in aequitate tua.

Frei Lourenço
Educes de tribulatione animan meam:
Et in misericordia tua disperdes inimicos meos.

Os padres
Et perdes omnes, qui tribulant animan mean:
Quoniam ego servus tus sum.

Frei Lourenço
Glória, Senhor, a vós lá nas alturas:
Socorrei-nos nesta hora atribulada!
Não retereis de nós em vossa ira,
As promessas da vossa paz sagrada.

Lindoia
Padre não sei que amargo, ingente, insano
Pungir o peito me transfixa agudo!
Presságio horrendo o coração me enluta...
Ó padre, ó padre, eternamente, nunca
Hão de os meus olhos mais tornar a vê-lo:
Sem remissão perdido o hei para sempre.
Infausto, infando, desespero imenso
Me rasga da alma a dolorosa vida...
Orai por mim: eu tremo, eu morro; acaso
Posso esperar ainda!

Frei Lourenço
Aguarda, filha: o desespero é crime:
Vem de Deus todo o alívio. Ele conhece
O mais secreto afã, e é mais escusa
E mais obscura queixa tanto presta
Complacentes ouvidos,
Como de rei soberbo ao orgulhoso,
Esplêndido infortúnio.
Perante o seu olhar o que são mundos!
Deles o seu poder num só instante
Miríades criara.
Nele depõem a esperança tua:
Ora comigo, ó filha; unja os teus lábios
A oração fervente.

Lindoia
Sim, padre; oremos juntos.
[...] o meu peito, ameigue
A santa prece a dor desta alma triste.
Já mal orar eu sei; arquejo, angústia
Cruel me côa pela veia e cala
Nas entranhas da vida e âmago dela.

Frei Lourenço
A Virgem, mãe dos tristes, nos conforte:
Ergam-se as preces nossas antes o trono
Onde a Pureza rege!

Lindoia
Sim, padre, oremos: alentai-me, oremos
Benigno o céu de mim compaixão sinta.

Frei Lourenço
Aurora de esperança,
Que ao mundo dás bonança.

O coro e os padres (genuflexos)
Intercedei por nós.

Frei Lourenço
Perfeita Formosura
Que dás ao céu brandura.

O coro e os padres
Intercedei por nós.

Frei Lourenço
Mistério de beleza,
Que esplendes lá da alteza.

O coro e os padres
Intercedei por nós.

Frei Lourenço
Estrela sobre os mares,
Que pões peia aos azares.

O coro e os padres
Intercedei por nós.
(ouvem-se subitamente ao longe descargas repetidas)

Lindoia
Não me desampareis, padre, influi-me
Em vossas vozes novo esforço ainda.

Eu só postulo uma esperança, e embalde
Escuto os ares e o deserto anseio.

Nem ouso orar, só posso
Desvairada gemer.
Só diz-me que ainda vivo
O arfar do meu sofrer.

Frei Lourenço
Suplica humilde a essa Virgem Santa,
Mãe desolada que inocente o filho...

Lindoia
Não me é possível, padre:
Atochado afã de angústia e pranto,
Meu coração de dor transborda e estala,
Desesperança infinda me disseca
Na alma as fontes da vida.

Quero rezar, não posso,
Quero esperar, não ouso,
E em vão busco repouso
Na dor do coração.

Espero e desespero,
Rio ofegante e choro,
Vou deprecar e ignoro
Se pude orar ou não.

CENA II

Os mesmo e Pindó, que entra de ímpeto com notícias do campo.

Frei Lourenço
Pindó! Que vejo!... então dize, que novas?

O coro
Que novas?... dize....

Lindoia
Fala: sim, Guayacambo?...
(Pindó recuperando o fôlego, acena impetrando silêncio)

O coro
Ó da incerteza
Tormento ativo!
Na redondeza
Não no há mais vivo.

Lindoia
De angústia preza
Sem lenitivo,
Nesta incerteza
Morro, não vivo.

Pindó (recobrando alento)
Padre, os maus Gênios contra nós porfiam,
Tende virtude...

O coro
[...]

Pindó
Desbaratadas...

O coro
Prossegue!...

Pindó
As copias nossas...

O coro
Dize!...

Pindó
Foram...

O coro
Ainda mal!

Lindoia
Guaycambo? Sim, Guaycambo?...

Frei Lourenço
Meu Deus, aos inimigos teus subtrai-me
Está de angústia essa alma aos pés teus
[...]
Apresses-te, Senhor, em meu socorro,
Pois o espírito meu já me abandona.

Lindoia
Pindó, ouve Pindó! Guaycamabo, dize!
Oh! céus! Responde! – é vivo?

Pindó
Vive…

Lindoia
Oh! Ventura!

Pindó
E a Cepé o deve.
Três vezes as esquadras nossa foram
De encontro às tropas que o trovão coadjuva;
Três vezes as repele o raio e jazem
Muitos que o prado amava…

O coro
Vozes femininas (interpoladamente)
Desditosa! Eu mesquinha! Ímpia sorte!
Miseranda! Órfã mãe! Desgraçada!
Ai de mim! Cego mal! Dura sorte!
Infeliz! Dor sem par! Malfadada!

Primeira parte
O meu filho! Iriri! Tobajara!

Segunda parte
O meu esposo! O meu bem, meu conforto!

Ambas
Iguassú, Mocabuna, Jaguara:
Dize, dize! Ainda é vivo? É já morto?

Pindó
Breve de mais o sabereis, ó tristes!

Recuando a gente nossa ainda espera
Reconquistar o campo; malferido,
Cepé os guia: em torno a morte lavra
E se receia dele.
Da assolação o Gênio
Paira nos golpes seus; eis [...], já mata:
Devasta, arruína, fere e incessante
Em toda parte o veem. Ao redor cobrem
Os palpitantes corpos a campina.
Tatuguassu, Dendê, Cobé, Timbira,
Paraboya, Itaqui, Tatapiranga,
Jababira, Guaycambo amiudando
O [...] em roda, quase iguais se ostentam.
Guaycambo de contínuo temerário,
Arrisca a vida, destemendo a morte;
Cepé o guarda, incólume o protege
E com seu corpo o escuda. Quantas vezes
Neste o golpe fatal vi desviado
Que as trevas encerrava! Ó padre, é feio
É triste o quadro que a campina enluta!

Frei Lourenço
Deus se [...] do seu povo aflito
Volta, Pindó; prestes ao campo torna:
Colhe as notícias e me trazes asinha
Ao teu ligeiro pé fio os cuidados
Que a minha alma atribulam
Respira ainda e torna.

Lindoia
Ó céus! Que estranho enleio

No peito com ventura a dor me envolve.
Contristada e risonha!
Em soluçoso rapto embevecida,
Sinto ventura e glória, porém tintas
Pela nuvem do poente; e aflita e mesta
Meu coração se aperta dolorido
Mas é da leve felicidade a branda
Mão que, ditosa, com amor o punge.
Eu amo, eu choro, eu tremo, anseio, espero;
Amor e de mar receio:
Choro e tenho prazer, tremo e confio,
Ofego e revocando o fugaz tempo,
Desespero e almejo, espero e temo.
Eu sinto... ó Deus, que vozes
O misterioso afã desta alma dizem?

Eu choro e na minha alma,
Qual flor no ocaso abrindo
Sinto o prazer sorrindo,
Com mágoa doce e amor.

Vem, mãe da suavidade,
Ó esperança linda;
Vem, vem dourar-me a infinda
Hora de encanto e dor.

Frei Lourenço
Filha, receia de exultar no instante
Em que o Senhor o povo seu visita
Eia, Pindó; eu cuidadoso aguardo
Veloz te guie a diligência; parte:

As novas colhe e sem demora traze!

Pindó
(depois de dar alguns passos para partis, avistando Cepé)
É escusado, ó padre!

CENA III

Os mesmos e Cepé malferido.

O coro
Cepé!

Frei Lourenço
Oh! mágoa!

O coro
Tem de vida pouco!

Lindoia
Porém, Guayacambo? Onde está Guaycambo?

Cepé
Ó padre, está tudo perdido, tudo!

O coro
Ai de nós, ai de nós!

Frei Lourenço
Faça-se ainda
A vontade do Eterno!

Os padres
Seja feita!

Lindoia
Guaycambo?... mas Guaycambo!...
Onde?... onde está?... desvario acaso?...
Onde está Guaycambo?... este silêncio!...
Morto!... morreu!... bem vejo!... oh!
Céus!... responde!...
Deus meu!... que angústia!... morto!...
Eu morro! Fala!

O coro
Misérrima! Mesquinha!

Lindoia
Morreu!... morreu!... homem sem prez,
Sem honra!...
E tu me prometeras
Que ileso me trarias!...
Morreu!... ó cego desespero horrendo!
Não há [...] que tanta dor mitigue?...
Oh! dizei-me! Dizei-me!
Morreu!... Morreu!... inenarrável pena!

Frei Lourenço
Ouve-me, ó filha minha;
Espera em Deus: a vida
É um desterro breve...

Lindoia
Dize!... responde!. é certo?.... não
Me iludo?

Cepé
Ai de mim!

Lindoia
Miserando! Ignaro!

Cepé
Escuta!

Lindoia
Fraco! Mais fraco de que a menos forte
Das anciãs no prado!

Cepé
Infelicíssimo eu de quantos vivem!
Dá-me ouvidos; insonte não me culpes
Os céus atesto, juro a mim! Vã
Forcejei por salvar quem tua amavas:
Eu que também te adoro!

Lindoia (sem ouvir)
Morreu! Morreu!

O coro
Passando está-se?! Ó triste!

Cepé
Lindoia, ah! ouve! Atende!

O coro
Malfadados!

Cepé
Ao desespero esta alma não condenes…

Lindoia
Dize em má hora!

Cepé
Escuta, atenção preste!
Em ti torna! Desperta! Sem ouvir-me
Criminar-me não queiras!
Desta jornada extrema decidida
A sorte estava já: dos nossos poucos
Restavam tão somente e ele obstinado,
Barateava ainda a vida que eu prezara.
Muitas vezes logrei frustrar a Morte
Que a mal defesa preda requestava:
Porém, debalde o escudou de novo
O braço meu; mortífero arremesso…
Perdoa, eu reconheço: a ti devera
Tê-lo trazido salvo!
Mas ai! Em vão te chamo, em vão te falo!
Padre, ó bom padre: o que direi ainda?
Quantos dos nossos reunir eu pude
Nos aproxes do templo,
Perto o inimigo esperam
Poucos, porém, são eles…
(vai desfalecendo)
Bem que em valor se extremem…

(pausa – com nova energia, mas pouco duradoura)
Fugi, buscai no ermo a segurança
Que em vão na aldeia buscareis agora;
Os olhos meus o último sol hãovito.
Ó prole de Cendy,... adeus!... eu sinto...
Já me circunda a morte.

Já nuvens de incerteza
Cobrem-me a vista baça!
Dos olhos que se extinguem
Foge-me a luz escassa.
Na veia o raro sangue
Frio torpor me enlaça

Para a morada etérea
Esta alma me parte:
Virgem!... adeus, eu morro:
Mas sem deixar de amar-te!
Na morte o que eu só sinto
É já não contemplar-te

A benção vossa, padre, eu languo, eu morro:
Serei feliz... adeus! Eternamente
(cai)

O coro
Misero! Já não vive!

Frei Lourenço
Alma piedosa e mesta,
Em paz te parte deste mundo triste!

Música e civilização 275

> O coro
> Ó Guerra funesta,
> O Inferno acendeu
> O lume nefasto
> Deste incêndio teu.

Lindoia (mal acordada)
Cepé! Cepé! Dorme... de certo. em breve
Guaycambo tornará. Surge! Eia! Acorda!
Cepé! Cepé! Mas que experimento...
(tornando a si)
É morto!
Morreu! Porque morrer também não posso?
Porque da vida me alonga a tela,
Na mocidade ainda?
Guaycambo infortunoso!... amei-te e um dia
Uma hora apenas, tão somente a dita
Durou que eu evocara. Ledos sonhos,
Sonhos gentis da infância; ledos anos
De encanto e de prazer, para mim findastes.
Agourentas glórias e baldias
A história é desta vida unicamente;
E os dias do futuro
Em longa esteira de contínuos lutos,
Se me põem ante os olhos.
Mangrou toda esperança no meu peito
Hei de eu viver ainda
Quando no mundo nada
Me prende à vida monstruosa, imane?!
Mal encetei a aurora e já cansado,
Pende-me o colo na estação das flores.

Entre as virgens alegres da campina
Há de ir a triste memorar os fastos
Do Anjo cruel da morte!
Os ventos do Infortúnio soçobraram
A nave dos meus bens; a amarela
Inveja me espiava e de soslaio
Olhou os cresces da ventura minha.
Que faz na terra esta morada fria
De uma alma que finou-se?
Nume feroz, perdoa-me a existência,
Eu misérrima! – ó infeliz Guaycambo!
(atentando para o corpo inanimado de Cepé)
Desditoso Cepé! Ah! se te é grato
Agora, um pranto meu, recebe e escuta.
Benigno o céu te prometera um dia
Amor, glória e ventura,
E eu própria a sorte coadjuvei na ruína
Ímpia de teus almejos!

Ó tu que tanto amaste,
Exemplo de virtude.
Perdoa se não pude
Doar-te o amor meu.

Lá na mansão formosa,
Compense um Deus piedoso
Penas que o desditoso
Na terra padeceu.

Tu alma contristada
Sorrindo aos céus aporte

Digno de melhor sorte
Era o destino teu!

O coro
Tua alma contristada
Sorrindo aos céus aporte
Digno de melhor sorte
Era o destino teu!

Frei Lourenço
Filha, os teus prantos ao Senhor oferece:
Apenas o viver ainda começas...

Lindoia
Orai por mim, ó padre,
Eu também já morri: mais já não vivo.
[...]
Quebrou sem mágoa a débil áurea teia
De esperanças risonhas que afagava
Minha alma insonte e alegre.
Dileto meu!... Guaycambo!... tu viveste!
Eu ainda existo neste mundo infausto
Que o teu sorrir não doura,
Que o teu olhar não vê!... êxito ainda,
Sem par na desventura!

Oh! como a hora muda
A vida num momento:
Gera o prazer tormento
Que a dor não precedeu.

Depois vem a Fortuna
E ao padecer que apura,
Por prêmio dá ventura
Que as mágoas esqueceu.

A mim, porém, mesquinha!
Nem resta uma esperança
Letal desesperança
Nesta alma se acolheu.

Sumiu-se a luz que branda
Meus olhos encantava;
E a flama que espalhava
Para sempre escureceu.

A que mimosos sonhos
Pôs fim a desventura;
Encanto, amor, doçura
Era o destino meu!

Hoje o meu peito veste
Intensa asperidade:
É morto! E atroz Deidade
Na vida me esqueceu!

Em vão, porém, me urge o cruel Destino!
Tupã, de ti eu zombo! Acode ó morte!
Vem dar-me um doce olvido!
Guaycambo! Eu vou... eu já te sigo...
Eu parto...
Chamaste?... eu te acompanho...

(quer ferir-se; desfalece – acodem)

O coro
Primeira parte
Morreu?!

Segunda parte
Oh! céus!

Terceira parte
Lindoia
(o aldeamento é atacado; tiros e outros sons marciais ouvem-se
em menor distância de que no primeiro ato)

Coro
Padre!... o inimigo... eia!... correi...
Fujamos!...

Frei Lourenço
Filhos, ah! sobrestai! Aonde ainda
Vos resta outra acolheita? Sob a guarda
Vos ponde do Senhor. Ele protege
O fraco e o desvalido.

(cena de confusão: os indígenas que se retiravam em desordem
em diferentes sentidos retrocedem incertos e temerosos. De dentro
do recinto do templo eleva-se acompanhado do órgão e entoado
pelos padres que nele se acham o seguinte)

Coro
Dies ira, dies illa,
Crucis expandes vexilla,

Solvet saectum in favilla.
Quantus tremor est futurus,
Quando iudex est venturus,
[…] strictdiscussurus!
Tuba mirum spargeus sonum
Per sepulcra regionum,
[…] omnes ante thronum.
Mors stupebit et natura.
Cum resurget creatura
Iudicanti responsura.
Liber seriptus proferetur,
In quo totun continetur.
Unde mundus indicetur
Index ergo […] sedebit,
Quidquid latet apparebit,
Nil inultum remanebit.

CENA IV

Os mesmos; continua o ataque do aldeamento; ateia-se o incêndio que, principiando pelas casa mais remotas, atinge dentro de breve espaço ao templo, único ponto enfim ainda contestado, e o envolve em chamas.

Frei Lourenço
Soltai aos ventos o estandarte santo
Que em horas de agonia, tantas vezes
Nos tem dado socorro. A sombra sua
Também do lenho salvador do mundo
Custodiados, para imanente exemplo

Das pósteras idades e memória,
Perene da impiedade destas eras
Égide sacratíssima, somente
Da Igreja os foros violar consigam.

(desprega-se o estandarte da Ordem; alça-se a cruz. Os indígenas consternados congregam-se em volta dos padres)

Os padres
Memoresto, Domine, Filiorum Edom in die Jerusalem!

(manifesta-se o incêndio nos edifícios menores da aldeia, e vai rapidamente lavrando)

O coro
Não temos asilo, não temos abrigo!
Ó Deus, que fizeste? Porque nos criaste?
Porque de mil males, porque nos salvaste,
Se enfim nos entregas ao teu inimigo?!

(principia a arder o tempo que se desmorona em parte. As trombetas do inimigo anunciam a vitória, o que termina a presente cena e serve de acompanhamento subsidiário ao coro final.)

Frei Lourenço
Ó sede avara de ouro! Ímpia, funesta,
Desmedida ambição, a que não dobras,
Os atos dos humanos!
Aqui era o asilo foragido
Do [...] povo que a justiça amava
E acatando a virtude,
Vivia ingênuo na inocência amena

Das idades primeiras...
Ah! filhos meus, e é quanto
Vos resta sobre a terra!...
Em vão, porém, vos obstinais, eu sinto,
Da iniquidade a obra
Não há de impune perdurar no olvido.
Fatídico furor minha alma aclara!
A soberba Ulissea já se esconde
Entre caídas ruínas:
Regenerada há de se erguer de entre elas...
Já do poder hispano os derradeiros
Castelos ruem... vede!... uma por uma
Lhe rouba a Liberdade as suas gemas.
Que espetáculo grandioso se me antolha?!
Brotam cidades do ermo...
Nações gigantes o Universo admiram...
Neste limpo terreno
Virá assentar seu trono
A sã filosofia mal aceita,
E leis mais brandas regerão o mundo,
Quando homens mais humanos
Com raio da Verdade a luz espalhem.
(Filinto Elisio)

Eu vejo, eu vejo um Príncipe
De essência divinal.
Erguer o [...] olímpico
De um cetro sem rival.

Dele ao abrigo a América
Da guerra se esqueceu,

E reina a paz esplêndida
Neste hemisfério seu.

Coro
Dele ao abrigo a America
Da guerra se esqueceu,
E reina a paz esplendia
Neste hemisfério seu.

FIM

Pareceres sobre as três composições líricas Lindoya, Moema e Moema e Paraguassu, apresentados ao conservatório Dramático em sessão de 13 de Fevereiro de 1852

I

Três dramas me são apresentados: Moema, Moema e Paraguassu e Lindoia. – Dos três julgo preferível o último. Entendo que a ação é muito melhor conduzida, as cenas mais ligadas, e sobretudo a versificação mais harmoniosa, além de que as cenas são de muito melhor efeito teatral. Se for necessário desenvolverei cada uma destas proposições; mas creio que a respeito delas não pode haver contestação. Não é que não tenha defeitos. Qualquer um dos três mostra em seus autores não muito estudo da composição lírico dramática: Lindoia cena mui longas e pedaços imensos; será difícil achar uma dama que se encarregue do papel de Lindoia, se tudo quanto está escrito for posto em música; mas ao maestro ficará fazer a redução a justas proporções. Também para o arranjo teatral conviesse mudar o final: ambas as coisas parecem-me demais. E todavia a cena final é tão boa, que de modo nenhum proponho a sua supressão; o maestro que se arranje como puder. Tal é minha opinião, que sujeito à de meus sábios colegas. Rio, 20 de setembro de 1852.

II

Dos três Dramas que o Conservatório Dramático teve a bondade de confiar ao meu fraco juízo, acho que o melhor deles é o de Lindoia, quanto à inteligência dramática, puramente considerada como obra poética; porém, encontro grandes embaraços na sua aplicação à arte de Rossini. A monografia dos libretos deve compor-se para o Maestro, e Lindoia não está, a meu ver, traçada convenientemente.

Há sem dúvida no desenho geral desta obra firmeza de mão, graça lírica e pedaços magistrais; há mesmo aquele cunho que recorda o teatro antigo, mas há o defeito radical de não ser um arcabouço próprio para a música, ataviado com as suas graças modernas e os seus variadíssimos recursos.

Os libretos de Metastasio e Romani reúnem as duas qualidades essenciais: passam aos olhos do poeta como primores líricos e como libretos, porque essa especialidade deve reunir três qualidades: a ação da pantomima ou ação mudo-dramática; e beleza e doçura da metrificação e sua aplicação à ópera, segundo as exigências musicais.

A Moema tem formosíssimas coisas, e é feita por um poeta que teve sempre em vista o Maestro; considerando-a não igual à Lindoia como obra dramática, a julgo superior como libreto, e por isso digno de recompensa.

O concurso de que se trata, segundo o espírito da Direção do Teatro, não é dramático, mas sim de um libreto; a direção, querendo nacionalizar a ópera, quer com este promover os progressos da arte de fazer libretos, que tem que trabalhar ainda muito até que chegue a consertar a língua portuguesa para este fim, e juntar um grande número de frases harmônicas e melódicas, que não entrecortem asperamente a melodia da música: a melopeia é a sua arte.

A nossa língua, apesar de ser considerada como a segunda na ordem das mais próprias para o canto, tem, contudo, o grande

Música e civilização

inconveniente dos plurais, que, segundo a nossa maneira de pronunciar, ferem desagradavelmente o ouvido com um certo [...] ou sibilo que enrudece nos finais as prolações delicadas. Em meu fraco conceito, pois, julgo que se deve premiar o autor de Moema, porque encarou o concurso pelo lado do libreto. Além disso, o autor dessa ópera preparou melhor a sua talagarça métrica para os bordados musicais, dispôs em alguns pontos os coros convenientemente, assim como os outros cantos a mais de um, e acabou com o preceito da ópera, que requer uma ária de voz aguda, que mais se assemelha ao ponto luminoso no sujeito principal do quadro.

Nada direi de Moema e Paraguassu, por me parecer mais abundante de anacronismos de ideias. Não é permitido, segundo as leis de arqueologia dramática, a um selvagem do tempo de Caramuru falar em coisas de que não podia ter ideias e muito menos saber-lhes os nomes.

Nos sujeito primitivos há sempre a imensa dificuldade de não confundir os tempos, e de fazer sempre atuar-se o mundo do coração no cimento de suas ideias; sem isto, não há fisionomia própria, o caráter do homem primitivo e as suas feições americanas.

Entre essas duas Moemas, confesso que minha consciência não encontra um ponto firme, bem firme, para tranquilamente apoiar-me, porque há numa e noutra belezas particulares que se disputam, e que adunadas em uma só ópera, fariam um bom libreto.

Se eu tivesse a fortuna de ser o ilustre autor de Lindoia, acabaria o meu poema com uma peça concertante onde a linda Guarany contrastasse a sua desesperação amorosa com a resignação evangélica dos padres. As agonias desses dois mundos, em escalas diferentes, seriam tocantes e sensíveis para todos os que sabem comparar o amor terrestre com o celeste: o [...] da filosofia do cristianismo realizado na florescente missão, contrastaria nobremente com a morte dessa vítima sacrificada pelo amor.

Os nossos três poetas deixaram um tanto à margem o fundo dos seus quadros, que é sempre um grande complemento da ação, e o característico que a localiza e remata histórica e poeticamente. Eu acabaria Lindoia não só com a destruição da ordem, mas também com a conflagração da missão, como o fez Basílio da Gama. A desordem final da derrota, a resignação dos religiosos, as chamas e o seu clarão, dariam talvez um colorido mais grave ao termo da catástrofe.

As decorações e o vestuário são os marcos que localizam o drama no meio do passado: porque a ação dos afetos humanos é quase sempre a mesma em todos os tempos e pouca variedade oferece na atualidade que já tem um riquíssimo depósito das variedades do coração humano.

Concluirei: se o Conservatório quer premiar o poeta, tem o autor de Lindoia; se quer ao poeta e libretista, tem o da Moema; apesar de que o seu final não parece tão artisticamente combinado como o da Moema e Paraguassu em certos efeitos teatrais.

Desconfiando de mim, com justa razão, em um caso tão grave como este, e de certa magnitude para o Conservatório, requeiro mais juízes para me submeter à sua ilustração. Rio de Janeiro, 29 de setembro de 1852.

III

Procurando corresponder como posso, e como permite o pouco tempo que de ora disponho, à honra com que o Exmo. Presidente do Conservatório Dramático Brasileiro, vou oferecer, muito resumidamente embora, a minha opinião sobre o qual dos dramas líricos ou libretos oferecidos: Lindoia, Moema ou Moema e Paraguassu merece a preferência.

Primeiro de tudo é claro que não se trata de tragédia tal qual tinham compreendido os Antigos como Ésquilo, nem como a

Música e civilização 289

compreendeu depois Racine, nem como a reformou Shakespeare, nem tão pouco do drama tal qual o compreende e escreve Victor Hugo. Trata-se unicamente do drama lírico, do libreto, como o entende e magistralmente o executa Romani.

Isto posto, e devendo-se escrever nesse gênero novo entre nós; porque muito longe estão dele as óperas de Antonio José e outras, que a essas ou ao vaudeville se assemelham; cumpria e cumpre estudar a língua e apropriá-la ao drama lírico, fugindo daquilo que é interessante à mesma língua, e que não se presta bem ao canto; como por exemplo, o plural, com os seus "ss" e as terminações em "ão", terríveis principalmente no fim do verso etc.

Comparando agora os três dramas líricos entre si, sou levado a tirar as seguintes conclusões, que mais tarde desenvolverei e sustentarei se preciso for.

1ª. Qualquer dos três dramas líricos merece a aprovação do Conservatório Dramático Brasileiro, embora nenhum deles se ache a salvo de muitas observações e leves censuras, que uma justa crítica poderá formular.

2ª. Em comparação da Lindoia e Moema, o drama lírico Moema e Paraguassu deve por certo ficar de parte, embora ainda se adapte mais ao canto do que a Lindoia.

3ª. Comparados os dois dramas líricos: – Lindoia e Moema, resulta que o primeiro é obra mais estudada, mais profunda e mais poética, mas é menos adaptado para ser posto em música; porque o seu autor nem lhe preparou cenas próprias para admitir quartetos, tercetos etc., com é essencial; como também atendeu em toda sua composição mais para as belezas poéticas do que para o mister dramático musical.

4ª. O drama lírico Moema, além de bem escrito, e de ser mais bem deduzido e mais simples, é o que mais se adapta ao gênero de composição para o qual se abriu o concurso.

5ª. Ainda que, como parece justo, fosse o drama lírico Moema o preferido entre os três, conviria que depois de premiado o mesmo, se convidasse seu autor a revê-lo e a corrigir algumas incorreções e erros de versos que nele aparecem uma ou outra vez. É esta a minha opinião. Rio de Janeiro, 3 de dezembro de 1852.

IV

Examinando os três libretos – Lindoia, Moema e Moema e Paraguassu – que o Conservatório Dramático teve a bondade de submeter ao meu fraco juízo, pareceu-me que a tragédia – Moema – é o que reúne as circunstâncias que se exigem para as composições líricas, considerando-a em relação à parte musical.

Em geral o plano da ópera é bem traçado e tem situações que devem produzir grande efeito, pela reunião de diversas personagens principais, onde o compositor lírico pode formar com êxito seguro as peças concertantes, fazendo-se notável o final do primeiro ato.

Observo porém, que alguns cantos, e principalmente os coros, produziriam maior resultado se não fossem tão longos. Na cena quinta, no primeiro ato, por exemplo, o coro de [...] acho que seria conveniente suprimir alguns versos, resumindo quanto fosse possível o diálogo entre ela e Moema.

É muito difícil na atualidade reunir na nossa cena um coro de damas tal, que possa sustentar-se por muito tempo sem cair em monotonia, ainda mesmo havendo pensamentos felizes por parte do maestro. Estes e outros inconvenientes se podem com facilidade remover, se as ideias do compositor lírico se harmonizarem com as do autor do poema. Longe de censurar o libreto, nesta parte não faço senão lembrar o método geralmente seguido pelos mais abalizados poetas, que pela sua reputação europeia podem servir de modelo.

Romani, Camerano, Sollera, Piave etc., tem sido os libretistas de Rossini, Mercadante, Puccini, Verdi e outros, e tanta parte tomavam aqueles na determinação do plano musical, quanto estes tinham na composição dos libretos.

No meu fraco conceito, julgo que o libreto da ópera Moema deve ser preferido aos outros, e que os seus variados cantos se prestam à composição lírica, uma vez que seu autor faça as modificações necessárias de acordo com o maestro que tiver que o interpretar. Rio, 31 de dezembro de 1852.

V

Três são os libretos propostos. O que à primeira vista parece melhor preencher o fim a que eles se destinam é o que se intitula Moema. Mas este mesmo oferece grandes dificuldades, e talvez invencíveis ao maestro compositor. Não me importarei com o grande coro de que seria ornada a ária de Tupinambá com que começa o libreto, porque o compositor poderia desprezar muitos versos; porém, a este meio não poderá ele certamente recorrer, para vencer o impossível de encontrar uma cantora que sem o menor descanso, execute seguidamente uma grande ária, dueto, terceto e quarteto, escritos todos para Moema a maior parte, e Diogo, Gupena e Paraguassu no primeiro ato! Além disso, deve-se notar neste mesmo ato uma inconveniência, que é a de um dueto logo em princípio, de muita força, entre Tupinambá e Gupena, que exige música extremamente animada e vigorosa, tendo de seguir-se a ária de Moema, que requer música de um gênero diametralmente oposto. Esta peça é inteiramente sacrificada.

Diogo principia o segundo ato por uma grande ária, entra logo em um dueto com Tupinambá e outro com Moema; três peças sem repouso! Fora deste dueto, tem logo Moema uma ária com coros! Esta peça há de também perder muito do efeito pela vivacidade da precedente.

Aparece em cena Paraguassú com uma ária, e teremos na ópera duas árias, uma após outra, sem ao menos um coro de permeio; e sem preceder à segunda, poesia que se preste a recitativo, que obrigue a artista a grande jogo de cena!

Depois ela cantaria um dueto com Tupinambá, um terceto com a entrada de Diogo, um dueto com este, uma grande ária de delírios, e um final tão obrigado às duas damas, que bem se pode chamar um dueto entre elas! Ora, aqui temos para uma só dama, seis peças em um só ato! Com quatro que teria no primeiro, são dez.

Também o terceiro ato começa com uma ária de Diogo! Passa-se a um duetinho com Paraguassú todo de spezzature, e depois outra ária de Diogo! E mais ainda outro dueto com Gupena! Vem uma belíssima peça concertante, uma espécie de coro de guerra, que depois de uma de uma batalha, acaba por uma invocação; alguns recitativos e logo entra outra peça concertante! Embarque de Diogo e Paraguassú, e o rondó de Moema!

Neste libreto o recurso de supressão de um ou outro pedaço não pode ser usado sem prejudicar gravemente a marcha da ação e o efeito dramático, como sucedeu quando se quis que o maestro Mario Aspa escrevesse música para um libreto com as mesmas cenas traçadas por Victor Hugo para o seu drama Maria Tudor. Também não se pode recorrer a recitativos, porque além de esfriar o drama, são impróprios de uma tragédia lírica, aborrecem o espectador e hoje somente são tolerados nas óperas bufas. Fora destes inconvenientes o libreto tem cenas que o maestro poderia tirar muito partido.

E pois, em minha opinião, nenhum dos libretos deve ser aprovado pelo Conservatório; restituídos a seus autores com cópias dos pareceres das pessoas que a respeito dessas composições foram consultadas, poder-se-ia abrir novo concurso. Rio, 12 de fevereiro de 1853.

EXPLICAÇÕES E OBSERVAÇÕES

Acerca das personagens do drama lírico MARÍLIA DE ITAMARACÁ, dos caracteres que lhes são próprios e do espírito com que foram ideados e postos em cena.

Não nos tendo a legenda, que tivemos, transmitindo o nome da infeliz moça de Itamaracá, e na escolha de um que lhe déssemos, preferimos aquele, que, por ser o mais frequente entre as mulheres católicas, maiores probabilidades tinha de haver sido o dela; e poetisamo-lo, modificando-lhe a terminação, dando-lhe assim uma feição pastoril em certo modo apropriada a uma moça do campo, habitadora de uma ilha ainda na primeira época de sua civilização e cultura, cujos moradores eram colonos, e levavam uma vida rural de camponeses e pastores. Julgamos que esse nome, que a lira do imortal Gonzaga havia feito soar tão doce e tão caro nos vales da Arcádia Brasileira como o [...] de Virgílio, o da formosa [...] na do Lácio, era o mais popular e mais aceito, que podíamos dar-lhe, e o que mais se prestava às nossas vistas.

A nossa Marília é um mito apoiado na tradição ou a ela encostado. Ela não é o retrato de pessoa alguma da sociedade brasileira do seu tempo, nem do nosso, como também não o é a Marília de Dirceu, apesar de nela estar figurada, e cantada pelo poeta, a linda Marília que foi objeto da sua paixão, e que lhe inspirava os seus belos versos. Gonzaga não pintava nestes a beleza mineira, que tinha diante de seus olhos, mas sim a que ele via com a sua imaginação exaltada pelo amor levado ao grão da paixão: ele não fazia com o seu pincel poético um simples e fiel retrato, nem a cópia de um original, mas pintava e criava um original todo seu, qual o seu talento e o seu gênio o concebiam em si, para depois manifestá-lo aos mais pelos meios da arte. Assim saiu do seu pincel a sua Marília, não qual ela era ou devia ser, mas como ele a ideou. Como ele, não quisemos ser copista nem retratista do que foi, do que era ou devia ser; e criamos uma nova Marília toda nossa, tal e qual a ideamos e nos pareceu melhor ideá-la, persuadidos de que se esta criação não for boa e do gosto de outrem, ela ao menos jamais será um cópia (1) ou um plágio. Isto que dizemos deve-se entender tanto a respeito de Marília personagem, com da Marília composição dramática.

A respeito desta última, deixaremos que ela fale de per si, ou que seus personagens a façam conhecer, apreciar e julgar pelos seus caracteres e modo com que estão nela tratados e postos em ação. Delas e destes diremos só algumas coisa, que os possa fazer encarar no seu ponto de vista competente, e conhecer o espírito com que foram ideados e postos em cena.

MARÍLIA, protagonista e denominadora do drama, é, na primeira das duas épocas deste, uma mocinha de 15 para 16 anos, e na segunda, uma mulher solteira de 36 a 37 anos. É brasileira porque nasceu no Brasil. Não julgamos necessário fazê-la cabocla, crioula ou mestiça para fazê-la mais brasileira. É descendente da raça e nação europeia, que veio trazer ao Brasil a sua população branca, e com ela os primeiros bens da civilização, que ela teve a glória de encetar em seu solo. Ela tem alguma educação e cultura e muita virtude porque filha de pais bem educados, virtuosos, e ao mesmo tempo abastados, que quiseram, souberam e puderam dar-lhe ou inspirar-lhe com os preceitos e os exemplo; e estas qualidades estão em harmonia com a sua posição social, civil e de família e com as circunstâncias da sua época, bem como com o seu sexo e condição de solteira. Como tenra

Música e civilização 295

moça, inapta, sem pais, é sujeita e resignada, quanto ao seu coração, a um irmão que, mais velho do que ela, tem sobre ela a autoridade de um pai, por havê-la amparado e criado na sua infância, já crescida; irmão cuja superioridade acostumou-se a respeitar desde os seus tenros anos. Os sentimentos nela dominantes são, por um lado, o respeito, a obediência e a submissão, e por outro, o do amor apaixonado ao mais alto ponto. Por este ela é fiel e constante para com o seu amado, não só até a suposta morte dele, mas ainda além dela; por aqueles faz violência a si mesma e a sua paixão, e resigna-se até certo ponto à vontade do irmão, contrária à satisfação dela, não só para pagar a este o respeito que lhe deve, mas para ser fiel a um juramento feito a seu pai na hora da morte, respeitando nisto, não só a memória deste, senão também a sua própria palavra dada ao mesmo. Mas, com a obrigação, que ela contraiu com essa promessa em ocasião tão tremenda, não compreendeu o sacrifício do seu coração e liberdade, resiste neste ponto à vontade do irmão, que a quer unir em núpcias com outra pessoa, que a do seu querido, porque nisso ela sente-se livre, e com direito de dar e reservar o seu coração e a sua mão a quem ela quiser. Não casa por não ser o casamento a sua vontade; e só obedece e respeita a vontade de seu irmão e o voto que ela pronunciou quanto é suficiente para não tornar-se culpada. Ela é religiosa pela educação pia, que recebeu de seus pais irmão; mas conforme à crença do vulgo do país, no meio do qual vive, principalmente da população escrava, acredita na fatalidade e nos agouros, e neste sentido interpreta sempre os fatos e casos mais naturais e fortuitos, que lhe ocorrem na vida e cuja sucessão e encadeamento é tal que pareceria, ao menos pela sua aparência, justificar e provar a verdade e o fundamento das suas prevenções e opiniões a este respeito, aliás errôneas e só fundadas em meras contingências e coincidências, filhas dos acaso. Seu caráter é, portanto, tímido, triste, desconfiado, e tudo ela interpreta e prognóstica em sentido ominoso e sinistro, parecendo ter o pressentimento de suas desgraças. Seus poucos anos e condição de solteira e pessoa subordinada não permitem ainda ao seu espírito e coração abandonarem-se, e ainda menos o arrojarem-se às expansões de entusiasmo patriótico que façam dela uma heroína brasileira e tomar parte no ardor e exaltação guerreira dos seus compatriotas que se insurgem contra o jugo e tirania dos estranhos. Ela é a heroína do amor e não da pátria. É o tipo da moça sensível e virtuosa, infeliz no mundo por um destino seu particular e não por sua culpa. É um ente tão malfeito e lastimável, quão belo e amável por todas as suas qualidades físicas e morais, que o distinguem.

Pelo acima exposto, e o que ainda vamos dizer, vê-se: que a nossa Marília não difere da de Dirceu somente pela qualidade da lira e forma em que é cantada pelo seu poeta da cena lírica, mas também a outros respeitos. E na verdade, a Marília de Dirceu não é conhecida do leito senão indiretamente pelo que dela se diz o seu amante, o qual é ao mesmo tempo o seu cantor e poeta; sendo sempre a este quem fala na composição poética e jamais ela; e falando ele sempre como seu apaixonado; de modo que, quem quer que o ouça ou leia o que ele escreve, pode duvidar um tanto da plena verdade do que ele diz, e dar a isso a tara competente, levando em desconto todo o grande peso da paixão, que faz dizer tudo aquilo. No meio das belas e apaixonadas pinturas que Dirceu faz da sua Marília, e das delícias de correspondência, convivência e harmonia, que ele figura ou planeja na companhia dela, alguma queixa que aí vem em quando em quando faz duvidar dessa plena e constante harmonia e perfeita correspondência da sua amada para com ele; o que nunca ocorre a respeito da nossa Marília com o seu amante. Esta não fica conhecida pelo que diz dela na composição poética o seu apaixonado, nem pelo que dela diz o seu poeta, mas pelo que nessa composição a mesma Marília diz de si e do seu amado, o qual é sim o seu apaixonado, mas não o seu poeta. Portanto, a respeito

Música e civilização 297

do que ela diz de si é menos suspeita de exagerar, e menos o é também a respeito do que diz do seu amante, porque o que ela diz é dito e escrito ao mesmo tempo por outrem, que é sim o seu pinto, historiador e poeta, mas não o seu amante. O Dirceu dela, o infeliz Fernando, não é quem faz a pintura dela, é ela que pinta a si mesma, pintando o seu amado. Este apenas diz dela que é *bela, amável e perfeita,* que ela é um *anjo do céu descido à terra;* mas não se ocupa em fazer dela pintura alguma, principalmente física. Ele parece mais interessado e fascinado pela beleza interior ou beleza moral dela, que pela exterior ou física. Este novo Dirceu pinta mais a si mesmo e a sua paixão que ao objeto que nele a desperta e entretém.

A nossa Marília fica, portanto, conhecida não só pelo que diz dela o seu amante, mas também, e muito mais, pelo que ela mesma diz de si e dele mesmo. Ela pinta em suas lamentações o seu estado interior; e faz ao mesmo tempo uma pintura exterior e interior do seu querido. É ela, por assim dizer, a poetisa deste e faz a respeito dele o que Dirceu fez a respeito da outra Marília. Ela, pois, não só difere da Marília deste, mas a muitos respeitos é o contrário dela. Esta diferença e caráter oposto não existe somente na personagem poética, mas na real e histórica, pois, se a Marília de Dirceu não deixou-se afinal vencer pelas sugestões e ameaças dos parentes, nem sacrificou a elas os ternos e livres afetos do coração e a fé prometida ao seu amante, como em contrário falsamente correu fama e afirma na sua prefação Vegezzi Ruscalla, tradutor homeométrico italiano das liras de Gonzaga; e se ela morreu sem haver casado, sobreviveu muitos anos aos seu amante; e embora Dirceu nos tenha feito a mais bela pintura da sua Marília, pintura que, a dizer a verdade, é mais plástica, física e exterior que interna e moral; se se pode dar o nome de perfeita a alguma criatura humana, a Marília de Itamaracá parece mais merecê-lo com justiça que a de Vila Rica; e isto pelo que simples tradição nos refere a respeito de ambas. Também na personagem histórica do seu amante há esta mesma contrariedade no procedimento, pois que Dirceu afinal, esquecendo a mineira, lança-se nos braços de uma Marília moçambicana, que lhe oferece um rico tálamo conjugal; e o amante de Marília de Itamaracá, sempre fiel e solteiro, acaba em um claustro de jesuítas. A Marília de Itamaracá e o seu amante estão também em uma condição oposta quanto ao seu poeta: mas, a respeito deste, eles estão muito inferiores na vantagem à Marília mais antiga e ao seu amante, e nisto suprirá ao defeito deles e do seu vate, a benignidade e indulgência dos leitores. Esta nova Marília constitui no novo quadro poético o ativo na parte em que no outro a Marília constitui o passivo ou o objetivo: não é, portanto, uma cópia, retrato ou sombra da outra; e qualquer que ela seja, é ao menos uma Marília nova. Isto nos basta, porque só com isto está conseguido o nosso fim, que foi o de criarmos outra Marília, sem sermos plagiário nem copista. Qualquer que seja a nossa sorte por causa dela, nunca teremos queixas ou desculpas a dirigir a ela, nem ocasião de dizer-lhe como Dirceu à sua:

Eu Marília não sou nenhum [...]

Porque não temos a ambição nem basófia de querermos distinguir-nos e pôr-nos acima de quem quer que seja; e só nos contentamos com sermos o que somos: um homem como os mais e um simples fazedor de versos.

AMÁLIA. O caráter e a condição desta personagem que figura na cena como prima e amiga íntima de Marília, semelhantes e uníssonos com os dela quanto à moralidade, são, quanto ao mais, inteiramente opostos; e também o é seu destino. Amália é o tipo da moça ingênua, vivaz e contente, que existe no mundo como a rosa no jardim e que nele vive como no bosque o passarinho que ainda não viu o caçador nem ave alguma de rapina. É ela um desses entes felizes, que parecem ser os prediletos do Destino e os favoritos da Fortuna, e cuja feliz sorte, leda e serena, principia dentro deles mesmos e anda ligada à sua mesma índole e ao estado habitual, ou antes natural do seu ânimo. Sempre alegre, jovial e brincalhona em solteira, tal ainda se conserva depois de casada; nunca desconfiando do que vê e acontece, senão nas ocasiões verdadeiramente tremendas, tudo vê, interpreta, prognostica e prevê no sentido mais favorável e inocente. Ama a sua prima com uma amizade espontânea e desinteressada, como amaria inocentemente nos anos da infância que precedem de pouco a puberdade, a um moço para o qual principiasse a sentir alguma inclinação ou simpatia, e do qual faria seu dileto, sem ser o seu amado por diferença de sexo. A sua prima é a criatura que mais a interessa no mundo em solteira, e a que tal para ela fica depois de seu marido, no estado de casada. Deixaria ela de cuidar de si, se não pudesse cuidar dela de outro modo. É tão favorita da fortuna que, ao contrário da sua prima, casa e mui bem e à sua plena satisfação, antes que ela, cujo casamento já estava quase alinhavado quando ela nem ainda no seu sonhava, e fica gerado pela fatalidade. No seu segundo estado, ama ela o seu marido como se não pode amar a mais ninguém. Ela é então o tipo da mulher feliz, da mulher do bravo militar que, junto dele, sente e sabe apreciar todo o alto valor da honra e glória do herói guerreiro, defensor e libertador da pátria, que ela já como ele, bem conhece e ama. Esse valor é fácil de compreender para um ente mui sensível e fraco ao mesmo tempo, ente que, no sentimento da própria fraqueza e insuficiência, acha a grandeza do valor, da fora e do vigor, de que ele se não sente capaz, nem o é por sua natureza. E tanto mais é para ela fácil essa compreensão, achando-se envolta na atmosfera brilhante dele de quem vive junto. Esta personagem não é uma superfetação ou criação ociosa e inútil do drama, nem um desses confidentes que se criam neste como um meio de diálogo. É antes uma criação artística feita de propósito para um grande fim, e destinada a fazer sobressair pelo contraste em todo, a infelicidade da desventurada

Marília; porque, assim como o carregado das sombras faz sobressair as cores claras e vivas e dá realce as formas do quadro na pintura, assim a viveza delas, como a da luz elétrica, torna aquelas mais fortes e tristes. Quem, vendo uma criatura tão feliz e contente ao lado da infeliz Marília, não perceberá mais e mais não sentirá profundamente a desgraça desta? Porém, este contraste, levado muito longe, poderia prejudicar a importância da protagonista da pela e igualar a sombra ao objeto, fazendo assim desaparecer as formas ou ao menos a sua beleza e a distinção clara e bem marcada da figura artística da mesma. Cumpria, portanto, feito o contraste e alcançando o fim, removê-la da cena em que figura e, principalmente quando os atos em que a ação marcha para o seu desfecho e em que a grandeza da desgraça é tal que não precisa mais de contraste para ser sentida e apreciada em toda a sua amplitude e profundidade, bastando ela [...] per si para isso. Convinha, pois, que no drama ela então não mais aparecesse; e assim fizemos, não só por este motivo como também para sermos fiéis ao seu tipo de mulher feliz, poupando-lhe o desgosto e infelicidade de ser espectadora de um fim tão lastimável, qual o da sua prima, cuja perda ela há de sim sentir, mas que felizmente não presencia. O caráter desta personagem tem o seu pleno desenvolvimento no ato intermédio do drama, em que a mulher feliz é tão predileta da fortuna, que o pequeno desgosto da ausência da sua querida prima é imediatamente compensado e feito esquecer pelo vivo prazer da chegada do seu esposo, ficando assim uma ausência compensada pela cessação de outra. O heroico e ditoso marido desta personagem, não figura pessoalmente na cena porque, para o fazer nela brilhar a par da ideia e reputação que dele tem sua esposa, a quem aliás não convém contradizer nem mostrar iludida, necessário fora haver-lhe feito representar um papel demasiadamente grande e importante, que teria prejudicado ao

Música e civilização 301

do amante de Marília. As conveniências do drama eram que ele só figurasse nele por simples notícia.

FERNANDO. Este personagem é o tipo do moço valente e brioso, mas mui sensível e terno, profundamente impressionado, agitado, movido e levado pela influência de uma paixão mui forte e profunda, contrariada pela sorte e pela injustiça e imprudência dos homens. No estado habitual de sua tristeza e desconsolação, quase sem esperança alguma, traz profundamente impresso em si o sinal da sua infelicidade, e sem deixar de ser herói, patriota e brasileiro quando a ocasião se apresenta e o caso reclama; fora dessas ocasiões não pareceria militar, nem bom soldado, e ninguém ao vê-lo e ouvi-lo falar esperaria de um homem tão sucumbido e aniquilado pela tristeza, proeza alguma guerreira, no que certamente, quem assim julgasse dele, se enganaria; porque o coração, que lhe bate no peito, é brasileiro e foi educado por brasileiros, pouco abastados sim, mas virtuosos, que nele instilaram o amor da pátria e da liberdade. Animado por este, ele é um verdadeiro herói: bate-se, vence e triunfa no conflito como um Heitor, e fora dele é um Orfeu a chorar sempre pela sua Eurídice, a qual, apesar de ainda viva, é para ele como se estivesse morta; pois não pode esperar possuí-la enquanto o irmão dela estiver vivo. Valente como é, contudo, não abusa desta sua qualidade e sabe ser modesto, e nunca se lhe ouvem bravatas e basófias, e apenas diz ao seu amigo Sargento: que volta só com vida, quando acaba de desempenhar uma comissão perigosa e de dar cabo de um piquete inimigo, com que se encontrara; e quando o amigo lhe pergunta como fez isso, apenas responde com as modestas palavras – com a espada que em vão não trago ao lado. – Teria sido difícil, para não dizer impossível, o fazer figurar direta e visivelmente na cena como herói e com bastante brilho um simples soldado; adotamos, pois, a maneira indireta e, conservando-lhe a sua posição ínfima no exército, o fizemos brilhar quanto é dado ou convém e é possível a um indivíduo nesta sua posição. Os seus feito heroicos ficam sabidos do espectador sem este os ver e sem que eles venham desmanchar ou modificar a qualidade e cor do seu caráter de amante triste e sucumbido, a sua infelicidade no amor por não por não ser correspondido, mas por encontrar obstáculos a ele. Assim, na cena, tudo é nele subordinado ao amor, que ele consagra à sua Marília e deixar de vingar-se de um atroz insulto do irmão dela e do seu rival para não desgostar a sua amada e para não prejudicar a honra e nome dela. Tudo ele faz com o intuito em sua Marília, e tanto o domina esse pensamento que nos embates da paixão chega a não achar nada de interessante ou agradável sem ela no mesmo céu, e se a este ele quer ir ter e ver a Deus, é só para ver a sua Marília, cuja beleza, perfeição física e moral é tal aos olhos da sua paixão que ela, fora deste mundo, não pode estar senão com Deus. A paixão do célebre amante de Beatriz colocava no céu e via com Deus no seu Paraíso poético a sua querida amante, mas isto aos olhos dele era um simples fato, que ele via com sua imaginação, e não chegava ao ponto de considerar como uma consequência necessária da perfeição da sua amada; leva, portanto, ao menos nisto a dianteira à aquele tão insigne apaixonado, e não é possível levar a paixão e exaltação amorosa a mais alto ponto. O coração deste amante suscetível de sentimentos religiosos, porque com eles [...], a eles se entrega nos seus momentos de desesperação, e vai a um claustro meter-sea jesuíta para afastar-se da vista daquela que não pode possuir, e buscar um alívio aos seus tormentos no seio da divindade que ali habita; mas quando a natureza reage contra este estado violento, todo [...] e filho das circunstâncias e dos sucessos ocorridos, nada ouve então mais senão os ditames e impulsos da paixão violenta, que o subjuga, infelizmente mal reprimida pelos acontecimentos e mal contida pelos deveres da condição religiosa, que ele mesmo tornou para si. Esta paixão o arrasta e impele a atos menos próprios desta sua condição, e talvez o teria arrastado ou impelido a dar cabo da própria existência, senão fosse dominado pela ideia de querer ainda existir e viver, bem que em tormentos no mundo, onde existe ainda o seu bem, o seu ídolo adorado. Ao final um terrível sucesso e uma lição de morte o desenganam; e então fazendo força a si mesmo, pelo socorro da religião chega a resignar-se à vontade divina e a prestar-se ele mesmo aos ofícios religiosos no enterro daquela, cujo amor o fez infeliz em toda a sua vida e o confinou em um claustro, fazendo assim de um amante um sacerdote.

CARLOS. Este personagem é o tipo do moço nobre e rico, pervertido pelo favor do destino e da fortuna, orgulhoso do seu nascimento e de seus teres, indiscreto, importuno, pretensioso, atoleimado, valente por ostentação, covarde na realidade, muito egoísta e de más entranhas. Nada tem que o recomende senão o seu exterior físico, sua mocidade e posição social, e graduação militar, juntamente com os seus teres. Nem um dos dotes da alma apresenta ele para tornar-se estimável e digno de ser amado: a constância dele no seu amor é mais emperração de um orgulhoso e despeitado pela repulsa, que uma virtude do coração; porque ele não conhece essa virtude, nem tem dela os sentimentos. É ele a digna escolha de um ambicioso, que não vê no mundo outra felicidade acima da de possuir grandes teres. Um tal pretendente para o coração de Marília é tão repugnante como qualquer dos dois tentadores da casta Susana. É o tipo de alguns caracteres de sua época, que, segundo refere e lamente a história infelizmente havia na classe dos fazendeiros, e que concorreram para a perda da província de Pernambuco, na época da invasão holandesa; e para ser mais tarda a sua restauração, fugindo, de medrosos, aos riscos da guerra e entretendo até relações criminosas e de vil interesse com os inimigos do seu país. Esta última qualidade a achamos tão revoltante que nos repugnou a pô-la em cena nesta mesma personagem, na qual podemos sim apresentar aos olhos do público dos espectadores um brasileiro covarde por medo, mas não traidor à sua pátria e de inteligência com os inimigos dela.

ANTONIO. Esta personagem é um desses caracteres mistos, que apresentam em si a reunião de grandes e nobres qualidades com outras mui baixas e vis, próprias de ânimos pequenos e corrompidos. O interesse e a cobiça mancham nele e tornam censurável e desprezível um indivíduo digno de admiração e louvor a outros respeitos: eles o cegam a ponto de ele concorrer para fazer infeliz para sempre e terminar por um fim trágico uma irmã, que, aliás, ele estima muito como se fosse sua filha. Por outro lado, o sentimento do patriotismo é nele tão alto que deixa-se levar pelo entusiasmo belicoso dos que vão defender na fortaleza do Bom Jesus a causa da pátria e tomar a força de armas um reduto inimigo; e não vendo nessa ocasião senão a causa e o perigo da mesma pátria, parte com os outros para o campo de batalha, esquecido da solidão, desamparo e perigo em que deixa sua irmã e sua prima, confiada ao seu cuidado e proteção. O seu espírito e coração corrompidos pela ambição e pela cobiça não o são tanto que depois não reconheça o erro, e deixem de sentir remorsos, arrepender-se e pedir perdão dela à justiça e clemência divina, a qual, contudo, não o poupa; e após de atormentá-lo com remorsos, desgostos, sustos e inquietações, o leva deste mundo em que ele quis engrandecer e lutar, contrariando e sacrificando as afeiçoes de sua irmã, a quem ele só quis fazer feliz pela riqueza e nobre parentesco.

MATHIAS DE ALBUQUERQUE é no drama a única personagem nominalmente histórica, como também o é na legenda. As pessoas históricas que com ele cooperaram na sua época, quem quiser as poderá ver ou supor na oficialidade do seu Estado maior ou dos vários corpos do exército. Não julgamos necessário mencioná-las em uma ação parcial, que é uma mera contingência e uma espécie de episódio da ação geral do drama. Quanto a ele, julgamos havê-lo

Música e civilização 305

representado tal qual o pinta a história, a saber: grave, heroico, sisudo, justo, zeloso e ao mesmo tempo mui prudente e circunspecto.

O SARGENTO é um desses homens de bem, valentes e ao mesmo tempo espirituosos e joviais que, sem serem bobos ou bufões, brincam sobre as coisas mais sérias; e não são raros por entre a gente de guerra. Ele não é nem o Strelitz da Leonor de Arienzo, nem o Belcore do Elixir do Amor, de Romani, postos em música por Mercadante e Donizetti, e mal se avisaria quem o representasse com esse caráter. A jovialidade do nosso Sargento não deixa de ter a gravidade que demanda uma ópera séria, e nunca desce ao bufo, e muito menos à [...] dos bufos caricatos e dos nossos Martinhos.

O PADRE PRIOR DOS JESUÍTAS. Em geral é tão conhecida a sagacidade com que os jesuítas sabiam conhecer e aproveitar os talentos dos seus adeptos para aquilo a que eles eram mais aptos, e valer-se das propensões, prejuízos e paixões dos homens para persuadi-los, convencê-los e levá-los a seus fins, transigindo ao mesmo tempo com essas mesmas particularidades, quando era mister, com uma tolerância mui longe do rigor absoluto com que outras ordens religiosas se distinguiam; o que lhes dava sobre elas uma vantagem mui grande, quer entre os homens civilizados, quer entre os mesmos selvagens. Tal é o caráter desta personagem, que, apesar de mui religioso e severo, não deixa de ser bom e benigno para com Fernando, ao qual ao mesmo tempo persuade, convence, submete e faz sucumbir à sua lógica, servindo-se para isso da mesma paixão do infeliz amante desesperado da sua sorte.

O BISPO DA BAHIA. Este personagem é posto em cena para dar maior solenidade ao ato em que ele intervém no drama e conciliar mais respeito ao espectador para com quem nisso figura. Teria este personagem perdido, da sua alta categoria quando falasse e [...]: porque não podendo ser nisso superior as outras personagens, ter-lhe-ia ficado inferior, quando fosse menos do que eles e perderia de sua mais alta elevação ficando-lhes igual; o que fica evitado e sanado fazendo-o intervir mudamente, como simples ato da benção, que não exige palavras ou cujas palavras religiosas, pronunciadas ao longe, em uma praça, podem se supor não ouvidas por quem se acha em considerável distância. Na época do fato referido pela legenda, Pernambuco ainda não tinha Bispo seu; pois esse bispado foi criado em 1676 pelo Príncipe Regente de Portugal (depois Pedro II), e seu primeiro Bispo, D. Estevão Brioso de Figueiredo, chegou à sua Diocese em 14 de abril de 1678. Nós supomos no drama que o Bispo da Bahia, que então ainda não era arcebispado, achando-se de vista em Pernambuco, quis dar aos missionários jesuítas uma demonstração pública de quanto os prezava e honrava e de quanto estimava o seu regresso, e a continuação das missões, suspensas por tantos anos, intervindo ele pessoalmente no ato solene e extraordinário com que, se não é certo, é ao menos verossímil, se celebrasse nessa ocasião a primeira partida e embarque dos missionários para o sertão. Não nos importa saber se este ato se fez assim naquela época ou em outra qualquer. Para nós basta somente que assim podia ter sido, e belo fora se fizesse. Advertimos nesta ocasião, que no ato 3 do drama, onde se fala da saída processional dos jesuítas e religiosos de outras ordens para o embarque dos missionários, não se diz que o Bispo e os outros personagens religiosos que intervém e aparecem nesse ato, tenham de sair com seus paramentos sacerdotais, nem de cruz alçada; e que as palavras procissão e processionalmente devem-se entender no sentido de um préstito ou acompanhamento, em que uns procedem depois dos outros, em longa fileira, concorrendo para um ato de religião em que se cantam preces e hinos sagrados, como nas cenas da Favorita, e na procissão dos peregrinos para o monte sagrado, nos Lombardos, e no préstito mortuário que acompanha o caixão da finada Julieta, nos Capuletos. Em todos esses atos, os religiosos aparecem com o seu

Música e civilização

307

traje ordinário de padres ou de frades. Além disso, todos estes atos religiosos podem na execução e *misé em scene* ser mais ou menos modificados, conforme julgar conveniente o escrúpulo e melindre dos executores, sem que nisto haja embaraço ou pretexto para o drama não ser representado. Neste sentido pode a personagem do Bispo ser substituída pela do Padre Provincial dos jesuítas, e podem-se suprimir todas as outras personagens religiosas, reduzindo o préstito a uma simples comitiva de padres jesuítas, com acompanhamento de algumas autoridades seculares. Assim também o ato da benção do cadáver de Marília no 4° ato pode ser simplesmente feito com a mão, sem ser pelo modo indicado na explicação. Todas estas não são para o drama senão acidentalidades, que ficam ao cuidado e beneplácito de quem licencia e executa, porque elas não afetam o fundo do drama, essencialmente mui religioso, e em que a religião é introduzida e tratada com toda a seriedade, decência e devido respeito; e nunca pode ela ser comprometida, quando é empregada e tratada por este modo.

Em geral é difícil e quase impossível nas óperas líricas, principalmente segundo o sistema musical moderno, que mal tolera e quase exclui os recitativos, o desenvolver bem os caracteres; porque o escrito poético acha-se dentro de uma estacada tão limitada, e em tal aperto, que quase não tem espaço onde mover-se e desenvolver o seu plano. Todos os dramas líricos ressentem-se deste aperto, e neles, portanto, os caracteres são, em geral, quase apenas esboçados. Nós, apesar de nos ter afastado um pouco da vereda geralmente seguida a tal respeito, não podemos forrar-nos inteiramente de tal aperto e de todos os seus inconvenientes. Contudo, julgamos ter feito quanto nos era possível na nossa situação, e dado prova de quanto sentimos a necessidade de libertar o drama lírico da vergonhosa sujeição a que o tem reduzido o despotismo e capricho dos mestres compositores de música, dos cantores, e do mesmo público, esforçando-se para levantá-lo do acanhamento e abjeção a que ele está reduzido, principalmente no país que, possuindo ele a melhor das línguas, sofre que esta e suas belezas sejam o que menos, e até nada brilhem no grande aparato dos seus espetáculos teatrais, sendo nestes, às vezes, a música mais bela e sublime assentada sobre libretos os mais miseráveis, e com enredos tão absurdos, que não tem senso comum e fazem a vergonha do seu teatro lírico. Se pouco ou nada fizemos, afastando-nos consideravelmente da senda comum, é isto devido à nossa mediocridade: mas o nosso exemplo, ainda que muito aquém do que deveria ser, poderá servir de guia ou de incentivo a melhores e mais altos talentos, cujas produções atinjam esse ponto, ou cheguem mais perto dele. O que pedimos ao público é que, desde já, anime a estes com a sua benigna indulgência para conosco.

Notas

(1). Deus nos livre (a nós e a qualquer outro autor de dramas), de apresentar na cena a mera e exata realidade; isto é, as coisas tais e quais elas são, ou foram propriamente em qualquer época, e principalmente em certos tempos, lugares e circunstâncias. O quadro do que realmente se passa em uma Fazenda, mesmo nos nossos idas, exposto tal e qual ele é realmente, seria intolerável em um espectador sério, e mesmo talvez o não fosse em um cômico. Quem sofreria na cena um dos nossos escravos tais e quais eles andam nas fazendas e nas ruas da cidade, ou um pobre mendicante tal e qual todos os dias os vemos andar pela rua, não só coberto de andrajos esfarrapados, senão também sujo, besuntado e nojento? A arte e a dignidade do quadro, que ela oferece, exigem que esses objetos de miséria sejam ao menos [...] e decentes e que da mesma miséria só se apresente a imagem e não a realidade.

Engana-se quem pensa que pintando e expondo as coisas e os fatos tais e quais eles são ou foram realmente, produz-se uma obra artística bela e perfeita. A missão da arte não é a de copiar e retratar servilmente o belo, que já existe, mas sim a de produzir e apresentar o belo, criando-o ela mesma, pela escolha e junção dos primores da beleza, que a natureza oferece, a maior parte das vezes espalhados cá e lá em diferentes objetos. O verdadeiro pintor não é o retratista ou o copista, mas sim o pintor original, que cria ele mesmo o belo que pinta, e quando mesmo o copia, e sabe revestir e animar com alguma coisa de seu próprio, que lhe convenha. Aquele é um imitador servil, em arremedador do belo que já existe, e nada lhe custou senão o trabalho de pintá-lo; é o china, que reproduz materialmente uma obra de arte europeia, que ele não seria capaz de idear e executar sem ter o modelo à vista. Este, ao contrário, é ele mesmo autor do belo que produz, para o que lhe não é preciso molde ou modelo algum, pois ele concebe e produz esse belo no seu mesmo gênio.

Esta obra foi impressa em Porto Alegre
pela Impressul no outono de 2016. No
texto foi utilizada a fonte Joanna MT em
corpo 11 e entrelinha de 15 pontos.